伟大的中国工业革命

"发展政治经济学"一般原理批判纲要

文一 ◎ 著

清华大学出版社
北京

本书封面贴有清华大学出版社防伪标签，无标签者不得销售。
版权所有，侵权必究。举报：010-62782989，beiqinquan@tup.tsinghua.edu.cn。

图书在版编目（CIP）数据

伟大的中国工业革命："发展政治经济学"一般原理批判纲要/文一著. --北京：清华大学出版社，（2025.7 重印）

ISBN 978-7-302-43420-7

Ⅰ. ①伟… Ⅱ. ①文… Ⅲ. ①产业革命－工业经济－研究－中国 Ⅳ. ①F42

中国版本图书馆 CIP 数据核字（2016）第 072717 号

责任编辑：梁云慈
封面设计：汉风唐韵
责任校对：宋玉莲
责任印制：沈　露

出版发行：清华大学出版社
网　　址：https://www.tup.com.cn，https://www.wqxuetang.com
地　　址：北京清华大学学研大厦 A 座　　邮　编：100084
社总机：010-83470000　　邮　购：010-62786544
投稿与读者服务：010-62776969，c-service@tup.tsinghua.edu.cn
质量反馈：010-62772015，zhiliang@tup.tsinghua.edu.cn

印 装 者：三河市东方印刷有限公司
经　　销：全国新华书店
开　　本：170mm×240mm　　印　张：19.25　　字　数：243 千字
版　　次：2016 年 6 月第 1 版　　印　次：2025 年 7 月第 29 次印刷
定　　价：59.00 元

产品编号：058598-01

感谢我的父亲母亲

核 心 语 录
Important Quotes

"是什么东西,能够在一个穷国引爆工业革命,使经济腾飞?可惜,工业化的秘诀,至今无人知晓——亚当·斯密的《国富论》没说清楚,新古典增长理论也没道明白,而今天占统治地位的制度经济学更是误读历史、因果颠倒。难怪,工业化的浪潮,尽管在无数落后国家不断掀起,但除少数波峰能翻越贫穷的鸿沟,幸运到达高收入的彼岸,多数是无声退去,留下一片狼藉。'进口替代战略'令人沮丧,'华盛顿共识'治国无方,'休克疗法'误人子弟,'茉莉花革命'更是病急乱投医,致国家病入膏肓。在世界七十亿人口中消灭贫穷,仍然是世界银行和联合国可望而不可即的攻坚目标。但是,自鸦片战争一百七十多年后异军突起的中国,正在以惊人的细节再次向世人展示着工业革命的秘密,尽管有些眼花缭乱。破译这个秘密并让所有穷国实现工业革命,是每一个经济学家的使命。"

"贫穷、落后、工业化失败,始终是社会协作失灵的产物。问题的根源在于,创建规模化的能让现代产业盈利的市场需要付出巨大的经济和社会协作成本。而这一成本却被自亚当·斯密以来的市场原教旨主义和新自由主义经济学所忽略了。"

"'自由'市场并不自由,也不是免费的。它本质上是一种成本高昂的公共品。正在中国大地上展开的工业革命,其源泉并非来自于技术升级本身,而是来自于一个有为的重商主义政府所引领的连续不断的市场创造。"

"英国光荣革命并没有使英国政府在与劳苦大众分享政治权力方面变得更加'包容'(如被制度经济学家们所过于粉饰的那样)。它不过使得英国政府在征税、创造市场、开辟国际商业渠道、实行重商主义的贸易政策以及全面驾驭英国经济方面变得更为集权和强大而已。"

"规模化工业品市场难以通过一次性的大推进(无论是进口替代还是休克疗法)来建立,而只能是一步一步按照正确的顺序来实现。中国势不可当地崛起为一个世界经济大国,正是因为它无意中发现并遵循了市场创造的正确顺序和方法。这与其过去120年间在不同政治制度下的三次工业化失败形成了鲜明的对照。"

"工业化和技术创新的水平是由市场规模决定的,而市场规模是由国家能力实现的。之所以是英国而非荷兰引爆了第一次工业革命,其根本原因是英国在政商强强联合体制下成功开辟了18世纪全球最大规模的纺织品市场和棉花供应链,因而必然使得它在全国范围内采用纺纱机和工厂体系变得有利可图。类似地,是美国而不是法国或德国在19世纪末赶超并取代英国成为下一个超级大国,也在于美国的政商两界通力合作打造了一个比大英帝国更加广阔的国内外市场。这一市场培育了世界上最伟大的发明家和工业巨头。今天,是中国而非印度做好了在21世纪取代美国制造业和技术创新地位的准备,也是因为中国在过去三十多年间开创并继续开创着一个比美国还要巨大的超级市场。这一市场定会孕育比卡内基、福特、摩根、洛克菲勒等还要伟大的企业和企业家。"

"没有工业化基础的民主制是华而不实的空中楼阁。而没有统一的国家意志和正确的发展战略,工业化是不可能成功的。"

文一(《伟大的中国工业革命》)

目　录
CONTENTS

第一章　引言 …………………………………………………… 1

第二章　中国引爆工业革命的关键步骤和"诀窍" …………… 18
　第一节　粮食安全和马尔萨斯陷阱 …………………………… 19
　第二节　原始的农业革命 ……………………………………… 26
　第三节　农村地区的原始工业化 ……………………………… 30
　第四节　意识形态转向商业和重商主义 ……………………… 38
　第五节　重商主义政府作为市场的创造者和商业的组织者 … 44
　第六节　中国式腐败 …………………………………………… 54
　第七节　发展的规律、教训和中心问题 ……………………… 60

第三章　工业革命的逻辑 ……………………………………… 78
　第一节　企业的性质 …………………………………………… 79
　第二节　印度纺织业综合征 …………………………………… 83
　第三节　纺织工业的崛起与英国工业革命的性质和原因 …… 93

第四节　工业"三位一体"结构：再论工业革命的

"性质和原因" ··· 104

第五节　为什么工业革命没在荷兰、中国或印度开始？

再论"大分流"之谜 ·· 110

第四章　为什么中国崛起势不可当？ ································ 131

第一节　正确的发展战略 ·· 136

第二节　"干中学"：技术进步的源泉 ······························· 145

第三节　市场创造者：有为的重商主义政府 ······················· 157

第五章　华盛顿共识与制度学派的谬误 ································ 170

第一节　一点理论：福利经济学基本定理 ························· 171

第二节　一个例子：市场如何失灵 ································· 178

第三节　华盛顿共识：进口替代战略的对立面 ···················· 181

第四节　这些理论的经济误导性 ··································· 185

第五节　这些理论的政治幼稚性 ··································· 189

第六章　案例分析：贫困村如何成为现代化钢铁城 ·················· 201

第一节　农业多样化与商业化 ····································· 213

第二节　通过乡镇企业实现原始工业化 ···························· 217

第三节　演化成现代工业 ·· 220

第四节　小结 ·· 229

第七章　结论：经济发展的"胚胎发育"理论 ························ 231

第一节　市场是个昂贵的公共品 ··································· 232

第二节　市场创造的顺序和逻辑 ………………………………… 239
第三节　管理革命：中国面临的挑战 …………………………… 255
第四节　中国和平崛起的世界意义 ……………………………… 273

后记 …………………………………………………………………… 282

参考文献 ……………………………………………………………… 283

出版说明及致谢 ……………………………………………………… 293

引言

第一章

伟大的中国工业革命——"发展政治经济学"一般原理批判纲要

中国作为一个超级经济大国突然出现在地平线上,震撼了世界。甚至直到十几年前(也就是大约1997年亚洲金融危机时期),还很少有人敢预测中国能够迅速成为一个区域性工业强国,更别说全球性超级经济大国。事实上,很多人都在不断打赌中国的崩溃,频频引用苏联解体与东欧剧变、亚洲金融危机以及2008年全球经济大衰退(它使中国出口与过去增长趋势相比几乎永久性地削减了40%)作为证据。但现实一再无情地反驳了这些悲观的预测:随着35年的超高速增长,中国走来了(came),见证了(saw)历史、征服了(conquered)世界——在仅仅一代人的时间里,中国创造了比她过去5000年所有朝代所创造的总和还要多的生产力,从一个极度贫穷的、人均收入仅是撒哈拉以南非洲平均水平三分之一的农业国转变为世界上最大和最具活力的制造业强国。①

例如,中国当前用低于世界6%的水资源和9%的耕地,一年能生产500亿件T恤衫(超过世界人口的7倍),100亿双鞋,8亿吨粗钢(世界供给量的50%,美国水平的9倍),2.4亿吨水泥(几乎是世界总产量的60%),接近4万亿吨的煤(几乎与世界其余地方的总量相同),超过2200万

---

① 具有划时代历史意义的中共十一届三中全会在1978年12月召开,因此真正的改革开放到1979年才开始。本书完稿于2015年,采用的多数中国宏观数据截至2014年底,因此我们沿用35年这个约定俗成的整数大致作为从改革开放后到2015年的发展时间。另外关于改革开放前三十年的工业化成就与改革开放后三十五年之间的关系,后续各章的很多地方都有讨论和阐述。

辆汽车(超过世界总供给量的1/4),和62 000个工业专利申请(美国的1.5倍,超过美、日总和)。中国也是世界上最大的船舶、高速列车、隧道、桥梁、公路、手机、计算机、自行车、摩托车、空调、冰箱、洗衣机、家具、纺织品、玩具、化肥、农作物、猪肉、鱼、蛋、棉花、铜、铝、书籍、杂志、电视节目,甚至大学生等"产品"的制造者。一句话,承受用全球极少的自然资源养活世界20%人口的压力,中国却能提供全球1/3的主要农产品和接近一半的主要工业产品。

中国实际GDP自1978年以来30倍的惊人扩张的确令人意外。这不仅是因为中国过去几百年的无休止的动荡、衰竭与内忧外患,还因为它那经久不衰的集权政治制度——按照制度经济学理论,这种"榨取性"的"专制"制度不可能导致一国工业化的成功。①

但这种理论过度美化了现代西方政治制度和它的经济功能,却忽视了西方列强自己当年亲身走过的那段并不那么光彩的发展道路。通过假设先进的政治体制和法律制度是经济发展的前提,这些理论忽视了制度和法律在人类历史上由生产方式推动的内生性演化,以及在任何政体下面口号与实践之间、法律与执行之间、制度与政策之间的不连续性和不相干性;从而导致对后果与原因、相关性与因果性、上层建筑与经济基础、开放的政治权力与开明的经济自由之间的混淆。最重要的是,他们忽视了以下根本事实:普选民主是工业革命的结果,而不是原因;现代西方法律制度与实施它们的巨大组织动员能力是西方几百年基于殖民主义、帝国主义、重商主义、奴隶贩卖和带血的原始积累所带来的经济发展

---

① 见 D. Acemoglu and J. Robinson, 2012, *Why Nations Fail: The Origins of Power, Prosperity, and Poverty*. New York: Crown Business, 2012. (中文译本:《国家为什么会失败——权力、繁荣和贫穷的根源》)

伟大的中国工业革命——"发展政治经济学"一般原理批判纲要

和工业化的产物①。

这种因果关系的混淆在一个方面解释了西方在落后的发展中国家推广西式民主的巨大热情,而不顾其初始的经济、社会、政治条件。② 这种从政治上自上而下的发展经济的方法所产生的结果已经十分明显。看看阿富汗、埃及、伊拉克和利比亚的经济停滞与持续的政治动荡,以及在乌克兰和东欧其他地区所产生的结果:高调的民主出现了却又随之崩溃,生活水平提高了却又随之倒退,繁荣的希望升起了却又随之破灭。如此无休止的恶性循环成了这些不幸国家和人民的"新常态"。③

---

① 见本书后续章节的讨论。新制度经济学的代表人物,麻省理工学院教授 Acemoglu 和 Robinson 在其畅销书《国家为什么会失败》中认为缺乏民主(或包容性政治制度)是世界所有贫穷和停滞的根本原因。例如,他们不仅赞同埃及茉莉花革命期间解放广场抗议者的观点,认为"埃及贫穷是因为它被少数精英阶层统治。精英阶层为了自身利益组织社会,而牺牲广大民众的利益"。他们还认为"(解放广场的人们)对埃及贫穷的这种解释为全世界所有发展中国家找到了贫穷的根源……提供了普适性的解释"。《国家为什么会失败》这本书里通篇都企图说明一个理论观点:"所有穷国贫穷的原因与埃及贫穷的原因相同。"(Acemoglu and Robinson, 2012, p. 3)然而,这种理论不能够解释 19 世纪中后期德国和俄国在非包容性政治制度下的迅速崛起,20 世纪 90 年代俄罗斯休克疗法经济改革的失败,自 1978 年起中国特色政治体制下的增长奇迹,日本明治维新期间快速的工业化,60 年代到 80 年代韩国的经济起飞,以及新加坡独立后的增长奇迹。这并不令人吃惊。这种理论甚至无法解释为什么在政治制度相同的同一国家的不同地方(例如,芝加哥或圣路易斯这样的美国城市),有的社区极端贫穷,有的极端富裕,有的充满暴力犯罪,有的崇尚文明并遵从法治。这种理论也不能解释为什么意大利南部明显比北部贫穷,为什么 17~18 世纪的荷兰比英国拥有更自由的政治和经济制度,却无法开启工业革命。因此,难怪大多数经济史学家们对于制度学派关于工业革命的解释持反对意见,可见 Robert Allen(2009),Gregory Clark(2007),Deirdre McCloskey(2010),and Kenneth Pomeranz(2001)等。

② 美国学者和华盛顿政府智囊 Joshua Muravchik 认为,"军事征服常常被证明是移植民主的有效手段"。类似地,伊拉克战争的积极支持和辩护者,美国新保守主义学者和华府智囊 Michael Ledeen 也说,"人类历史上所发明过的最好的民主推广方案就是美国军队"(参见 Greg Grandin, 2006, p. 227)。

③ 讽刺的是,在 2011 年推翻了独裁者本·阿里(Zine El Abidine Ben Ali)并开创了"阿拉伯之春"之后,突尼斯经历了 4 年经济停滞。而这之后,在 2014 年 12 月 22 日,88 岁的突尼斯旧独裁政权前部长埃塞卜西(Beji Caid Essebsi)先生赢得了第一次国家总统的民主选举。原因很简单,民主不能当饭吃,和经济发展无关。企图在一个发展中国家结束腐败和贫穷,民主制度和糟糕的独裁政权一样无效率,而且更容易滋生政治不稳定和社会动荡。事实上,自 2011 年起,突尼斯已(转下页)

因此，尽管《国富论》出版已将近250年，尽管那么多的笔墨已经挥洒在经济增长的一般均衡模型上，当代经济学家们仍然在黑暗中探索经济发展的秘密——那个神秘的能启动企业组织爆发式增长的"双螺旋"自我复制机制。

亚当·斯密其实比他那些现代新自由主义的追随者们更接近于发现这个秘密。他用18世纪早期别针制造厂的例子和基于市场规模的劳动分工原理来解释国民财富增长的秘密。但他那些现代新自由主义的学生们却误将民主等价于市场，市场等价于产权，产权等价于激励。他们似乎断言只要有了民主，即便没有大航海与美洲的发现，没有英国对全球纺织品和棉花市场的垄断，没有它在跨大西洋奴隶贸易中获取的巨大财富，没有它在殖民和开辟全球市场时所依赖的强大国家机器，以及对类似东印度公司的全球商业利益和垄断势力强大的军事保护，英国工业革命仍然可以发生。①

（接上页脚注③）成为滋生圣战者的温床，并且成为伊斯兰国（ISIS）与叙利亚、伊拉克极端组织外国武装分子的最大来源（见 http://www.theguardian.com/world/2014/oct/13/tunisia-breeding-ground-islamic-state-fighters）。因而，在发展中国家强行推行不成熟的民主，不仅导致市场失败（缺失），也导致国家能力失败（缺失）。就像我们在本书中将要说明的，一个强大的政府一直以来就是工业化进程中"市场创造"的核心力量。

① 历史纪录表明早在17世纪末光荣革命时期（奴隶贸易鼎盛的一个世纪之前），欧洲流向非洲购买奴隶的贸易品中就有大约3/4为纺织品（其中大多数为英国生产）（见 William J. Bernstein, 2008, *A Splendid Exchange: How Trade Shaped the World*. pp. 274-276）。英国政府和商人非常明白——就像 Jan Pieterszoon Coen（一个著名的荷兰商人和军官，巴达维亚的创立者，以及17世纪早期连续两任印尼东印度公司的主管）在1614年指出的那样——"我们不可能在不发动战争的情况下开拓贸易，也不可能在没有贸易的支持下从事战争"（Stephen R. Bown, *Merchant Kings: When Companies Ruled the World*, 1600-1900. Macmillan, 2010, p. 7）。大多数经济史学家都同意"作为（当时）政治和经济上最为成功的国家，英国在海外殖民地事实上的垄断地位，是其将原始工业化推向工业革命的核心前提条件"（见 Kriedte, Medick, and Schlumbohm, *Industrialization before Industrialization*. 1977, p. 131）。另外，经济史学家 Pomeranz 和 Topik 提出鸦片贸易"不仅使得英国取得了对中国的贸易顺差，同时也使其获得了对印度更大规模的顺差。没有这些盈余，英国不可能保持西方主要消费者和融资人的地位，而整个大西洋经济的成长将大幅度地减缓"（K. Pomeranz and S. Topik, 2013, p. 104）。

在经济学的另一个极端，单纯建立在边际分析和资源分配基础上的新古典增长模型，虽然数学优美，却仍然面临如何从微观个体理性选择出发来推导出国家层面工业革命和长期经济增长的艰巨挑战。怎么能够让原始农业社会自给自足的、只关心个人利益的小农个体在给定收入下通过选择效用最大化的消费品来使欧洲列强突然在19世纪逃脱马尔萨斯陷阱，并产生前所未有的科技和产业革命？在这类抽象的增长模型中，不仅国家多余、政府多余、意识形态多余、工业组织多余，而且市场和它的创造者自古、自然、自动存在，以至于只要在抽象的生产函数中假设相同的资本份额，那么20世纪的福特汽车装配线与18世纪的纺织作坊对于经济和工业组织的意义就是一回事。①

难怪技术进步在新古典增长模型中只是一个"黑箱子"。难怪"索洛残差"（Solow Residual）所测量的只不过是我们的无知。难怪250年前首先发生在英国的工业革命仍然是一个人类历史上最大的未解之谜。

即使对于博学的经济史学家们，工业革命也太让人费解，甚至觉得无解。它至多被认为是一种只能被那些"命中注定"、拥有得天独厚地理条件和神秘文化基因、少数"准西方"国家所能理解、"只能意会不可言喻"的一种特殊的"知识"。因此，经济史学家格雷戈里·克拉克（Gregory Clark，2012）无可奈何地哀叹："解释工业革命仍是经济史上的终极大奖。它到目前已激励了一代又一代学者穷其一生，但总是无果而终。"

但中国却在1978年改革开放后重新发现了这个"只能意会不可言

---

① 关于从新古典模型角度对工业革命进行解释的努力，可见 Desmet and Parente（2012），Hanson and Prescott（2002），Stokey（2001）和 Yang and Zhu（2013）等。这些模型试图捕捉经济发展某些方面的重要特征，但假定技术进步是外生的，而供给能够自动创造与之相应的需求。这些模型忽视了与市场创造和劳动分工相联系的社会协调问题，忽视了市场需求对刺激供给和技术进步的重要作用，也忽视了国家意志（政府）和其他因素在市场创造过程中的巨大作用。因此，这些优雅的数学模型对于发展中国家的政策制定者来说仍然是一纸空文，无法付诸实践。

喻"的知识——工业革命的"秘方"。这个事实几乎完全不被西方学术界和媒体所洞察。因此,我们才看到西方(甚至好多中国人自己)对中国迅雷不及掩耳之崛起的极度迷惑和严重低估,和由此而滋生的恐惧、怀疑与偏见。

以工业化的年历表来看,中国早已在1978年改革后最初的15~20年的乡镇企业繁荣中,成功完成了第一次工业革命;并在1990年代末引爆了第二次工业革命,目前已经处于第二次工业革命的高潮和开启第三次工业革命的门口——尽管一直充满成长的"烦恼"。对于习惯于西方中心论思维的中外学者和媒体来说,这一切都似乎是中国政府靠海量投资堆积出来的"振兴假象",靠牺牲环境和百姓利益而炮制的一个巨大的、随时可能破灭的经济泡沫。其实,这一切不过是所有老牌工业化国家都曾经历过的"工业革命"。它静悄悄地爆发,像无声的热核反应一样,把一切对中国行将崩溃的悲观预言无情地吞噬在其迅速蔓延的冲击波和蘑菇云中。①

到底什么是工业革命?为什么它在中国缺席和推迟了200多年?却又在十年"文革"摧毁了本已稀缺的人力资本和商业基因之后突然被成功引爆?地理、产权、制度、法律、文化、宗教、资源、科学、技术、民主、教育、国际贸易、产业政策、重商主义、政府权力、国家意志等等在工业化中究竟发挥什么作用?实现快速的工业化有捷径吗?印度、埃塞俄比亚等发展中国家能否效仿中国的成功,在21世纪引爆它们自己的工业革命?②

---

① 《中国即将崩溃》一书的作者章家敦,因其在过去几十年反复预测中国崩溃而闻名。类似的书和文章很多,对中国崛起的悲观预测在西方媒体中仍是主流,尽管这种预测反复失败(如,最近的一篇文章出现在美国2015年3月2日的流行双月刊《国家利益》上,题为"大限:迎接中国的崩溃",参见 http://nationalinterest.org/feature/doomsday-preparing-chinascollapse-12343)。

② 印度新任总理莫迪承诺"使21世纪成为印度的世纪"。印度能成功吗?需要具备什么条件?(见接下来的分析)

伟大的中国工业革命——"发展政治经济学"一般原理批判纲要

中国对工业化的执着与锲而不舍的历次尝试

工业革命似乎是一个戏剧性的社会经济迅速变化的神秘过程。这个过程,少数西方国家(占世界人口的一小部分)在18、19世纪经历过;多数落后国家(超过世界人口的90%)在20世纪渴望效仿但不断地惨败。对于这一神秘过程,经济学家和经济史学家仍在孜孜不倦地费力理解和寻找答案。①

但在过去的35年中,如果任何具备敏锐观测力的西方人能够每年去中国哪怕一次,摘掉欧洲中心观的眼镜,他将发现"神秘"的工业革命就活生生地展现在他眼前,看得见,摸得着。中国至少把英国在1700—1900年,美国在1760—1920年,以及日本在1850—1960年所经历的革命性经济变革浓缩到仅仅一代人的时间里。西方观察员会在中国看到亚当·斯密(1723—1790)、亚历山大·汉密尔顿(1755—1804)、大卫·李嘉图(1772—1823)、弗里德里希·李斯特(1789—1846)、卡尔·马克思(1818—1883)和约瑟夫·熊彼特(1883—1950)的思想在960万平方公里的土地上,由超过10亿活生生的中国人生动地演绎和再现着——目睹那数以亿计的组织起来的农民工、纺织工、矿工、铁路工、商人、企业家、投机商、套利者、创新者、国家机关和有商业头脑的政府官员们。他们都穿着中式服装,因此在西方观察员看来显得陌生和异类。然而当下的中国或许比19~20世纪的西方列强更加善于演出"资本主义"这出大戏。在政府主导的重商主义与市场竞争的有机结合下,在没有任何"光荣革命"、"法国大革命"、"橙色革命"、"茉莉花革命"或"阿拉伯之春"的光环下,邓小平先生和他的继任者们已经把资本主义市场经济的"创造

---

① 参考 R. Allen (2009), D. Acemoglu and J. Robinson (2012), G. Clark (2007), D. Landes (1999), R. Lucas (2003), D. McCloskey (2010), J. Mokyr (2010), I. Morris (2010), D. North (1981), K. Pomerranz (2001)等。

性毁灭"精神转化为中国新纪元的绝对精神（引用黑格尔），并且是在西方学者所谓"榨取性"的政治制度下实现的。①

但"资本主义"的本质究竟是什么？是一种新的生活方式（D.麦克洛斯基的"小资产阶级尊严"和致富冲动），还是一个崭新的信念和思想体系（J.莫基尔的"开明经济"），或一种新的工作道德（M.韦伯的禁欲新教），一种新形式的国家政权与社会秩序（塞穆尔·亨廷顿），或一种新的生产方式（卡尔·马克思）？

当如此多的经济学家和经济史学家沉浸于解释为什么工业革命会首先发生在200多年前的英国，而不是欧洲其他国家，或18世纪的中国或印度时，却很少有人问一问，尽管有足够多的机会和后发优势效仿英国工业化，为什么中国和印度在其后200年的时间里仍然没能实现工业革命？这个问题难道不是同样甚至更加有意义？换句话说，通过问为什么印度现在还没实现工业化，我们可能发现工业革命当年发生在英国而

---

① 重商主义是一种把国家的繁荣和强大建立在商业和制造业基础上的"经济民族主义"。它试图通过限制制造品进口、鼓励制造品出口而使国家富有。简而言之，它强调并推动制造业而不是农业，推动商业主义而不是重农主义。然而，大多数重商主义文献只把它看作贸易保护主义的一种形式和对外汇储备的盲目崇拜，而忽视了它重视商业与制造业的核心论点。一个仅仅依赖农业的经济无法受益于重商主义和外汇积累。但一个试图建立在制造业之上的国家却可以从重商主义中大大受益，因为制造业能促进劳动分工，形成规模经济。在16～18世纪的欧洲，重商主义作为资本主义的原型与开启英国工业革命的关键步骤，其历史重要性不容忽视。事实上，不像弗里德里希·李斯特（Friedrich List,1841）那样，古典经济学家们，包括亚当·斯密和大卫·李嘉图在内，很少重视重商主义固有的促进制造业的思想。重商主义对经济发展影响的一个例子是19世纪基于"美国体制"思想的美国工业革命。"美国体制"是由亚历山大·汉密尔顿（1755－1804）在1791年构想的突破美国传统农业"比较优势"的经济发展战略，并在整个19世纪获得美国政府积极落实，让美国制造业和对外贸易赢得了与英国的全球竞争。"美国体制"包含几个相辅相成的部分：高关税保护和促进美国北方新兴制造业；建立国家银行促进商业、稳定货币并控制私有银行的风险；维持公共用地的保护和垄断高价，以获得联邦收入；对道路、运河与其他基础设施建设的大规模补贴以形成一个统一的国内市场——即通过关税和土地销售来获得政府融资。张夏准（2003）《富国的陷阱》一书中有许多关于重商主义及它在西方经济发展中的历史角色的例子。然而问题在于，许多拉美国家在20世纪中叶也采用了多种形式的重商主义（例如，进口替代工业化）但遭到惨败。这成败的原因正是本书要探讨的内容。

不是印度的根本原因。缺乏民主和私有产权显然不是答案：印度几十年来一直是最大的民主国家，也是全球私有财产历史最悠久的国家之一。棉纺织业的比较优势在 18 世纪从印度向英国的转移（Broadberry 和 Gupta，2009）也不是印度无法开启工业革命的原因：印度有 200 年的时间观察、学习和效仿英国，并夺回她的比较优势，就像中国在 20 世纪 90 年代最终做到的那样（中国在 1995 年成为世界上最大的纺织品生产国和出口国）。同样耐人寻味的是研究者们倾向于问为什么在 17、18 世纪，拥有卓越纺织、炼铁技术和长江三角洲地区市场繁荣经济的中国没有发生工业革命，①而不问一问为什么在几百年后的 20 世纪中国依然贫穷，无法实现工业化？简单地把工业化失败归咎于精英阶层的既得利益保护和榨取性制度（如制度学派所深信不疑的），是不能令人信服的，甚至是误人子弟的。②

需要指出，中国 1978 年开启的经济改革并不是中国在她幅员辽阔、人口众多的黄土地上第一次雄心勃勃地尝试启动工业化。这是自 1860 年第二次鸦片战争以来的 120 年间中国第四次工业化尝试。

中国第一次尝试发生在 1861—1911 年，也就是在 1860 年第二次鸦片战争中被英国击败之后。③ 晚清政府被西方列强的不平等条约深深侮

---

① 参考"李约瑟之谜"的大量文献与最近彭慕兰（K. Pomeranz，2001）关于东西方"大分流"的著作。对于"大分流"问题的争论和介绍性文献，可参阅 Bishnupriya Gupta and Debin Ma（2010），"Europe in an Asian Mirror: the Great Divergence"，和 Loren Brandt，Debin Ma and Thomas G. Rawski（2012），"From Divergence to Convergence: Re-evaluating the History behind China's Economic Boom"。

② 基于"榨取性"与"包容性"二分法的制度经济学理论，参考 Acemoglu and Robinson（2005，2012）。

③ 中英进行了两次鸦片战争（分别在 1840 年与 1860 年左右）。在两次战争中，英国依靠其强大的海军力量，摧毁了中国禁止从英印度进口鸦片的努力。英国输出鸦片是为了平衡其由进口中国丝绸、茶叶造成的巨额贸易逆差和银储备损失。因为没有工业化，中国两次战争都失败了。在 20 世纪末，工业化的美国靠超级军事实力和国家渗透赢得对拉美毒贩的战争，成为历史上唯一赢得国际有组织贩毒（鸦片贸易）战争的国家。

辱,开始了一项使落后农业经济现代化的雄心勃勃计划,包括建立一个现代化的海军与工业体系。这次尝试比成功引发日本工业化的明治维新早了近10年。但半个世纪过去后,清王朝的努力不过是一个巨大的失败:宫廷债台高筑,国家风雨飘摇,希望中的工业体系无影无踪,神州大地仍旧满目疮痍。难怪中国在1894年的第一次中日战争中被日本海军击溃并被日本榨取了天量的战争赔款。就像早期与英国的冲突一样,这次战争以中国的彻底失败和奇耻大辱告终:甚至半工业化的小小日本都大大强于没有工业化的几千年农业文明的偌大中国。①

　　清政府的无能引发了社会的长期动荡和人民对政治改革的诉求,并最终引发了1911年的辛亥革命。辛亥革命摒弃了"榨取性"的清王朝,建立了中华民国和中国历史上第一个基于西方宪法的"包容性"政府。②这是比英国光荣革命更为彻底的真正的革命。它不是简单地限制清王朝的权力(像英国光荣革命那样),而是干脆完全彻底地废除了它。新共和政府试图通过全面模仿美国的民主、分权(即立法、行政、司法权力三分)的政治制度来推动中国工业化进程。中国那时最著名的口号是"民有,民治,民享",和"只有科学和民主才能救中国"。受过教育的精英革命者认为清政府工业化失败以及中国的长期落后是由于其缺乏民主和一个包容性、多元化的政府(正如制度学派所主张的那样)。国民党建立了一个开放的包容的(甚至包括共产党的)联合政府,③并建立了现代企业、新的私有财产法律和从未见过的公立大学。这个政府鼓励自由贸

---

① 技术重要。尽管南美印加农民数量是西班牙士兵的几百倍,配备枪炮、病菌与钢铁的西班牙士兵轻松击败了无组织的印加农民。然而,赢得战争或征服一个农业国,需要的不仅仅是技术。工业化使国家具备人力组织资本与后勤能力,以保障组织军事力量并源源不断地供给战争所需的后勤经济资源。

② 由于清政府在中国现代化与应对外来侵略中半世纪之久的努力高度无效,革命因而发生。对清王朝统治的民族怨恨也加速了革命的发生。

③ 包容性的共和政府甚至接受共产党员。比如在1920年代,年轻的(共产党领导者)毛泽东曾经成为共和政府的高级官员。

伟大的中国工业革命——"发展政治经济学"一般原理批判纲要

易,欢迎外国资本,并且在中国全面推广资产阶级生活方式和"小资产阶级尊严"(引用 McCloskey),尤其是在上海这样的大商业城市。但 40 年之后的 1949 年,就平均生活水平和预期寿命而言,中国仍然是世界上最穷的国家之一。①

中国第二次工业化尝试的失败也解释了为何明治维新后的日本能够在 1937 年对中国几乎毫不费力但极度残暴野蛮地大举入侵。南京大屠杀就是见证。②

民国政府对解决中国贫穷问题和国家和平与统一的无能,使其在 1949 年被共产党领导的人民解放军推翻。在 6 亿赤贫农民的支持下,毛泽东宣布"中国人民(终于)站起来了",并且开始了中国历史上第三次雄心勃勃的工业化尝试——这次是通过模仿苏联的计划经济而不是资本主义自由市场和民主。30 年过去了,这个尝试再次失败:在 1978 年,中国本质上仍然困在同样的马尔萨斯贫困陷阱中,人均消费与收入与第二次鸦片战争时没有显著差别。③

第三次工业化失败导致 1978 年邓小平的新经济改革——中国 120 年来的第四次工业化尝试。④

---

① 在 1949 年,中国农民占总人口的份额仍高于 90%。人均收入自 1860 年起变化不大。平均预期寿命仍为 30~35 岁。

② 参见张纯如,《南京暴行:被遗忘的大屠杀》。西方关于南京大屠杀的记录和资料,参见 http://www.nanking-massacre.com/rape_of_nanking_or_nanjing_massacre_1937.html 和 http://www.csee.umbc.edu/~kunliu1/Nanjing_Massacre.html,及其中提到的参考文献。

③ 确切而公平地说,每次尝试都取得了一定的进步,但不足以引爆工业革命。例如,在第三次尝试中,中国建立了基本(尽管高度亏损)的工业体系。工业高度依赖来自农业重税的政府补贴。然而,农业生产率显著提高(除了"大跃进"期间),预期寿命由 1949 年的 35 岁显著提高到 20 世纪 70 年代末的 68 岁。婴儿死亡率由 25% 大幅削减到 4%,中国人口疟疾率由 5.5% 下降到 0.3%。毛泽东时期的工业化建设和农村合作化运动对于邓小平时代引爆工业革命的意义会在以下章节继续探讨。

④ 阿根廷等拉美国家与埃及等非洲国家应该很熟悉这些周而复始的"启动—停止—再启动—再停止"的恶性循环。

轰隆！这次却"意外"成功了，并震惊了世界（包括中国自己）。其冲击波仍在全球回荡并猛烈撞击着世界各大经济体的投入产出结构。这次由13亿人一起引爆的工业革命已经彻底改变了中国和全球的经济和地缘政治格局。随着中国对原材料和能源的巨大需求并进入全球商业网络，中国正在动员与推动整个亚洲大陆、拉丁美洲、非洲甚至工业化的西方前行。中国崛起给全球经济力量带来的冲击力是19世纪末美利坚合众国上升时期的20倍，19世纪初大英帝国爆发时期的100倍。[1] 一个简单数据就可反映这个冲击波的大小。仅仅看看中国的水泥生产和消费量，因为它是工业革命以来最基本的工业和建筑材料之一：美国在1901—2000年总共消费了45亿吨水泥；中国在2011—2013年就消费了65亿吨水泥。中国在这三年内的水泥使用量比美国整个20世纪的使用量还多出50%。[2]

中国崛起给世界的启示与本书的写作计划

但中国崛起令人惊讶的地方不仅仅在于其庞大的规模，闪电般的速度，或那自从17世纪以来一直困扰西方资本主义世界的大规模金融危机的缺席，以及对于重大政治事件与国际金融动荡的成功躲避与处理（例如，苏联与东欧社会主义的戏剧性崩溃，1997年东南亚金融危机，2008年汶川大地震，与2008年以后的全球衰退等）。中国崛起令人惊讶的地方，还在于她的和平与文明方式。[3]

中国有近20%的世界人口，但只有6%的世界水资源与9%的世界耕地（目前中国的人均耕地不到美国的1/10，土质也是如此）。没有任何国家和地区曾在这样的挑战下，单单通过互惠的国际贸易实现工业化和

---

[1] 英国人口在1810年约1000万，美国人口在1890年约6000万，中国人口在1980年是10亿，在1995年达到12亿。

[2] 见 http://www.gatesnotes.com/About-Bill-Gates/Concrete-in-China。

[3] 对于这一点，广大非洲人民深有感受。

粮食自给,而不是重复西方工业强国当年的殖民主义、帝国主义、奴隶贩卖,以及对弱国发动血腥侵略战争的发展老路。如果有什么窍门的话,中国完全依靠了她自身的商业头脑、实用主义精神、现成稳定的政治制度和最好的老师——其他国家的发展经验和中国过去的失败经历,而不是依靠当下流行的经院式的"黑板上"的西方经济学理论。

这样特殊的发展道路与成就值得相应水平的智慧鉴赏和公正评价。中国不是,也不该被视为人类经济发展史的一个特例或经济学理论的例外。中国有13亿人口,56个民族,地理面积近似欧洲,把她当作经济发展的特例或例外太不可信了。相反,中国的实践为重新思考整个发展经济学理论和政治经济学的基本原理,以及重新解读工业革命的机制本身提供了一个鲜活案例和千载难逢的机会①。

因此,本文的目标是双重的:(1)刻画与解释中国自1978年来快速工业化和社会经济变革的关键步骤与"诀窍";(2)用中国的经验照亮知识界长期悬而未决的"英国工业革命之谜"。本书将通过一个称为"新阶段论"或"胚胎发育"理论的理念框架,来解释经济发展的核心历史逻辑,这一逻辑在英国工业革命和中国增长奇迹的历程中一以贯之。通过这样的尝试,我也希望解答著名经济史学家戴维·兰德斯(David Landes)在其名著《国民财富与贫困的起源》中提出的问题和挑战。这些问题是在评论格申克龙(Gerschenkron,1962)著名的通过在落后国家采用资本密集型现代企业实现跳跃式发展的理论时提出的:

> 在那些缺乏资本和熟练劳动力的原始落后国家,如何创造现代资本密集型工业?它们如何获得相关的高科技知识和管理技术?它们如何

---

① 新制度经济学代表人物 Acemoglu 和 Robinson(2012)把中国的增长奇迹归因于其严重的落后及与前沿工业国巨大的技术差异(即所谓后发优势)。但所有发展经济学的核心问题与挥洒在"为什么国家失败"问题上的墨水,都是为了解释为什么落后国家尽管落后却无法实现增长,而中国却在1978年之后神奇地获得了(释放出)这种"后发优势"。

克服妨碍这些现代企业运作的社会、文化和体制障碍？它们如何建立与之相适应的组织和制度？它们如何应对各种剧烈的社会变化？

这些问题发人深思。因为格申克龙基于19世纪中叶以后德国和俄国迅速工业化的经验所错误归纳出的发展理论，或由类似思路衍生的各种学派变体——例如进口替代策略，大推进理论，休克疗法和基于华盛顿共识的结构调整计划，直至当下流行的新制度经济学，使太多发展中国家不断误入迷途、陷入困境。[①] 这些发展策略和理论尽管看起来各不相同，却有着关键的共同点：它们都把屋顶当作地基，把结果当作原因。它们把西方工业化的成果当作经济发展的先决条件。它们教导贫穷的农业国通过建立先进的资本密集工业（如化学、钢铁和汽车工业），或建立现代金融体系（例如浮动汇率、国际资本自由流动以及国有资产和自然资源彻底私有化），或建立现代政治体制（如民主和普选制）来开启工业化。

的确，当可以建立一个现代化汽车装配线时，何必重复18世纪英国的纺织作坊？当可以复制现代华尔街资本主义时，何必模仿19世纪美国的老式重商主义？当可以享受民主时，何必经历专制？当可以享受新潮的性解放的快乐时，何必要求保持传统的家庭结构与婚姻方式？[②]

然而，中国自1978年以来的发展经验（甚至她之前的失败教训）完

[①] Gerschenkron（1962）认为由于工业的规模与技术复杂性持续增长，后发国家的工业化越来越依赖中央政府的帮助与强大的制度工具，以调动产业融资来赶上发达国家。他这种关于政府作用的观点是对的。然而，他认为追赶的方式是通过国家银行全力扶持现代高效前沿技术，建立现代重工业，并全方位推进工业化。这个建议是不正确的和本末倒置的。这一发展战略不仅仅是违背了林毅夫讲的"比较优势"，而且违背了亚当·斯密的"劳动分工受制于市场规模"这一古典政治经济学基本原理。但是亚当·斯密忽视了创造市场的巨大社会成本，国家意志和政府在创造市场中的关键作用，和"市场本身是一个最基本的公共产品"这一根本原理。

[②] 美国总统奥巴马2015年"衣锦还乡"访问非洲时，站在中国修建的大楼里重点强调非洲的同性恋权利，却不谈贫困的非洲人民在被欧洲殖民者掠夺几百年后，仍未在衣食住行方面获得基本制造能力的根本问题。

全否定了这种关于经济发展的幼稚理念以及对现实世界如何运行的看法。中国的经历(好与坏,乐与苦,成与败)表明,正确的经济发展顺序和步骤,基于一国初始政治经济条件的实用主义的工业政策和发展战略,十分关键。它们不只关系到许多个人的福利,还关系到一个国家的生存、尊严和命运。

工业化不只是企业层面生产技术的变革,更是民族国家的振兴。它要求所有社会阶层和利益集团的最大协调,并动员所有草根阶层(特别是广大农民)和一切自然、社会、政治资源。错误的发展战略和工业政策会对一国造成灾难性甚至是无法逆转的后果。对于这一划时代历史重任,自由市场无法单独胜任,民主不是解药良方,全面私有化和金融自由不是正道,新自由主义的华盛顿共识也不是诀窍。

为什么?在我们开始讲中国的故事之前,值得再次强调的是中国自1978年改革以来的飞速发展,很大程度上是在预料和计划之外的,是反复试验"摸着石头过河"的结果。因为没有现成的经济理论可以告诉中国如何前进。[1]即使这样的理论和建议在西方确实存在,中国也明智地拒绝了盲目采纳它们(不像非洲、拉美、俄罗斯和东欧所做的那样)。中国1978年以来的发展路径是崎岖不平的。毋庸讳言,中国政府犯过许多的错误。然而幸运的是,尽管这些错误给中国人民带来了不必要的痛苦,却都不是致命的错误(不像苏联的改革那样)。在不断试验和试错的过程中,邓小平及其政府做出了许多英明的决策,而这些决策后来被证明是促成久违的经济起飞和引爆中国工业革命的关键所在。就像制度学派和自喻为芝加哥学派经济学家的张五常恰如其分指出的:

> 我可以在一星期内写成一本厚厚的批评中国的书。然而,在那么多的不利困境下,中国的高速增长持续了那么久,历史上从来没有出现

---

[1] 见 B. Naughton(1995)和吴敬琏(2005)对中国改革过程的描述与分析。

过……中国一定是做了非常对的事情才产生了我们见到的经济奇迹。那是什么呢?这才是真正的问题。①

然而,通过考察中国过去35年走过的历程和西方工业革命史,我们可以来试图回答戴维·兰德斯和张五常提出的问题。我们将清楚地看到,尽管初始的社会、经济、文化、制度、国际环境截然不同,中国的发展道路其实与两百多年前的英国工业革命遵循相同的内在逻辑。在政治上层建筑与制度话语辞藻的表面差异之下,中国的发展模式,究其实质而言,与18世纪的英国、19世纪的美国和20世纪的日本是相通的,遵循着类似的"发展政治经济学"规律。

---

① 张五常,《中国的经济制度》。

第二章

中国引爆工业革命的
关键步骤和"诀窍"

第二章 中国引爆工业革命的关键步骤和"诀窍"

第一节 粮食安全和马尔萨斯陷阱

虽然中国几千年"榨取性"体制的负面形象存在已久,但是中国历史上并不缺乏大规模创新和技术变革,甚至在晚清时代和"文化大革命"时期(1966—1976年)也是如此。但是,这种历史性的技术进步主要发生于农业部门,因此这种进步很快转变成大幅度的人口增长,而不是人均生活水平的提高。例如,在1500—1900年,中国的人口从1亿增长到4亿,翻了4倍。人口增长的主要原因是快速的农业耕作方式和技术的创新,部分原因是新获得的可耕土地。在毛泽东执政时期(1949—1976年),尽管可耕地没有增长,但是农业生产率的飞速提高使得中国人的平均寿命从35岁上升到68岁,总人口从6亿上升到10亿。但是,人口的增长抵消了生产率的提高,因此人均消费水平并没有增加。更重要的是,虽然灌溉系统和农村交通、卫生条件有重大的进步,但是粮食收成仍然受干旱、涝灾以及其他自然和地理因素的强大制约,因此农村收成和粮食消费的波动性非常大,靠天吃饭问题没有获得根本解决。

为什么中国老百姓"选择"通过增加人口来吸收不断增长的农业生产力,而不是通过大量的财富积累变得更加富裕,像17、18世纪的英国或者18、19世纪的美国那样?这是一个对新古典经济学极具挑战性的问题(参见Lucas,2003)。

食品是一种非常特殊的消费品:几天不消费,人们便会饿死;但是肚

伟大的中国工业革命——"发展政治经济学"一般原理批判纲要

子一旦填满,食物的边际效用很快降为零。因此,除了对预防自然灾害导致的粮荒有一定作用,以积累很多的食物作为一种财富所产生的效用非常小。况且食品的可储存性也很差。当然,作为能够生产农作物的土地很有储存价值,但可惜土地供给是有限的和不可再生的。因此随着人口的增长,人均土地拥有量是不断下降的。① 而且,当生产力受限于原始的手工作坊生产模式时,制造业产品非常昂贵和稀缺,需要投入大量劳动时间,因此用大量粮食来大面积交换手工制造业产品并不是一个积累财富的可行选择。②

那么,如何处理因农业生产力提高带来的过剩食品呢?在这样一个自给自足的以家庭为组织单位的农业社会——没有工厂、汽车、高速公路和商场,没有酒吧、舞厅、旅游胜地和酒店,没有很长的寿命(只有30~40年)的情况下,额外的食物能够带来的最欢乐和功利的回报是什么?当然是生育孩子。在这种环境下,用额外的食物去养更多的孩子(像动物世界一样)是合理的且是最优的个体选择。这就是马尔萨斯陷阱。

工业社会则不一样,大量的劳动力被分配去生产一系列的工业消费品——诸如地毯、窗帘、布匹、毛巾、衣服、帽子、靴子、袜子、床、柜子、凳子、沙发、椅子、桌子、锅、碗、瓢、勺、玩具、香水、化妆品、耳环、项链、首饰、纸张、铅笔、相机、计算机、手机、电子产品、微波炉、冰箱、洗衣机、

---

① 这是为什么农业时代的绵延不断的战争主要是为了掠夺土地。

② 在农业社会一件衣服就要花掉一个人很长时间的劳动报酬和长期积累,因而就粮食的相对价格而言是非常昂贵的。经济史学家 Carlo M. Cipolla 生动地描述了前工业化时代欧洲的境况:"购买了食物之后,一般人很难剩下什么来购买其他的所需——不管是多么初级的产品。在前工业时代的欧洲,购买一件衣服(或者是制衣的布料)仍然是一件奢侈的事,普通人一生也仅有几次这样的机会。因而,医院管理人员的主要职责之一就是确保逝者的衣物给予法定继承者,而不被其他人所侵占。在瘟疫流行的时代,当权者发现没收并焚毁死者衣物是一件困难的事:人们总是等着病人死去,然后拿走他的衣服。而这则加剧了瘟疫的传播。在1631年疫病流行的意大利托斯卡纳,一名军医在隔离病院工作了八个月,感染了瘟疫但最后挺了过来。这期间他都穿着同样一件衣服。"(Cipolla,Carlo M., *Before the Industrial Revolution: European Society and Economy*,1000-1700. WW Norton & Company,1994. pp.25-26)

CD、电影、自行车、汽车、飞机、书籍、杂志、医药、卫生、娱乐、服务、游泳池、公寓、房屋,以及你可以列举的所有与生产这些消费品相关的中间产品和机器设备与化工材料。每一种物品之下又有几十或上百个品牌可以选择。① 人们通过积累大量的耐用消费品或其代表符号的金钱、股票、股权、债权等金融债权而变得更加富有。在人类历史上,金钱第一次不再仅仅是已有物品的交换媒介,金钱还是未来将要生产和发明的未知物品的符号或索取权。"未来"是可以在当下进行交易的(比如期货)。②

因此,正是因为在18~19世纪的英国"顺应"国内外市场的开拓与扩大,"发现"了如何批量生产日益繁多的消费品(从各种纺织品开始)的技术和制造能力,工业化最终改变了人们的消费偏好,把人们(尤其是草根阶层)对于生孩子的激情转移到了对于工业消费品的激情,促成了从积累人口到积累物质财富的历史性转变。这个发现促成了英国对马尔萨斯陷阱的终极逃离,冲破了"边际效用递减法则"对人类的束缚。毕竟,在工业革命时期,年轻一代的广大消费者很容易发现,在人们可以享受、消费和占有的全部物质财富和精神财富中(包括情感和爱),孩子和农产品其实可以只占很小的一部分,而且是可以被逐渐替代的。③

换句话说,边际效用递减法则意味着当同类商品(比如农产品和小孩)的"消费"量达到一定程度以后,追求消费品种类的多样化要优于追

---

① 例如,在中国著名的义乌小商品贸易中心,有超过40万个品种的轻工业消费品。这个贸易中心从20世纪70年代在一个小而短的街道家庭经营的糖果店发展成为21世纪初的世界最大的家庭用品和轻工业品贸易中心。

② 文艺复兴和大航海时期的全球探索,给欧洲普通家庭带来了比他们过去更多数量和品种的消费品,如钟表、艺术品、香料、茶叶、咖啡、蔗糖、丝绸、棉花、羊毛、皮革、地毯、纺织品、窗帘、服装、首饰、陶瓷、瓷器、金属制品、纸、印刷品、书籍、火药、鸦片,等等。但这些与后来工业化时代的消费品种类相比仍不值一提。

③ 发达国家很多家庭和年轻夫妇以养宠物代替养小孩就是这一"替代原理"的反映。美国的宠物食品和医疗保险甚至比人的还昂贵。

求同种商品的更多数量。①当可供消费者选择的消费品种类急剧上升时,人口不一定随收入的增加而减少,但一定不再像以前那样达到与收入增长同步的速度,而是会低于收入增长速度,因为额外的收入会用来购买多样化的新型工业消费品而不是简单用来增加人口这种单一"消费品"。况且为了满足这种日益扩大的需求,人们必须付出更多的劳动时间,因而推迟结婚和生育年龄。因此,在19世纪英国的工业革命时期,伴随着工业品价格迅速下降和工业品种类迅速增多,随着对劳动力需求的不断上涨和工资的提高,人们有能力购买更多更丰富的物品时,市场的扩张促使更多种类和数量的耐用消费品的大批量生产,从而遏制了一般家庭对多个小孩和简单农产品的原始需求。这使得马尔萨斯陷阱最终一去不复返。

注意,边际效用递减法则只适用于消费的数量,而不大适用于给定量下的消费的种类。因而在消费篮子里增加新的消费品种是打破边际效用递减诅咒并逃离马尔萨斯陷阱的不二法门。②

所以,工业革命不能仅仅理解为对同类工业品数量供应上的生产力的急剧增加,而更应理解为对物品多样化的供给上的生产力的飞跃。工

---

① 这个现象在任何一个国家经历工业革命之前的原始工业化阶段就都已经初现端倪,例如 17~18 世纪的英国:"毫无疑问,在复辟时代和整个 18 世纪,消费品范围在英国家庭大大扩大。"(Wrigley,2010,p. 71)关于 17 世纪到 18 世纪消费革命的更详细的历史分析,请见 McKendrick, Brewer and Plumb,1982;Shammas,1990;and Weatherill,1988。

② 在经济学术语里,如果 U 表示一个凹效用函数,N 代表消费品种类,c 代表任何特定种类的消费品数量。简单假设数量和种类都以单位价格衡量以及效用函数是可加的,那么可以很容易证明,消费同等数量但更多种类所获得的效用,超过消费同等种类但更多数量所获得的效用。也就是说,如果变量$\{N,c\}$都足够大,则 $N \times U(c) > U(N \times c)$。例如,一个平方根效用函数,如果 $N>1$,那么 $N \times c^{0.5} > (N \times c)^{0.5}$;如果是对数效用函数,$c>1$ 且 N 充分大,则 $N \times \log(c) > \log(N \times c)$;例如,当 $c=2$ 时,只需 $N>2$ 便能满足以上不等式;当 $c=3$ 时,只需 $N>1.5$ 便可满足,等等。换句话说,c 越大,N 越小就能满足上面不等式。这意味着一旦消费者收入达到一定水平,扩大边际种类的消费(N)比仅提高边际数量(c)要好,或者是用同样收入购买更少数量的但更多种类的商品要好于购买更多数量的但更少种类的商品。但是前提是要满足以下条件:(ⅰ)商品数量不断提高和价格不断下降;(ⅱ)新商品种类不断出现;(ⅲ)劳动力需求和家庭收入不断提高。这些条件刚好就是工业革命创造的。

业革命所创造的商品种类和数量远远胜过农业社会依靠大自然所能赐予的种类和数量。

的确,资本主义和工业革命的两大主要推动力,一是以需求主导和激烈市场竞争推动的规模化批量生产,二是以需求主导和激烈市场竞争推动的消费品种类的快速创新和翻新。

工业品生产也意味着人们的社会经济关系和劳动组织结构的巨大变化。工业生产的新模式大大地延长了劳动时间(因为厂房内的劳动时间再也不受天气和季节限制),但同时也极大地提高了劳动生产率。而劳动生产率的提高非常依赖于劳动分工,即不同人之间的团队合作和相互协调。简言之,工厂的工作"是为有纪律、认真、专注的劳动大军设计的。产品流经很多人的手,每一个人都有不经心就会破坏最终产品的大多数价值的能力。每个工人的错误率必须保持很低,以保证这种集体工作程序的成功。"(Gregory Clark,2007,p. 15)

经济学家通常犯的一个错误,是用指责落后国家劳动力素质的低下和缺乏人力资本来解释为什么这些国家落后和无法实现工业化,因而提出应该先花钱办学校。但是,他们把因果关系搞错了。这些国家劳动力素质低下,是因为缺乏市场需求来为基于劳动分工的企业提供盈利机会,因而缺乏在实践中训练劳动大军的"战场"。

需要重点强调的是,这种建立在劳动分工基础上的严密的工业组织的革命性变化,并不单纯是由产品供给方的少数天才企业家发明创新的结果,而是一种大众化运动,是广大草根阶层(农民企业家、工匠和商人)为满足不断扩大的工业品市场需求而谋求利润最大化的结果。没有巨大的市场、大众充足的购买力和及时投递消费产品的商业运输渠道与原材料供应网络,即使发明了规模化批量生产的技术(比如珍妮纺纱机),任何农民、工匠或企业家都不敢贸然投资和大幅增加超过自身消费需求的物品供应。不同地区的成千上百万的企业家、商人和消费者必须同时协调好专业化的批量生产、批量分配和批量交换的大规模活动。而这有赖于大规模的规范化的市场的建立。

因此,基于专业化和劳动分工的规模化批量生产方式,有赖于大市场的出现,而大市场的建立需要整个社会付出前所未有的协调成本和努力。这些成本最初是由那些追逐超级利润的大批商人阶级承担,但最终是由建立在劳动分工基础上的整个社会生产效率的提高来支付的。因此,一个庞大的、有组织的、无暴力的、讲信用的统一市场的存在,是规模化大批量生产方式和劳动分工的前提条件。那些没能成功创造出一个能支撑规模化生产方式的、政治上稳定的、统一大市场的国家,只能永久停留在一个自给自足的小农经济水平和马尔萨斯均衡上。无论联合国、IMF、世界银行和发达国家如何援助和提供基金支持,如何搞"茉莉花"革命和"阿拉伯之春",这些国家也无法实现工业化。

工业消费品(比如纺织品)极大的收入(价格)弹性也在很大程度上决定了从以家庭为基础的自给自足的农业生产到基于工厂体系的工业批量生产的这种史诗般的革命性转变。这里首先要区分什么是必需消费品(比如粮食),什么是对收入具有弹性的工业品(比如纺织品)。这个区别能够告诉我们,如果有剩余(财富、劳动力、时间等),什么是普通家庭下一步重要的消费品。① 想想人类生存的一些简单事实:和粮食不一样,人们可以在几个星期、几个月,甚至一辈子不消费某些工业品,也不会立即死去。但是这类工业品却"多多益善",即过多地消费这些商品也不会给人带来危害——但粮食不一样,少吃多吃都会死人。用经济学的术语来说,多数工业品是收入弹性很大的消费品,也就是在决定是否购买工业品时,在时间和数量上都是灵活的和可以延迟消费的。而食物则是收入弹性很低的消费品:我们每天必须进食,但是肚量有限("一饱百饱")。由此想起历史上的一些简单事实:如果中国政府在1959年的"大跃进"时期能分

---

① 在工业消费品能够大规模生产之前,具有最大收入弹性的"消费品"莫过于孩子。因此在农业社会,多余的粮食自然转换成了更多的孩子。

配稍微多一点劳动力到粮食生产(和收割)部门(且为歉收留点余地),而不是都去大炼钢铁,中国的大饥荒可能会避免。这就是因为食品需求是刚性的,而钢铁不是粮食的替代品,而且粮食不能在一年的任何时候和季节生产。也就是说,不仅粮食需求是非弹性的,粮食供给也是非弹性的。①

所以,现在面临的问题是,如何在不危害粮食安全的同时,使一个农业社会可以用有限的劳动力去提供数量和种类都不断增加的新消费品?注意,农民在自给自足的社会里每天必须持续劳动十几个小时以维持生存。在这种社会里,农闲时间和消费水平都是由天气和季节决定。干旱、水涝、疾病、饥荒、掠夺、战争是农业社会的常态。

工业革命首先意味着,越来越多的劳动力停止在农业部门工作,并开始在工厂里生产工业品。粮食安全风险使得这样的劳动力重新分配是不可行的,除非农业部门的劳动生产率同时提高。这样的话,便可以用更少的劳动力在土地不变情况下生产同样多的粮食,从而让更多人口能在工厂工作。② 1959年的中国地方政府在分配3000万~5000万农民(占农村人口的10%~20%)去大炼钢铁时③,可能就明白这个道理。但是,中国政府高估了在农田从事大规模组织化生产的劳动生产率,忽略了原始农业生产缺乏规模效应这一事实,低估了土地的边际产量对劳动力投

---

① 在"大跃进"时期,农民像军队的士兵一样被组织起来从事生产,在稻田里一起工作和休息,一起在集体食堂吃饭,指望政府官员(像军队的军官)组织和管理食品供应(如在战争中)。因此,社会规划者不让个人通过个人储蓄(自存的食物)平滑个人消费。在20世纪50年代的中国,不可能有一个全国性的复杂的社会保障系统来有效储存和分配粮食,这超出政府的金融和调拨能力。这使局部的食品短缺能酿成大规模的灾难。

② 或者,如果一个国家有足够的自然资源,它可以依靠它在世界市场上换取粮食。但是就粮食安全来讲这是一个冒险的做法。贫穷国家根本没有能力,也没有复杂的配送系统对进口粮食在广大农村和城市进行有效快速的分配。即使是已经工业化的日本,也长期拒绝依靠食品进口来降低国内高昂的农产品价格。

③ 仅在1985年就有600万村镇企业成立。如果每个企业雇佣5~10人,那么总农民工将是3000万~6000万人。此外,统计数据显示,1961—1962年的大饥荒之后,政府重新回调5000万人到农村,大部分是从村镇企业调回的。

入的迅速递减,从而导致在 1960 年和 1961 年的严重粮食短缺和饥荒。①

然而形成鲜明对照的是,在 1978 至 1988 年间,中国每年"分配"3000 万至 9000 万的农民去当地乡镇企业工作,却没有遭受粮食短缺,也没有从国外进口粮食。在那十年间,中国农村的工业品产量增长了整整 15 倍!这与卢卡斯(Lucas 2003)和 McCloskey(2010)所说的自英国工业革命以来 200 多年间世界人均收入的惊人和神秘增长是同样巨大的。而在下一个十年,中国农村工业将会出现更惊人的爆发式增长。

然而,即便在首个 10 年的高速增长后的 1988 年,中国在没有破坏粮食安全情况下就已经成功地摆脱了马尔萨斯陷阱。②中国是如何做到的呢?打破粮食安全和马尔萨斯陷阱诅咒的秘诀是什么呢?

第二节　原始的农业革命

农业生产(包括传统和现代的)总是比较特殊的。它不需要大规模团队工作和超越家庭成员的合作来实现劳动生产率的提高。③ 也就是说,它对劳动分工的回报率有限,对大量劳动力协作的边际收益非常低,与亚当·斯密描述的别针厂,19 世纪晚期英格兰的劳动力密集型大规模纺织厂,以及 20 世纪美国早期的福特汽车装配生产线不一样。这是因为农产品的生产主要靠天,靠大自然。作物生长完全是由植物的自然生物周期决定,不可能随意分成很多中间阶段或中间产品来"揠苗助长",实现规模化生产。换句话说,作物生长是土地密集型,对大自然(天气、

---

① 那时候的中国农民有巨大的热情按照政府的指令工作,因为他们相信,政府会帮助他们建立一个新的繁荣的中国,通过团队合作和集体土地所有制会让他们在物质上富裕。

② 中国在 1980 年代中期取消了食品、肉、轻工业消费品如布料的配额,成功解决了所有社会主义计划经济国家面临的"短缺经济"问题。

③ 即便是当今美国的现代农业,也是以个体农户为基本生产单位的,虽然采用的生产方式是机械化耕作。

季节和日照)是很敏感的,所以它对劳动投入的边际回报迅速递减。

因此,1958年把农业生产组织成大的企业单位或者是由成千上万人组成的公社来提高农业生产率的想法是一个非常大且非常愚蠢的错误。当时提出"食堂"概念也是以为这样可以提高人民公社规模化作业的效率。①因为农业生产的特殊性,农民个人努力之间缺乏很强的互补性,一旦组成巨大的生产单位,搭便车的道德风险问题就很容易在大型团队工作组织形式下和个人责任分不清的情况下产生。甚至在西方工业国家的发展历史中,农业一直都是实现现代化(即工业化和机械化或用重机器设备规模经济化)的最后一个产业部门,而不是第一个产业部门。例如,美国到20世纪40年代才实现完全成熟的机械化耕作,与它在19世纪中期就实现了纺织业的机械化形成鲜明对比。

虽然自由市场和私有产权制度可以自然避免1958年大办人民公社的错误,但是这绝不意味着它们可以自动解决中国的粮食安全问题,以及引发中国的农业革命和工业革命。自由市场和土地私有制既然并没有在清朝和民国时代引发中国的农业革命和工业革命,为什么就会在20世纪50年代和80年代突然做到呢?②因此,"大跃进"的根本性错误并非土地所有制问题,而是"企业组织"问题。不明白这一点就无法解释非洲的贫困陷阱,也无法揭示中国工业革命的秘密。

邓小平1978年开启的改革促使地方政府和农民大胆实践,推倒了大型耕作单位,在不改变土地公有制情况下,实行以家庭为单位的土地承包责任制以提高农业生产率。这是非常英明正确的一步改革。但是,

---

① 由于自然资源禀赋较差,中国政府不得不用大量农作物与苏联交换重型工业设备,来开启中国的工业化。此外,中国政府对苏联的农村机械化耕作留下深刻的印象。然而中国只有大量的劳动力却没有机器。因此,毛泽东认为中国可以用劳动力代替机器进行大规模耕作,如新古典"柯布-道格拉斯"生产函数所表示的那样。但是,这是可悲的错误。

② 土地的私人产权和转售权在中国的清朝和民国时期都是非常有保障的(见 K. Pomeranz, 2001; and Taisu Zhang, 2011)。然而,这些制度安排并没有帮助中国解决粮食安全问题,使农民免于自然灾害。相反,饥荒在清朝和民国时期都很常见。

这个改革不过意味着回到新中国成立前的生产模式，为什么它就会在中国触发一场农业革命呢？如前所说，在清朝和民国时代，农业生产也是以家庭为单位，但是中国并没有实现农业的自给自足或打破粮食安全和马尔萨斯陷阱的诅咒。①

不同之处在于，邓小平治下具备的三个要素是清朝和民国时代缺乏的。清朝和民国时期并不缺乏私人财产权和自由市场，但缺乏：(1)农民在产品分配上对剩余产品的所有权(即剩余索取权)；(2)农村灌溉系统和农村与城镇之间公共道路的网络(这种基础设施的缺乏导致以家庭为基础的农业耕作在清朝和民国时代的低生产率和高风险，因为它导致农业收成对干旱和自然灾害的极度敏感)；(3)对多样化农产品有大量需求的大市场和能够大量吸收农村剩余劳动力的农村原始工业(将在后面详细分析这个问题)。

首先，在"大跃进"时期以及新中国成立以后约 30 年间(1949—1977)，中国政府不断组织农民为广大农村建立了基本公共灌溉系统和地方性的交通运输网络。这些因素促进了农业基础设施和农业生产力的大大进步，也导致了在邓小平农业改革时期以家庭为基础的农业生产方式下的劳动生产率的有效提高，虽然这一时期土地仍然是集体所有。②

其次，在邓小平改革下，虽然土地仍是公有或集体所有，但是农民更有动力去努力工作，因为回报(真实的金钱所得)是与个人努力相联系的。农民有 15~30 年的土地租赁合同，可以有很大的自由根据市场需求决定种植什么作物，什么时候工作以及工作多久。土地生产率变化很大程度上取决于土壤和种植农作物的类型。这个新的"制度"安排允许

---

① 参见第五章第二节。

② 在 2009 年中国共有 87 085 座水坝，而其中 99%(86 258 座)是在改革开放前的 1949—1978 年修建的。实际上，在毛泽东时期，政府发动农民修筑了占现有 80%之多的农村运河和灌溉系统。这使得邓小平时期的家庭承包制经济大受其益(见 http://www.snzg.cn/article/2009/0210/article_13384.html)。然而讽刺的是，邓小平的家庭承包制改革也极大地降低了农民和地方政府投资大规模灌溉系统的积极性。

农民根据土壤质量和类型以及相应市场需求，进行合适的多样化作物种植，以实现产量最大化。

再次，非常重要的是，在邓小平新的激励机制设计下，农民成了在满足政府的生产配额后的剩余产量所有者（即有剩余索取权）。因此，他们工作更努力，工作时间更长，还可以充分利用晚上和季节性空闲时间。妇女和孩子也是农业劳动力很重要的一部分，他们可以为家庭做副业工作，如养猪和织布。

这其中的一些要素也出现在清朝和民国时代。然而，很重要的不同在于，虽然在清朝和民国时代，土地是私人所有（地主所有），但是农民没有自由裁量权和动力去创业，因为他们不是土地生产剩余所有者，没有剩余索取权。他们就像是在公司里挣最低工资，资本家（地主）才是剩余所有者。然而，在邓小平的改革下，虽然农民并不拥有土地（只是租给他们），但是他们可以在满足政府具体配额后索取剩余、自由安排土地（除了暂时不能买卖土地和配额）。在没有进行土地私有化的情况下，这种新的"制度"安排足以为农民提供足够的激励去有效耕作、追求利润、创业和创新。①

最后，更为重要的是，由于地方和全国农产品市场的建立，使农产品专业化和商业化（即在农业部门的初级劳动分工和区域分工）变得有利可图，其风险（市场需求不确定性）大大降低。②

所有这些因素导致在1978年改革后的最初几年，中国农业出现了前所未有的繁荣。③

---

① 今天，中国农民可以通过市场把他们的土地重新租给农业企业家，尽管土地的所有权仍然是集体所有。企业家可以从很多个体农民家庭那里收集大量土地，以机械化耕作方法赚取更大利润。这些出租了土地的农民可以进城打工或做别的生意。所以，在新的契约安排下，农民和企业家都获利，土地生产力进一步提高。

② 这也要部分归功于在1978年之前毛泽东的集体农庄时代建立的灌溉、电力和道路基础设施系统。

③ 在工业革命前夜，英国在17～18世纪也经历了一场类似的初级（原始）农业革命。见 http://en.wikipedia.org/wiki/British_Agricultural_Revolution 及其中的参考文献。Gregory Clark (2002)则提供了一个批判性的综述。

由于这场原始(初级)的农业革命,中国农业总产出出现显著且稳定的增长。例如,农作物产量仅在1980年就出现了超过20%的永久性增加。[①] 正如前面所提到的,如果按照清朝和民国的粮食产量和出生率关系推算,1980年农业产量20%的永久增长本可以用来支持额外2亿个婴儿[②],但是这额外的几亿新人口并没有出现。原因之一是在1979年中央政府实施的一胎政策。另一个原因是一场乡村工业化革命正在蓬勃展开,它将为农民提供一系列数量和种类都不断增加的消费品(以及就业机会)来替代生养孩子在效用函数(生命的经济回报)中的中心地位。[③]

第三节　农村地区的原始工业化

1978年改革后,在中国的早期发展阶段一个很明显的现象,是所谓的乡镇企业在中国广大农村如雨后春笋般的出现。[④]乡镇企业的繁荣主要是因为:(1)农民希望有新的方式赚钱,或是补贴自给自足的农业收入;(2)当地村镇政府也希望找到快速发展当地经济的方法,以帮助农民致富,逃离贫困和马尔萨斯陷阱(这也是邓小平政府的要求)。

虽然,如雨后春笋般涌现的集体所有制的乡镇企业曾被国内外众多经济学家注意到,但是这个现象与西方工业化历史的关系以及它在引爆

[①] 到1984年,全国粮食产量比1979年提高了34%,棉花产量提高了近2.89倍,油菜籽产量提高了128%(Wu, Jinglian, 2005, p.115)。

[②] 在20世纪70年代晚期和80年代早期,中国农业支撑了10亿人口。其20%等于2亿人口。

[③] 中国目前已经放松一个孩子政策。但是由于工业化的快速推进,即使在农村的年轻人生育二胎的意愿也不强烈。

[④] 关于中国乡镇企业研究的文献非常丰富,在此不一一列举。参见温铁军(2011),Xu and Zhang (2009), "The Evolution of Chinese Entrepreneurial Firms: Township-Village Enterprises Revisited"及其中的参考文献。

中国工业革命中的伟大经济学意义并没有被充分理解。① 它通常被认为不过是中国特有的计划经济政治体制下所产生的一个特殊（甚至扭曲）的向市场经济转型的现象。但是从历史的视角看，这种"中国式"的农村工业化实质上与英国工业革命前夕发生在17～18世纪的欧洲大陆，尤其是英国的"原始工业化"（proto-industrialization）浪潮一脉相承，具有相同的意义、机制和规律。②

在整个英国工业革命前夕的17世纪（1600—1700年）和18世纪上半叶，乡村工业曾在英国蓬勃兴起，繁荣了一个半世纪以上。在这个过程中，随着英国国内统一市场的建立，欧洲大陆市场和全球贸易市场的深化，越来越多的英国农民，包括妇女和孩子，参与到手工制造业（尤其是纺织品）生产中，越来越多的家庭式制造业承包和乡村作坊不断涌现，并演变成为以原始劳动分工和产业链聚集为特征、以远距离贸易为目的的原始制造业。随着一个半世纪的市场发酵和原始制造业发育，当批量的规模生产成为商人和早期资本家在国内外市场份额中赢得大规模竞争的重要方式时，这些"亦农亦工"的兼职农民工人和村镇作坊生产模式最终演变为全职工人和规模化大工厂生产模式。③

---

① 但是也有例外，比如参见张毅和张颂颂《中国乡镇企业简史》（2001）对乡镇企业与中国工业化的紧密联系的精辟分析。

② 见富兰克林·孟德尔斯（Franklin Mendels，1972）对欧洲历史上原始工业化的经典分析。同时可参见 Mendels（1981），*Industrialization and Population Pressure in Eighteenth-Century Flanders*，此书基于他1969年在威斯康星大学的博士学位论文；以及 Kriedte，Medick，and Schlumbohm（1977），*Industrialization before Industrialization：Rural Industry in the Genesis of Capitalism* 及其中的参考文献。

③ 这一英国早期工业都是在农村（而不是在如伦敦这样的大商业城市）兴起的事实也在 T. S. Ashton（1968）的《1760—1830年的工业革命》一书中有论述。除了粮食安全困境的威胁外，在工业革命启动以前，因为缺乏规模化市场和产业链的支撑，一开始就在商业城市设立工厂、聚集大量的农民工、为农民工提供吃饭和住宿等都是不可思议和非常昂贵的，因此在早期发展阶段会非常的不经济和没有效率。而这种一开始就直接在城市搞劳动密集型工业化的设想恰好是很多后发国家的政府企图采纳的发展模式，也是刘易斯（W. Arthur Lewis，1954）的二元产业发展模型所刻画和推崇的。关于中国三元化产业结构发展模式的论述，参见李克强（1994）。

伟大的中国工业革命 ——"发展政治经济学"一般原理批判纲要

这种根基于农村的原始工业化是引发工业革命所必需的程序,因为以规模化生产为特征的工业革命,哪怕是符合"比较优势"的劳动密集型产业,也需要一个深入和大型的市场来使得进一步的劳动分工和大型工业组织有利可图;这反过来需要依靠草根群体的充足的高收入(工资)和购买力,需要在不破坏粮食安全的情况下,吸引大量的"以食为天"的自给自足的分散的农民个体投入到以分工协作为特征的制造业生产中。因此,在开始阶段,大面积使用农村剩余劳动力和农民的空闲时间来"就地"生产原始的低附加价值劳动密集型原生工业品,并通过远距离贸易来赚钱,是一种十分经济、有效和自然的方式;这是发酵市场、培育企业家、发展供应链和商业配送网络、提高农村和城市商业化对日常制造品的需求和生产力、提高农民收入、产生地方政府收入用于本地基础设施建设,并最终启动工业革命的诀窍。①

中国的乡镇企业繁荣与早期欧洲的原始工业化之间的关键区别在于,当年的欧洲和英国主要靠有实力的商人阶层牵头在农村投资、承包、组织村镇作坊工业生产和其产品的远距离销售:他们雇佣农民的闲暇时间和剩余劳力并为之提供原材料,来"就地"生产满足远距离市场需求的

---

① 工业革命前夕发生在广大农村的原始工业与马克思描述的早期资本主义的城镇手工作坊有很大的不同。后者主要为满足本地城区或街道对基本工业品的需求,而前者是为了满足国内外更大市场和远距离贸易品的需求。手工作坊是人类农业社会出现在商贸城镇的很古老的传统职业,存在于历史上几乎所有地方,包括欧洲、非洲、中国和印度等商业发达的地区和沿河流域。手工作坊满足当地人口或附近周边农村对基本日常制造品的需求,但是原始工业的出现则是由于国内外市场的扩大刺激了对工业品的大量需求,并主要出现在农村以便于利用农村的廉价剩余劳动力:当急剧扩大的全球市场对手工制作的工业品需求急剧增加时,只有农村才能提供大量廉价的剩余劳动来满足这种日益上升的需求。因此如果运输成本不是很高的话,比如靠近海边、运河、河流或公路,到农村去搞家庭包工制是利润很高的一项事业。这解释了为什么欧洲的原始工业化发生在大航海和世界贸易之后,而且是在靠海运或运河发达的欧洲国家,而不是内陆国家。同理,中国的乡镇企业最为发达的省份也是沿海和对外贸易方便的地区。资源和原材料(比如煤炭、棉花、铁矿)丰富的内陆地区也可能出现发达的上游原始工业和乡镇企业,如果交通便利的话。另一方面,城市则主要成为货物的中转、买卖、商品交流和商业聚集的地方,而非生产基地。

制造业产品(主要是纺织品)①,然后把制成品分销到全国和世界各地的商业网络。这种"家庭包工制"(putting-out system)在工业革命前的欧洲非常普遍。②因此在欧洲和英国,广大的商人阶级是大市场的创造者和生产的组织者,是原始工业发育的"酵母"和催化剂。然而在20世纪七八十年代的中国,由于缺乏这样一个庞大的商人阶级来开辟国内和国际市场,创造远距离市场和组织原始工业生产的重任主要是由中央、地方和村镇一级的政府承担(这一点还将在后面详细分析)。

中国式的农村(原始)工业化,通过1978年后大量乡镇企业(集体所有)的涌现,终于结束了计划经济时代由中央计划和重工业为主政策导致的"短缺经济"现象。1978年改革后的5年内,中国就成功地结束了广泛存在于食品、肉类、纺织品和其他轻工业消费品的配额制度。

但是,更为重要的是,中国这场农村工业化浪潮和乡镇企业繁荣也终于在20世纪80年代末和90年代初引爆了中国近代史上苦苦等待和久盼的第一次工业革命。第一次工业革命的基本特征就是基于劳动分工原理的规模化生产,或劳动密集型"工厂体制"在全国范围内的普遍建立。但是,由于80年代的中国依旧贫穷,大部分人口仍然在农村,而且早期的乡镇企业依赖的是原始生产技术,因此很少有人(可能除了中国改革开放的总设计师邓小平外)能够敏锐抓住或意识到这场农村工业化浪潮的深远历史意义和经济学意义。事实上,经过10年的原始工业"发酵"和市场孕育,1988年前后的中国已经处在引爆工业革命的门口,却丝毫没有引起国内外经济学家和媒体的重视。考虑到当年英国工业革命

---

① 其他类型的原始工业包括小五金、皮革、木制品、小煤窑,等等。

② 家庭包工制(putting-out system)是以农村家庭为基础的服务于远距离贸易的国内生产制度,在17世纪和18世纪的欧洲农村地区很流行。它甚至在16世纪早期的意大利就出现了。参与到这个制度的国内"农民工人"通常拥有自己的原始工具(如纺织机和纺车),但是用商人资本家提供的原材料去生产产品,这些产品被认为是商人的财产。半成品将会被商人传递到另一个工作场地进一步处理,成品将会被商人直接推向市场(参见 http://www.encyclopedia.com/topic/Putting-Out_System.aspx at Encyclopedia.com)。

的前夜和最初阶段也并不是人们后来所想象的那么戏剧性和引人注目，这种敏锐意识的缺乏也并不奇怪。因为即使是像亚当·斯密、马尔萨斯、大卫·李嘉图、约翰·穆勒这样的天才经济学家，也完全没有意识到在 18 世纪末和 19 世纪初的英国，一场人类历史上史无前例的第一次工业革命正在他们眼前展开。而这场工业革命恰好是由英国从 17 世纪（或更早）到 18 世纪中叶的农村工业化运动所引爆。直到第一次工业革命结束和第二次工业革命开始后（即 1840—1860 年代左右），这场由农村原始工业化引爆的英国工业革命才被如马克思和恩格斯这样少数具有洞察力的政治经济学家所察觉和意识到。

因此，遵循英国工业革命同样的"历史逻辑"，中国的第一次工业革命也发源于乡村，即 20 世纪 70 年代末和 80 年代发展起来的乡镇企业——虽然这些企业在所有制上与当年英国的乡村作坊完全不同（这正是麻痹和误导经济学家们的地方）。在中央一系列农村政策的指导下和各级地方政府的大力帮助和扶持下，这些乡镇企业由未受教育的农民构成、组织、管理。这些农民与他们 17～18 世纪的清朝祖先没什么两样（可能除了没有辫子以外）。有些经济学家和经济史学家过分强调正规科学知识（所谓人力资本）在工业革命中的关键作用，把中国没有成功在 17～18 世纪发展出英国式的纺织机和蒸汽机归因于文化水平低下和缺乏现代教育的中国农民。但是，事实上也正是这样一些农民在 20 世纪末亲手点燃了中国的工业革命。[①]

中国原始工业化的速度与西方发展史相比却是史无前例的。1978—1988 年十年间，中国的乡镇企业从 150 万个变为 1890 万个，增长

[①] 如后面章节将要分析到的，1980 年代的中国农民与清朝和民国时期的中国农民的确有一点本质的不同，那就是前者懂得如何组织起来，而后者是一盘散沙。而教会他们如何组织自己的正是毛泽东领导的中国政府和一系列农村合作化运动（包括"大跃进"）。毛泽东关于组织起来对于中国革命和工业化的意义，参见毛泽东《组织起来》（一九四三年十一月二十九日在中共中央招待陕甘宁边区劳动英雄大会上的讲话）。

了12倍;农村工业总产值从515亿元(占GDP的14%)增加到7020亿元(占GDP的46%),增长超过13.5倍;农村工业的就业从2800万人发展到9500万人,增长超过3倍;农民总收入从87亿元到963亿元,增长12倍;村镇企业总资本存量从230亿元到2100亿元,增长超过9倍。同时,农村工人作为总农村劳动力的一部分,从9%增长到23%。①

这种爆炸式的增长在进入20世纪90年代以后在中国农村继续发生,像引爆了热核反应堆一样,一个爆炸导致更多的爆炸,一个增长导致更多的增长。到了2000年,乡镇企业职工超过了1.28亿人(不包括去城里打工的农民工),占到了中国农村总劳动力的30%。农村工业总产值达到11.6万亿元,是1988年的16.5倍,1978年的225倍。在1978—2000年,村镇工业产量平均增长率为每年28%,即23年里平均每三年就翻一倍。即使调整通货膨胀因素后②,真实的增长率也会在21%左右,为中国全国真实GDP增长率的两倍(即每3.7年增一倍),意味着村镇实际总产量在1978—2000年间增长了至少66倍。这种"自我复制"和核裂变式的规模和速度在如此长时间内维持,在人类历史上还没有记录过。亚当·斯密没见过,马克思也从未听说过甚至想象过。它使英国原始工业化阶段和工业革命相形见绌。

经过1978—1988年十年期的乡村原始工业的大规模繁殖和爆发式增长,罗斯托(1960)称作"经济起飞"的时刻注定会到来。第一个时刻发生在1988—1998年的中国第一次工业革命期间。这个期间,基于劳动分工原理的劳动密集型规模化轻工企业在农村和城市大规模兴起,与发生在1760—1830年的英国第一次工业革命类似,但是以更加猛烈惊人的速度和威力爆发。③ 第二个关键时刻大概在1995—2000年,当时中国

---

① 数据来源:张毅和张颂颂.中国村镇企业简史[M].北京:中国农业出版社,2001:附录表1。
② 这时期CPI平均通胀率为每年6.9%。
③ 这使得中国在1995年(离加入世贸组织还有6年)就成为世界最大的纺织品生产国和出口国。

人均GDP达到了1000美元（以2000年的美元计价）。但是，离开对产业结构的分析，人均GDP 1000美元也许只是个随意和空洞的数字，实际意义不大，虽然世界银行经常把它当作一个进入中等收入国家俱乐部的临界值。许多拉丁美洲国家人均收入是这个收入的几倍甚至超过十倍，却缺乏进一步增长的动力。1995—2000年对中国真正重要的，是批量生产劳动密集型轻工业品的能力，以及"中国制造"在国内外市场上的需求已经变得非常大——如此之大，以至于中国对能源、动力机械、基础设施和巨型机器设备的需求（购买力）大到在中国自己批量生产这些重工业品变得非常有利可图。

因此，在1995—2000年，中国已经处在引爆第二次工业革命的门口。所谓第二次工业革命，就是采用规模化生产方式来生产那些造就了（并维持）第一次工业革命生产方式所需要的（规模化）生产工具和中间产品本身。或简单地说，就是用机器来批量生产机器。正如经济史学家兰德斯注意到的，"纺纱和织布是一回事，能够用机器来纺纱织布又是另一回事。"（David Landes，1999，p380）对此我们得加上一句：用机器来纺纱织布是一回事，能够用机器来批量生产这些机器（纺纱机和织布机）更是另一回事！如果发明机器来纺纱织布是第一次工业革命的特征，那么发明机器来批量生产这些生产工具和运输工具以及所有中间产品则是第二次工业革命的特征。

尤其是，中国加入世界贸易组织之后的21世纪早期，中国正式进入重工业建设阶段（由巨大的国内储蓄和国际纺织品市场需求以及其他的轻工业品市场支持），开启了化学品、水泥、电、钢铁、金属品、内燃机、卡车、汽车、轮船、高速公路、铁路、高速铁路、农业机械、纺织机器等等，以及用来生产各种轻工业品如电脑、冰箱、摩托车、电视、洗衣机、家具等等的组装线和机床的大批量生产。

一旦按正确顺序引爆第一次和第二次工业革命，其自我繁殖和盈利的能力是任何金融危机都难以阻止的。1997年的亚洲金融危机阻止不了中国的发展,2007年的全球金融危机(它使中国出口总量与其增长趋势相比永久性地减少了近40%[①]也没能阻止中国的发展。因此,只要一个经济体完成了原始工业化的胚胎发育和第一次工业革命所带来的健康"婴儿"时期的成长,即便在危机中也会发展,这与清朝晚期50年的变法图强、民国时期40年的风雨飘摇和计划经济时期30年的大起大落与最终萧条形成鲜明对照。就如19世纪的美国:经历了15次金融危机和一次四年的国内战争,这些都没有阻止美国强劲发展成为下一个世界生产中心和超级大国。这不是因为美国的政治体制(如制度经济学家所吹嘘的),而是因为美国重商主义政府自建国伊始就采纳了一个正确的、有序推进的、从原始工业化到轻工业化再到重工业化的发展战略(详见第四章)。

用现代西方经济学的术语将中国在20世纪80年代和90年代的发展经历模型化(即肤浅地数学化)的方式就是想象两个不同的生产技术:[②](1)原始手工作坊技术,其生产函数是 $y=n^{0.5}$;(2)采用机器的工厂技术,其生产函数 $y=2n-100$。y 表示为产量(比如纺织品),n 为劳动投入。假定生产的目的都是为了交换,而不是自给自足。第二个技术涉及固定生产成本100,它反映采纳规模化生产所需要付出的在固定资本投入、创新、工业组织等方面的固定成本。但第一个技术没有这样的固定成本(或可以忽略不计)。

第一个技术是劳动报酬边际递减的手工作坊产业,第二个是使用机器的规模产业。就边际产量而言,因为使用机器,劳动在第二个生产技术中更具规模化效应。然而,当市场需求很小时(假设市场需求 $y=1$ 单位),用第一个技术更加有利可图,即只用一单位的劳动投入就能满足市

[①] 参见 Wen and Wu (2014)。

[②] 这也是对后面第三章第一节里将要阐述的以下思想的数学表达:小企业的固定投资和组织成本低,但是边际产出成本上升很快;而大企业固定投资和组织成本高,但是边际产出成本上升很慢。因此,小企业虽然进入门槛低但是缺乏规模效应,而大企业进入门槛高但是具备规模效应。所以,小市场只能支撑小企业,大市场才能支撑大企业。

场需求。第二个技术需要最少 51 个单位的劳动投入,才能抵扣掉 100 的固定成本,以实现正的利润收入,因此在市场很小时是个亏本的技术投入。但是,一旦 y(纺织品)的需求或者市场规模增加,比如从 $y=1$ 单位增加到 $y=10$ 个单位,用第一个技术需要 100 个单位的劳动投入,而第二个技术只需要 55 个单位的劳动投入。

现在,想象一个村庄有 200 个家庭,每个家庭有一个单位的劳动力。如果他们都独立经营,这个村庄的总 GDP 就是 200 个单位。但是,如果他们组织起来成为一个工厂,用第二个技术通过团队工作和劳动分工来共同生产,那么这个村庄的 GDP 将是 300 个单位。更重要的是,这个村庄的家庭越多,用第二个生产模式会有更多的产量和更高的劳动生产率。因此,市场规模(需求)决定劳动分工、劳动组织和新技术使用的程度。同时,请记住前面提到的粮食安全问题和纺织品需求的收入弹性问题:如果第一种生产技术对应粮食生产,那么即便对纺织品的市场需求很大,这个村子也不敢贸然采纳新技术,把农民变成工人,除非它能够在市场上用多余的纺织品随时随地换到粮食。

然而,社会(劳动)分工所依赖的大规模市场(需求)从哪里来?是谁首先创造了它?

第四节　意识形态转向商业和重商主义

观念(意识形态),而非既得利益,才是(对经济)最危险的东西。
　　凯恩斯 John Maynard Keynes,[1936] 1964,pp. 383-384

讽刺的是,肇始于 1978 年中国农村的原始工业革命最开始是由毛泽东在 1958 年提出并尝试的,是"大跃进"运动的最基本出发点和新中国未来的新的发展战略。1978 年改革开放前夕的 152 万个乡镇企业(当时叫社队企业),便是"大跃进"的产物和毛泽东乡村工业化战略思想留给邓小平改革开放时代的一笔重要遗产,并成为中国自洋务运动以来就等待已久的早该进行的原始工业化革命的"火种"。①

毛泽东是农民的儿子,他通过组织农民军队和全国草根大众,领导长征、抗日战争以及国内战争,从一个师范教员成长为政治家和军事战略家。他非常理解中国贫穷的根源和中国工业化的条件。毛泽东告诫他的政府官员,中国的工业革命必须依靠组织起来的农民,并且要从组织数量庞大的小型农村工厂开始。这些农村工厂可以生产基本的耕作工具和家庭用品来满足农民的生产和日常生活需要。他猜测,随着农村工业在技术和运营规模上的不断提高最终会改变农村一穷二白的面貌,并为中国城市的工业化和国家四个现代化进程打下良好基础。②

毛泽东关于如何在"一穷二白"的大中国发展经济的战略思想虽然不乏真知灼见,但是也包含严重谬误。在1958年,当全国地方政府过度热情地帮助几亿农民建立了600万个农村工厂(社队企业),一年内安置了5000万农民在这些工厂后,很快(1960年)就发生了严重的粮食短缺和饥荒,导致农业部门产量连续3年的垂直下降,以及整个工业经济的大衰退和全国性大饥荒。过后,毛泽东的农村工业化运动就基本被放弃了。③

为什么"大跃进"时期的农村工业化与1978—1988年改革开放后的农村工业化所产生的结果如此不同呢?暂且不管人民公社本身的农业生产效率如何,产生这种不同的根源是发展战略和观念(哲学思想)层面的。在毛泽东领导的计划经济体制下,资源分配和生产是根据政府计划

---

① 详见第六章的案例分析。
② 毛泽东早期关于社队企业和农村工业化的一系列思想,见张毅和张颂颂(2001),《中国乡镇企业简史》。
③ 在"大跃进"失败后,政策调整使得社队企业从600万个急剧下降到1960年的11.7万个,在1965年达到低潮。但是在"文化大革命"初期(1966年),毛泽东给村镇企业又开了绿灯,至"文化大革命"结束时(1978年)村镇企业已增长到152万个(见张毅、张颂颂《中国乡镇企业简史》)。

决定,而不是根据市场机制。简而言之,没有真正意义上的商业活动,并且这是有意设计的:毛泽东认为商业(市场买卖)活动是投机倒把,是资本主义剥削关系的最根本来源之一,并与马克思"劳动创造价值"理论不一致。因此,他认为建立在市场交换基础之上的产品供求和分配机制与政府为实现人人平等的社会主义工业化的努力相矛盾。他认为以市场交换为基础的小商品生产,随时随地都在产生资本主义的剥削关系和意识形态。

但是在1978年,中国的领导层有更广阔的视角和更加实际的发展战略。邓小平观察到20世纪资本主义制度下的繁荣和社会主义制度下的短缺(甚至更糟)。平等和公平虽然仍然是社会主义目标之一,但是邓小平认为国家繁荣和人的完全平等不是简单的一步(单靠计划经济和组织集体劳动)就可以实现的,有些人可以靠自身的努力比其他人先富裕起来,然后带动社会。为了实现未来长远的收入平等,邓小平把当下的繁荣(而不是平等)放在第一优先,并且认为市场交换和中央计划并不一定是不相容的,而是可以互补的。今天,一些西方资本主义国家也包括一些社会主义分配要素和依靠政府提携和实施的发展战略与工业政策。那么,为什么社会主义的中国不能同时也采用一些资本主义市场经济元素来帮助实现社会主义经济发展?前者(市场)可以通过个人更加灵活的生产计划和市场竞争来帮助提高微观层面的经济效率,而后者(中央计划)则可以通过顶层设计和宏观管理(类似于管理大公司那样)来帮助实现宏观层面的经济规划和国家战略。

但是市场依赖商品交换,依赖商业。作为连接需求和供给的重要微观经济力量,商业帮助建立、创造、深化和培育市场,将供给源源不断导向其需求,并用需求源源不断地刺激供给,为市场供需双方提供信息和自动平衡机制,鼓励以对利润(生产率)的追寻和由此产生的"套利行为"去消除低效率的生产与管理方式和基础组织层面的资源配置不当。因此,商业活动是工业车轮的润滑剂,是对好企业和坏企业的自然选择机制,是需求和供给的看不见的"媒人",就像人体强大的自我调节的细胞代谢和毛细血管网。

然而,绝对的无监管的自由市场和套利行为会滋生欺诈、不公平和投机行为,导致社会道德沦丧、宏观经济不稳定、市场失灵,甚至大规模经济危机。绝对的自由市场鼓励短视的自私行为,不仅对某些社会公共利益造成负面效应,也会破坏社会的长远发展目标。因此,市场需要宏观层面的协调、指导、管理、管制和计划。考虑到所有这些,邓小平希望通过引入微观层面的市场机制来克服中央计划不可避免的死板、教条、瞎指挥和官僚主义,同时维持国家和政府在协调、规范、管理、管制和监督宏观经济上的能力,以及国家设计长期发展战略的权利。

因此,毛泽东和邓小平都看到了市场失灵的一面,其缺乏总体规划和发展战略的一面,其缺乏国家能力来组织人民群众在国家项目协作和大国博弈中维持国家利益、政治稳定和公共社会秩序的一面。而正是这种缺乏成了导致清王朝和民国政府主导的工业化失败的主要原因。没有这些宏观层面的组织能力和国家政治力量,在19世纪西方殖民主义和帝国主义势力以及20世纪日本军事侵略面前,中国无法维护它的国家利益和国内政治稳定,因此谈不上经济建设(无论以什么方式和什么体制)。邓小平(像毛泽东那样)相信只有强大的政府和一个强大的国家机器可以确保国家统一、政治稳定和社会秩序;相信在开放政策和经济改革情况下(尤其在国民经济领域引入自由市场和国际竞争以后),只有维护政治稳定和国内社会秩序才能够确保中国的工业化成功。邓小平还相信,在涉及基础设施和国家安全的很多重要工业部门需要继续依赖强大的政府投入和国家银行系统。因此,在20世纪70年代末,当邓小平把市场竞争引进到社会主义计划经济领域时,他拒绝把婴儿连同洗澡水一起泼掉。他强烈地拒绝在苏联和东欧社会主义国家崩溃期间实施的西方式民主和休克疗法。在80年代苏联解体之前,邓小平就在与外国领导人的私人会谈中认为苏联领导人"天真而愚蠢"。这些国家后来

伟大的中国工业革命——"发展政治经济学"一般原理批判纲要

的动荡、衰败、破产见证了邓小平作为一个伟大政治家、战略家和经济改革者的英明和远见。①

邓小平的新发展战略（市场＋中央计划）可行吗？其实在16世纪到18世纪英国工业革命之前，欧洲各国正是在国家和政府的重商主义意识形态指引和国家力量强力支持下，商业和远距离贸易才获得了长足发展和长期繁荣。②商业繁荣和全球市场开拓对乡村原始工业化和由它引爆的第一次工业革命来说是极为重要的必要条件，因为它培育和"发酵"能够支持规模化生产的市场、劳动分工、农产品商业化、区域分工（按"比较优势"），以及建立强大的经销网络和原材料运输机制。③

如果把乡村的原始工业化运动（即中国的乡镇企业浪潮）比作工业革命这个婴儿诞生前在母体内的"胚胎发育"过程，那么早期大面积商业活动便是为这个胚胎提供"羊水"的子宫。在邓小平渐进、务实的经济政策和发展"社会主义市场经济"发展战略下，商业不仅为全国地方政府所允许，而且还被保护、促进和壮大。邓小平领导的政府在改革开放之后，

---

① 参见 Ezra F. Vogel 在2013年出版的《邓小平和中国的转型》，也可以参见 http://www.economist.com/node/21533354。

② 比如英国商人约翰·威勒（John Wheeler）在1601年出版的《商业论》（A Treatise of Commerce）中第一次系统地提出了大英帝国作为民族国家的振兴战略是靠商业和世界贸易立国，为此除需要鼓励私人和民间贸易以外，还需要建立政府直接干预、控制、保护和指导的大型商业公司（比如英国东印度公司）。威勒在书中为那些以营利为目的的全民性商业活动进行了道德和伦理上的有力辩护。他把人类历史上被人看不起的商业逐利活动提到了高尚的为国家谋利的道德高度，指出商人在外面代表的是国家和王室的利益，而不仅仅是私人利益。威勒的见解得到了伊丽莎白女王的极度欣赏和大力认同。

③ 经济史学家和政治经济学家[如卡尔·马克思和弗里德里希·李斯特（Friedrich List）]早就指出16世纪到18世纪欧洲的商业革命与随后18世纪晚期的英国工业革命之间的密切联系。商业创造了市场，从而为非常依赖大市场的工业革命铺平了道路。从总体角度看，全球贸易和商业革命本身可以产生与工业革命相当的收入增长，虽然前者不是由技术变革驱动。这解释了历史学家在英国工业革命时不能发现18世纪晚期的重要断裂点和GDP增长加速的谜题。这也有助于解释19世纪60年代的日本在应对西方工业强国的挑战方面比当时的中国更成功。日本在18世纪与19世纪中叶的德川时代经历了长期的商业繁荣，但是在中国的清朝，商业活动被严重限制了几百年，在毛泽东的计划经济时期则是完全被禁止。

不仅鼓励商业和商业活动,尤其是在农村,还补贴甚至使用各种各样的政府资源直接参与其中。邓小平非常直截了当地指出,不管黑猫还是白猫,只要抓住了老鼠就是好猫。如果农村商业可以让农民更加富有,那么政府就应该允许且支持和促进其发展。因此,1978年后,在农村和城市的商业活动蓬勃发展。当时城里各行各业公共雇员间流行的一个口头禅就是:"下海经商!"①

在自明朝开始闭关锁国五百多年后的中华大地上重新点燃对商业的这种激情,对共产主义的中国来说绝非易事。它需要人们对他们的信念,对他们所认为正确和错误的东西有一个根本的思想上的转变。②正如经济史学家乔尔·莫凯尔(Joel Mokyr)所说:"经济变革对人们相信什么的依赖程度,远超大多数经济学家的想象。"(Joel Mokyr,2009,p.1)但是制度经济学家可能会失望,因为这一革命性变化不是政治制度的变化,而是观念和意识形态的变化。

政府许可的商业活动和农村自由市场的兴起很快就在全国形成了一个巨大的统一的国内市场。长途运输和贩卖成了极其赚钱的职业。家庭经营的商店和小卖铺在整个农村乡镇呈现一片繁荣景象。城市街道两旁布满了商店,所有机关单位临街道的办公楼下都成了商铺。党政军"下海",几乎全民经商。觉醒的商业精神为乡镇企业的繁荣提供了极其广阔的市场,极大地促进了商业交换,降低了交易成本,深化和扩大了所有类型商品的市场规模和营销渠道。这使得乡镇企业的劳动分工和专业化生产变得极为有利可图,以及对中间品和原材料的需求急剧上升。一个遍及全国的供销网络和轻工业品市场正在快速形成。事实上,

---

① 拿破仑曾把重商主义的英国称为"小店主之国"(nation of shopkeepers)。然而正是16~18世纪的商业和全球贸易为英国18世纪末的工业革命奠定了基础,将英国从一个农业孤岛变成了工业巨擘。也正是商业使得英国在滑铁卢之战后一个多世纪的时间里称霸世界。

② 商业活动在共产主义时期一直被认为是不道德的自私自利的行为,是投机倒把,与欺诈无异。马克思主义的劳动创造价值理论也不认为商业活动真正能创造价值。

英国工业革命之前的17～18世纪用了一两百年之久才完成的市场发酵和市场创造过程,在中国被大大压缩,仅仅用了10年的时间。①

因此,在1958—1962年"大跃进"时期的农村工业化运动,不是简单地错在分配太多的农民到社队企业工作,导致粮食生产短缺;而是错在政府不允许社队企业生产超过本地需求的产品,不允许把产品拿到市场上去交换。由于缺乏市场交换和由此建立的市场规模,这就极大地限制了社队企业的劳动分工和盈利能力,限制了它们增值和壮大的潜力,导致农村经济停留在自给自足的经济体系里面打圈圈。考虑到组织和建立企业(即使与现代工业相比小得多的社队企业)的巨大固定成本(相对于企业收入而言),市场的缺乏也必然意味着产能过剩,即便小企业也是如此,运营规模远远不足以覆盖固定成本。而且这些社队企业也不按市场原则进行淘汰,对需求无反应,进而不可能有纠正生产决策错误的竞争压力。因此,因为市场缺乏,"大跃进"时期的社队企业比新中国成立前农村家庭经营的小规模手工作坊的效率还要低很多。②

第五节　重商主义政府作为市场的创造者和商业的组织者

正如在本书开头的引言部分强调的那样,早期欧洲历史上的"重商主义"究其实质,是一种把国家的繁荣和强大建立在商业和制造业基础上的"经济民族主义"。它试图通过限制制造品进口、鼓励制造品出口而使国家富有。简而言之,它强调并推动制造业而不是农业,推动商业主

---

① 今天,中国商人奔赴世界的每一个角落——欧洲、中亚、南美和非洲——来开拓海外市场,输出"中国制造"。这一景象与17～19世纪的英国和欧洲何其相似,但是没有使用任何火药和炮舰。

② 资料显示(比如参见张毅、张颂颂,2001),在1958年,为只满足本地局部需求而建立的社队企业的平均规模超过8～10个工人,而在1980年代甚至1990年代,乡镇企业的平均规模少于6人,虽然在80年代和90年代它们拥有更大更广阔的国内和国际市场。

义而不是重农主义。然而,大多数重商主义文献(包括古典经济学家亚当·斯密和大卫·李嘉图的论述)只把重商主义看作贸易保护主义的一种形式和对外汇储备的盲目崇拜,而忽视了它重视商业贸易与制造业的核心论点。事实上,一个仅仅依赖农业为生的经济不可能受益于重商主义和外汇积累。但一个试图建立在制造业之上的国家却可以从重商主义中大大受益,因为制造业能促进劳动分工(和技术升级),形成规模经济。

在原始的农业社会,家庭是生产和交换的基本单位。家庭成员生产满足他们所需求的任何东西(包括劳动工具)。通过多个家庭之间的劳动分工来专门生产超过他们所需的动力很小,因为缺乏一个广大而稳定的市场来保障这种生产方式的经济效益。如果专职生产一种家庭用品,其他的必需品则必须依赖他人的及时供给来获得,这是十分危险的,尤其是涉及粮食安全问题。粮食安全是最优先级的,没有一个大市场来为各种销售失败和供需失衡提供"保险"是非常令人望而生畏的制度安排。然而,专业化的劳动分工和供求分离却是提高整个社会劳动生产率的关键。因此,大众商业或(超过本地范围的)远距离大众贸易是在市场体制下实现原始工业化的前提条件,也是工业革命的先决条件。

即使是最原始的农村工厂,也需要来自不同家庭的农民组织成一个团队(本质上是一个小型公司)致力于协调生产、分担利润和经营风险。这样的组织需要初始投资资本(远远超过一个农民家庭收入的100倍或1000倍)①,以及员工和组织之间的最基本信任。此外,成功非常依赖于远距离高效营销渠道以确保销售和原材料供应。

在欧洲和英国原始工业化的16~18世纪,组织生产、融资和协调销售的任务都是由商人来完成的。这些经济活动的中间人(中介)是推动和促进原始工业化最重要的代理人和催化剂。然而在人类历史上,商人

---

① 1978年农村工厂的固定资本存量平均价值约为15 000元,而普通农村家庭在1978年现金收入还不到60元。

伟大的中国工业革命——"发展政治经济学"一般原理批判纲要

在农业社会,尤其是宗教(以及其他)意识形态领域,长期被认为是消极负面的社会因素(想想犹太人的历史就可以知道这一点)。他们被贴上奸商、骗子、贪婪的投机者和套利剥削者的标签。他们被指控算计一切,包括才能和友谊。① 但是文艺复兴之后,社会条件和观念逐渐发生了改变:欧洲民族国家崛起,几个世纪的国家建设、新兴欧洲列强依靠商业繁荣和海外殖民来支撑的军事竞争和绵延不绝的战争也随之而来。重商主义商业政策和实践,国家领导、扶持和策划的全球贸易(如 16 世纪初成立的东印度公司和长期的跨大西洋奴隶贸易)为英国产生了大量的富裕阶层的商人和暴发户。② 这些愿意冒险、有企业家精神、承担失败、对利润敏感、有商业头脑的商人在政府强力支持下主动出击,殖民、掠夺、建立和扩大市场,组织农村家庭和村庄的团队生产并为其销售产品和融资(例如,通过承包外放的方法),在农村地区建立作坊、车间和搬运站,促进劳动分工和新技术采纳,培育原材料和中间商品的供应链,把商品分发给零售商和最终用户,提供交易信用,等等。这些商人(早期的资本家)是欧洲新时代的蜜蜂和催化剂。他们通过互相激烈竞争来发家致富。在国际国内事务中,他们的自身利益和"逐利"道德观受重商主义国家意识形态强烈支持,并且受本国政府军事保护。在欧洲宗教"黑暗时代"后,商人阶级终于赢得属于他们的尊严、尊重和社会地位,因为依赖商人阶级和商业活动,同依赖地主阶级和农业生产相比,前者为欧洲君

---

① 就像拿破仑(1769—1821)对英国文化所做的评论,"英国人没有高贵的情操,他们什么都能出卖"。

② 英国是 17~19 世纪大西洋贸易的主要参与者。这一利润极高的远距离贸易模式囊括了从新世界(美洲)输送咖啡、棉花、糖、朗姆酒和烟草到欧洲,从欧洲输送工业制成品(主要为仿制品)到非洲,以及从非洲输送奴隶到新世界。英国同时也在亚洲开创了另一种三角贸易:将英国纺织品输送到印度,将印度棉花和鸦片输送到中国,然后将中国的茶叶和丝绸运回欧洲。大规模的国际贸易体系也需要大规模和高度复杂的国内贸易系统来支撑,以便在城市和农村地区的制造商和消费者之间输送和分销原材料和制成品。因此,拿破仑由于缺乏政治经济学上的洞见,才贬抑英国是"小店主之国"。

主国之间一系列绵延不断的战争以及海外殖民争夺提供了更加丰厚和可靠的国家财富、融资和税收来源。①

这种新的强大的商人阶层的出现为英国工业革命提供了必要的经济和政治条件。但是17世纪和18世纪的中国和印度没有创造出这样的条件(即一大批代表国家的强大富有的商人阶层和他们开拓的海外市场),因为中国和印度商人缺乏国家支持的重商主义意识形态及在由国家出面组织和保护的半军事化的全球贸易中获得暴利和市场份额的激励。②

这样一个强大的商人阶层在1978年的中国显然是缺乏的。虽然邓小平鼓励商业发展,但是创造一个强大富有的商人或资本家阶层的时间跨度太短(至多只有改革开放初的2到3年,相对于欧洲和英国的2到3个世纪),尤其是在没有殖民主义、帝国主义和海外暴利支持的情况下。那么中国是如何在1978年改革伊始就能够点燃它的原始工业革命呢?③

秘诀就是中国农村的村镇政府结构和土地的集体所有制度。④ 在中国的土地公有制和当地政府的行政权力的保护和支持下,农民可以也愿意集中他们的储蓄和土地为一个集体所有制的企业形成初始资本(现金

---

① 16~18世纪的欧洲是国家建立和国家竞争激烈的时代。"这是欧洲的特征,与统一的中国或一盘散沙的印度和伊斯兰教地区不一样。欧洲包括很多的大小不等的国家,……大家都知道那个代表地位、财富和权力的金钱的重要性。……金钱在服务权力的主导作用体现在重商主义上……重商主义在欧洲并不是教条,也不是一套规则。它是国家进行政治和经济管理的一般原则和实用主义秘方:不管使用什么方式,只要能够富国强军都是正确的。就算亚当·斯密也有重商主义的时刻:他说,航海法案可能加重了英国消费者的负担,但是他们却能非常奇妙地消减荷兰的海上霸权。"(David Landes,1999,p.443)

② 政府对于提振国内外贸易和重商主义精神的忽视并非源于其"攫取性"的政治制度,而是源于其落后的经济价值观念和国家建设(发展)战略。事实上,中国历史上在东南亚一带的商业活动和商人阶层大量存在,但是缺乏中央政府的统一组织和保护,从而没有成为明清政府实现强国富民和海外市场开拓的工具。而明治维新后的日本则采取了欧洲式的重商主义的建国和发展战略,步步为营地成为亚洲头号商业帝国和工业强国。

③ 乡镇企业数量仅在1984年就比上年上升了450%,呈现爆发式增长。

④ 关于中国土地制度的精辟分析,见华生(2014)。

和土地资产),并分享利润和工作机会。①虽然,自1978年以来,土地是承包出租给农民个体家庭的,但是土地的公有制性质并没有改变。因此出于工业目的而获得需要的土地,并不是农民和当地政府的一个大障碍。集体所有(乡镇)企业的管理者经常是民主选举出来的被认为具备领导才能的农村官员(中国乡镇企业最早的CEO)②。虽然在邓小平的改革中解散了人民公社,毛泽东的"大跃进"和共产主义运动使得这些集体所有制组织很容易恢复和形成。"文化大革命"虽然破坏了城市的人力资本,但是通过当年的农村合作化运动、人民公社和后来的学大寨运动,培育了农村的农民和村领导的企业家精神。村民家庭之间的高度社会信任和当地政府的领导能力使得中国农民能够在一个小农经济的、缺乏现代法律体系和执法机构的社会里,克服高昂的交易成本而轻而易举地建立集体所有制的乡镇企业。这些原始淳朴的乡村企业突然间就布满了中国的村村寨寨,无论是高岗还是平原,是穷山还是僻壤;它们成为中国近现代工业史上一道最为壮观和雄伟亮丽的风景线,是中国伟大的工业革命即将成功引爆的标志。本质上,它们的涌现是因为经历了几千年封建社会的农民们相信企业的公平的收入分配、风险共担和信用支付,以及政府支持和保护这种"制度"安排的决心和能力。

在16~18世纪的英国,这方面的社会信任和农村地区形成合作企业的相关交易成本问题,不是由当地农民大众自己去缓解和克服的,而是在王室政府强大重商主义意识形态下和国家力量保护下由那些具有企业家精神、敢于承担风险和追逐利润的商人们去缓解和克服的。这些商人更少受到融资约束,并且在外包制(putting-out system)和远距离贸易方面更有

---

① 在有些村庄,农民采取抽签的方式获得在集体所有的乡镇企业的工作机会。见温铁军(2011),《解读苏南》。

② 甚至在毛泽东计划经济时期,生产队和公社的官员也常由农民民主选举产生,只有村镇以上级别的官员是由上级政府指定。例如,当今的中国国家主席习近平在20世纪70年代"文化大革命"运动时期下放到农村时,就是由当地村民民主选举成为村里基层领导的。

经验。但是,欧洲和英国花了几个世纪,通过殖民主义、帝国主义、重商主义以及跨大西洋奴隶贸易,才形成一个强大的商人阶层来为英国"交织"和打造了一个统一的国内国际市场。这个培育和形成市场的过程可以称为人类历史上大市场的"自然发酵"过程,其关键人物("酵母菌")是贪婪强大的商人。正如微生物界任何自然发酵过程(例如制作面包、奶酪、酒)都可以在现代生物技术下人为加速,实现更好、更快的发酵一样,中国也在市场培育和"发酵"中发现一个类似的方法来迅速创造市场,而无须通过大批量商人这种"酵母菌"。那就是通过利用地方和村镇政府机构和他们的"组织资本"作为"酶"和"酵母"来更快形成市场和农村企业的方法。中国的地方政府促成了农村企业的产生,加快了市场的发育和创造的进程。这是理解中国快速的原始工业化和经济起飞的关键之一。

邓小平领导的政府采纳了一个新的国家意识形态:在政治稳定和社会秩序保证的前提条件下(即"四个坚持"原则下),通过一切可能的方式发展经济。如果共产党不能给农民一个体面的物质生活,它就没有权利代表农民。在村、镇、省市政府为当地经济的发展而进行的激烈全国竞争中,任何政府官员如不能找到为当地人们带来物质财富的方式将会被认为不合格而遭到淘汰。这种务实主义发展战略利用了改革开放前30年中央计划经济建立的强大的行政管理网络和社会资源,非常有效地把中国各级政府官员变成了高度激励的"公众商人"(public merchants)阶层。通过新标准下的择优选择和与周边地区的竞赛,形成了新一代既有商业谈判头脑又有行政管理能力的一大批管理者。他们通过低税和便宜的土地吸引外部投资,为当地产品打广告、洽谈生意、保障原材料供给、建立分销网络,为当地商业开拓国内和国际市场。这些市场创造者不背负传统商人的标签和"帽子",不被认为是奸商、骗子、贪婪的投机者和套利剥削者。他们重新创造了欧洲历史上诱发第一次产业革命的原始工业化过程,而且是在更大的规模上和更高的效率下:他们通过提供低息贷款、加强支付监管、提供商业信息、组织工业园和贸易展览论坛以

伟大的中国工业革命——"发展政治经济学"一般原理批判纲要

及致力于与生产所需要的原材料和中间品的非区域实体协商,为农村企业提供重要"中间人"服务;他们有时甚至帮助协调存货的库存以平滑供求波动对企业的冲击;他们也帮助组织农民在空闲时间建设道路、改善灌溉系统,以及从省或国家银行获得优惠贷款建设当地基础设施。①

---

① 先以"古镇"的故事为例,它是中国广东省东南海岸的一个小镇。在20世纪80年代早期,它还是一个贫困的小镇,现在因灯具产品而闻名。在80年代,当地政府从香港引进两家照明设备组件公司,帮助当地企业家学习生产技术和商业模式。当地企业家开始发展时,当地政府在融资、信息提供、员工培训、技术转移上都给予大量的扶持。自1999年,当地经济开始蓬勃发展,工厂如雨后春笋般发展,生产规模也在扩张。古镇的当地政府每年组织国际展览,为了提升当地公司产品在国际市场的影响力。这些由古镇政府提供的中间人服务,通过减少信息和交易成本,在吸引商业投资、提高当地经济、培育私人企业方面是非常有用的(见 Yang. 2010. 工业集聚和地区品牌:古镇灯具工业集聚的研究[M]. 广东:广东人民出版社)。在中国,中央和地方各级政府都有动力去提供类似的便利和服务以帮助吸引外部投资和当地商业形成。在每一个中国城市至少有一个政府建设的工业园,以促进公司形成、商业投资和经济增长。当然,如果当地企业需要原材料,如棉花,当地政府也会帮助从农民那里或外面引进所需要的棉花并帮助储存以平滑棉花价格。再以福安市穆云畲族乡虎头村的故事为例。这个村在20年前还是福建省一个典型的贫困村。当年的村民多数住在山上,靠砍柴和种一些水稻为生。但目前已发展成为当地有名的桃园,因为虎头的桃子个大味甜名声响,一斤最贵时能卖到50元。农民人均可支配收入达到18027元,单与2005年比就增长了801%。但是桃子种植在虎头村仅发迹于20年前。当时的一个村民一次偶然下山卖米时,发现市场上桃子很值钱,一篮桃子居然可以换200多斤稻谷。于是,他从别人那里买来十几株桃苗,开始了他的种桃生涯。但是他家里刚开始不让他种桃,说桃子不能当饭吃,担心把资源用于种桃以后无法保障家里的粮食安全。但是后来发现桃子很容易在山下的市场上销售,而且很值钱,全家就都支持他种桃。这个商业行为立即得到了当地政府的扶持和推广。当地农业局专家免费向虎头村民传授修剪、嫁接等各种技术,并亲自到村里对种桃的农民进行培训,使他们成为了"种桃专家"。乡政府先后出台各种政策在技术、资金等方面对村民提供大力扶持,并免费为贫困户提供苗木,给予资金补贴,引导村民实现规模种植,因而水蜜桃产业不断地发展壮大。同时还依托虎头村的水蜜桃种植专业合作社,成立精准扶贫示范社,吸收贫困户入社,经常举办实用技术培训。这样,虎头村的水蜜桃产业从无到有,2015年全村种植面积达到1200多亩,共帮助贫困户家庭发展桃园100多亩,年产量近80多吨,产值近160多万元,群众户均增收2万多元。依靠其地理位置处在白云山下、秀溪河畔的天然风光,虎头与邻近的溪塔两村联合打造国家AAA级景区,2015年已通过验收。在上级党委政府的帮扶下,虎头村投入800多万元完善配套设施建设,先后完成房屋外墙立面整治、桃园游步道、跨溪栈桥、观景亭、河道清理、停车场、公厕等项目建设。这里成功举办了五届桃花节畲歌会,吸引周边省、市游客40余万人次前来观赏桃花。如今,虎头村是中国少数民族特色村寨、福建省美丽乡村建设点及宁德市社会主义新农村建设试点村。(参见 http://politics.people.com.cn/n1/2016/0118/c1001-28061824-3.html)

美国学者 Jean Oi（1992）从西方经济学的角度提出了类似的观点："中国乡镇集体企业在 1978—1988 年的令人印象深刻的爆发式增长要在很大程度上归功于地方政府的企业家精神。财政改革使得地方政府对地方经济收入具有产权，由此产生了推动地方经济发展的积极性。在这个过程中，地方政府起到了许多大公司的作用，官员其实就是公司董事会成员和经理。"

原始农业社会和发展中国家难以产生有规模的企业，尤其是在农村地区。因为聚集大量土地以及确保能源供应和供销渠道畅通（这需要维护良好的道路和港口）都很困难。在中国，这些公共品的提供主要靠地方政府。

受益于这个庞大、有效而且可靠的"公共商人"阶层，村镇企业的规模和数量在 1978 年改革后才能呈现爆发式发展，虽然缺乏来自国家银行的传统信用支持和西方式的私有制度和金融系统。①

乡镇企业的平均规模，以固定资本存量的平均值测量，从 1978 年的 15 000 元到 2000 年的 125 000 元，增长了 8 倍多。实现平均一个企业 8 倍的固定资本存量扩张，只有每个企业的市场规模同比例扩张才可能。与此同时，乡镇企业的总数量在同时期增长了 14 倍。因此，乡镇企业的工业产出需要的市场规模在 1978 年到 2000 年必然增长了 $8 \times 14 = 112$ 倍，也就是年增长率为 24%。确实，在那个时期，乡镇企业的总资本存量值的确增长了 114 倍（与 112 倍的估值相一致）②。

中国原始资本积累的这种速度是史无前例的。17~18 世纪英国的原始积累与之相比也黯然失色。③然而，中国是在没有从事殖民主义、奴

---

① 国有银行系统主要负责大型的国有企业融资。因此，在 20 世纪 80 年代和 90 年代，大多数的乡镇企业都主要是靠自己融资（通过汇集农民的储蓄），以及当地信用社的帮助。
② 见张毅、张颂颂（2001），数据附录。
③ 有历史学家认为奴隶制和跨大西洋贸易极大地帮助了英国工业化所需要的融资。关于奴隶制和跨大西洋贸易对工业革命的重要性的学术研究，请见 Eric Williams（1944），《资本主义和奴隶制》。

伟大的中国工业革命——"发展政治经济学"一般原理批判纲要

隶贩卖和帝国主义炮舰政策的情况下实现的。对于这一点,中国庞大的国内市场肯定起了关键作用。但是,一个只有大量人口但缺乏购买力和基础设施的国家只是潜在的市场而不是真实的市场。这种潜在的市场在清朝和民国时代存在过,但是没有实现过。清朝朝廷和民国政府都不关心组织农民的事。前者看重在大城市建立现代工厂,后者相信自由放任和地主私人土地所有权。因此,在1978—1988年,通过创造大量乡镇企业和统一的国内市场而同时引爆的供给和需求增长只能归功于一个因素——中国各级政府官员和由他们组织起来的农民。这些政府官员与当年英国商人阶层发挥的作用是一样的:他们在亚当·斯密《国富论》出版之前的几个世纪中创造了引爆英国工业革命的巨大的原始工业品市场和满足这个市场的乡村工业。

这个观点不仅适用于中国,也适用于当今世界的所有农业国家。希望依靠一个自由放任的市场发酵过程来开启工业革命就算20世纪以前可行,现在也已经不可行了。这个自然的市场发酵过程是一个非常缓慢和崎岖的过程,花费了老牌工业强国几个世纪的时间,甚至是在国家大力支持和重商主义政策保护下才完成的,而且还是在掠夺性殖民政策和奴隶贸易的基础上。但是,由国家和地方政府积极领导下组织农民完成的市场发酵(像中国那样),在当今战后的和平秩序下,是实现在不发达农业国快速工业化的一个更好的方式,且可能是唯一可行的方式。①

---

① 当参观18世纪早期的别针工厂时,亚当·斯密只注意到劳动分工带来的生产率的大大提高。但是他并没有追问迅速的产量增加如何创造对它自身的需求。他借助于市场机制来自动创造需求,但那个巨大的市场在他假设"看不见的手"时已存在了至少一两百年。他并没有对为欧洲和英国制造业的生产专业化、供求分离和劳动分工提供先决条件的、靠上百年商业市场缓慢发酵来建立分销网络和原材料供应链的原始工业化过程给予足够的敬意。没有任何一个企业或家庭胆敢贸然靠劳动分工和产品专业化大量提高它的生产力和市场供应,除非需求与供给是匹配的。一个山沟里的作坊如何在采纳规模化生产之前发现它产品的消费者呢?如何确保原材料的不断供给、价格和市场需求的稳定呢?一个企业的劳动分工必定需要整个社会同时的劳动分工。因此,这是一个大规模的社会协作问题。欧洲,特别是英国,在工业革命之前通过几个世纪的重商主义、(转下页)

因此，20世纪80年代的中国乡镇企业繁荣，与英国工业革命前（1600—1760）发生在乡村的原始工业化之间有本质的逻辑联系。中国政府地方官员同英国商人在建立自由市场和其支柱——社会信任——方面，在帮助创造大量的原始工业企业方面，都发挥了同样关键的作用。

所以，谜团也许不再是中国为什么会在1978年后突然开启了一场乡村原始工业化运动，或为什么在这场对西方人和绝大多数经济学家来说很不起眼的运动后中国走上了工业化的坦途。而是为什么这个运动没有像史上英国那样在更早之前的中国历史上发生，比如在具有很好私有财产权保护的清朝和民国时代？① 这个谜团的答案现在很清晰：中国清朝和民国时代缺乏国家统一意志和战略眼光去引导商人为广大的乡村工业和城市作坊创造一个深厚的国内国际大市场，尤其是纺织品市场和全球棉花原材料供应链。大市场和市场创造者（商人阶层）的缺乏只有通过强大的重商主义政府（如日本明治时期政府）亲自领导并参与的自下而上的商贸和制造业活动来完成。这就需要统一的国内市场并挖掘广大农村的剩余劳动力来就地参与制造业活动和国际贸易，哪怕是原始制造业。邓小平时代的中国政府恰恰做到了这一点，纵然没有进行制度经济学派强调的所谓"光荣革命"式的"包容性"民主政治制度和现代西方产权与法律体制的建设。

（接上页脚注①）殖民主义、帝国主义、奴隶贸易之下的自然的市场发酵过程和商人在垄断利润驱使下对殖民地原住民的暴利掠夺，才逐步解决了这个社会分工和社会协作问题或市场创造问题。亚当·斯密的研究也才能以这个作为起点开始。

① 城镇和农村作坊手工业存在于任何农业社会，在中国的长三角地区尤其发达。然而，如果缺乏一个强大的重商主义政府和庞大的商人阶层来帮助它们建立统一的国内国际市场和全球贸易网络，这种小作坊手工业就不可能达到被称为"原始工业化"所需的门槛规模和密度，从而不能引爆基于规模化大生产的工业革命。很多文献把一些资源型国家的短期繁荣和长期衰落简单地归因于"荷兰病"，其实是不全面的。这些资源型国家完全可以用资源出口赚来的钱补贴和扶持制造业。而它们没有这样做（或做不到）正是因为缺乏强大的政府、统一的国家意志和重商主义的自下而上的发展战略。很多这样的资源型国家甚至在发展初期就采纳自由放任的发展战略，结果贻害无穷。详见本书第三章、第五章和第七章更深入的探讨和分析。

第六节　中国式腐败

决定一个落后农业国是否采纳"中国模式"开启工业化的根本问题是如何处理腐败和官员激励机制（奖励）问题：具体地说，就是如何奖励（回报）大量基层政府官员为工业化所提供的"中间人"服务？在完成了他们作为"公共商人"的历史任务后，他们是否应该退出，何时退出，以及如何退出这一历史舞台？

中国目前为止对这个问题的处理方式很值得研究，而且它仍然处在探索过程中。但是，首先让我们想想历史上其他国家政府领导人从为自己祖国服务中获得过什么奖励和回报。乔治·华盛顿和亚伯拉罕·林肯为美国的强大所付出的服务受到过什么物质奖励和经济回报？邓小平为中国的强大所付出的服务又受到过什么奖励和回报？同样的问题可以问日本的伊藤博文、韩国的朴正熙、新加坡的李光耀等许多为他们自己的祖国强盛而效劳服务的领导者。[①]

我们当然可以假设这些领导人受崇高思想和民族主义精神所激励，而不是只贪图自身利益和个人所得。但这样的思考方式超越了当代西方经济学对人的经济行为的基本假设。因此暂时避开是否存在高尚的道德情操和对社会、家庭无私奉献问题不谈，政府官员的腐败也是现实生活中的普遍现象和经济发展模式设计时应该考虑的严肃问题。当政府官员深深陷入商业活动中，就必然会发生个人利益与公共利益的冲突和模糊不清问题。因此不可否认当今的中国腐败很猖獗，正如所有发展中国家，如印度、菲律宾、墨西哥、乌克兰，甚至19世纪晚期和20世纪早

---

① 关于1978年经济改革后一个典型的地方基层政府官员如何通往中国权力高峰的道路，可登录网址：http://defence.pk/threads/supreme-leader-xi-jinping-personal-profile.226072/ 从一个侧面了解中国现任国家主席习近平的故事。

期的美国一样。①然而,中国的工业化已经进入攻坚阶段,以至于反腐不仅成为可能也成为必然,否则会极大影响第二次工业革命的进度和速度,甚至掉进中等收入陷阱,就如所有成功工业化国家当年遇到的类似情形一样(比如1990年代的韩国和20世纪初的美国和欧洲)。

不过,回顾改革开放35年的发展历程,中国政府官员的腐败有一个明确的形式:政府官员积极创造市场并向市场参与者提供高效中间人服务,虽然也接受回报——即获取提供服务的费用(寻租)。需要指出的是,虽然这种寻租行为充满了"激励相容"问题和"利益冲突"问题,但显然比制度经济学所认为的"榨取制度"的社会效率高很多。中国的各级地方官员这种与腐败牵扯的、独特的却富有创造性的角色很可能也是西方学者和制度经济学家疑惑、误解以及低估中国发展的一个重要原因。②中国根据自己的特殊情况"发明"了一种新的政治"机制"和为社会发展提供公共服务的形式与手段。裙带资本主义和官本位是人类社会的一种常见现象,但是它并不是中国政府在经济发展中能够起到关键作用的本质。确实,正如所有的发展中国家一样,中国重商主义政府有很多方面涉及裙带资本主义,但是它并不是中国政府在改革开放以来发挥的最关键作用,也没有抓住中国政府行为中的高效和创新元素。③

为了更好地理解中国政府在中国经济起飞中发挥的作用,我们必须把经济发展放在一个"如果没有国家的积极参与,经济便不可能发展"的

---

① 参见 Carlos D. Ramirez(2014),"中国的腐败失去控制吗?——从历史角度与美国的比较",《比较经济杂志》第一期42卷,2014年2月,第76—91页。

② 譬如制度学派的理论家和西方媒体普遍认为,1978年以来中国实施的所有经济发展计划和改革仅仅是中国共产党生存的工具,正如 Ian Bremmerz 在路透社的文章(2014年9月8日)写道:"经济繁荣仅仅是达到一个目的的手段。习近平继续开放中国经济,最重要的目的是为了确保共产党的长期生存和稳定。"但是,即使按照这种想法,如果所有发展中国家的政治集团和政府都能够像中国共产党这样,那么当今世界的贫困问题将会彻底解决。

③ 事实上,"宠坏"制度("spoil"system,即把公共官位分配给执政党的支持者)和"裙带关系"("nepotism",即利用权力或影响力偏袒亲朋好友,尤其是给予就业和其他福利方面的照顾)在19世纪的欧洲和美国以及今天的发展中国家十分流行(见 Ha-Joon Chang,2003)。

伟大的中国工业革命——"发展政治经济学"一般原理批判纲要

政治经济学框架下来考察。18～19世纪的英国是如此，19～20世纪的美国和日本是如此，当今的中国也是如此。因此，真正的"发展政治经济学"问题，是政府应该如何参与，而不是政府是否应该参与的问题。在福利国家（如当今的美国和欧洲），政府并没有退出国民经济，但其主要作用发生了变化，更注重对收入进行再分配，或者说解决如何瓜分经济蛋糕问题。但是，在中国和其他发展中国家，政府的主要作用应该是通过创建市场要素（包括社会秩序、社会信任、基础设施和商业网络）把蛋糕做大，使广大穷人有动力、有机会、有工具、有组织去创造蛋糕。因此，越是经济的发展初期，政府和市场的边界就越难界定，因为所谓"公共产品"的定义本身在发展初期很难界定（比如市场和很多具备"外部性"的交易活动本身就是基本公共产品）。①

国家不只是控制暴力和提供社会秩序的工具（North and Wallis，2009），它还应该是发展中国家消除或克服市场失灵、解决市场缺失和市场创造者缺失的工具和强大社会力量。一个统一的国内商品市场、劳动市场和金融市场无法在自给自足的农业社会中自然产生，并不总是由于"榨取性"政府的既得利益，而是因为建立这些市场所面临的巨大的社会协调成本和投资。因此，发展中国家面临的市场缺失问题，反映更多的是政府（国家能力）缺失问题：把大量以自给自足小农经济为基础的家庭手工作坊，转化为以社会分工为基础的专业化大企业，需要克服巨大的社会协调成本。这个成本，在没有一个强大的商人阶层来克服的情况下

---

① 美国和中国的政府角色之差异也表现在2007年金融危机之后的财政刺激计划上：两个国家都发起大规模财政刺激计划（相当于超过各自GDP的5%）应对金融危机和随后的经济崩溃。但是，美国的钱主要用在收入转移支付，而中国主要用在基础设施建设上。很明显，中国的刺激方案比美国更有效（见Wen and Wu，2014）。再以希腊为例，政府几十年来通过提供高薪、高养老金以及其他福利的政府工作直接补贴公民，导致每五个在工作年龄的公民中就有一个在政府部门工作。这种庞大政府支出（蛋糕分配）是21世纪欧债危机的根源之一。希腊过早地进入一个福利国家，甚至都没有完成第二次工业革命，这与德国有很大不同。所以，21世纪的希腊金融和债务问题事实上在几十年前就已经开始了（埋下种子），当时各政党为了赢得民主选举，在增加国家福利计划规模上不断进行竞争。这是民主体制过早在没有完成工业化的国家建立所导致的许多关键问题之一。

第二章 中国引爆工业革命的关键步骤和"诀窍"

(如16～19世纪的欧洲和英国那样),只能够通过国家意志和政府的帮助来解决。靠引进少数资本密集型企业或大的国际公司并不能带来真正的工业化。中国(继日本、新加坡、韩国和中国台湾地区奇迹之后)再次向世界展示了中央和地方政府如何通过积极的市场创造和全球市场开拓来快速引爆工业革命。正是从这个意义上,发展中国家普遍缺乏企业成长和商业繁荣,意味着更多的是政府失灵(或国家能力缺失),而不单是市场本身失灵(或市场缺失),更不是由于缺乏普选式民主和公民投票。①

中国许多地方政府和村镇官员,一方面按照邓小平式的服务型领导风格行事,另一方面也按照"见利忘义"的商人风格行事②:他们有决断、有权力也很有必要根据当地经济条件(如自然禀赋和比较优势)发展当地经济和设计发展政策。他们有动力一年工作差不多365天,去吸引外部投资、建桥、修路、协商银行贷款、提供当地商业信息、把握跨地域经济洽谈、建立工业园区、组织与外面世界建立贸易关系的商业展览、解决商业争端、为企业进入安排土地,等等。当然,很多人也从这种公共服务中接受或追求由企业甚至是跨国公司支付的贿赂和佣金。把他们的工资收入同他们对社会的贡献相匹配是政治上不现实和经济上不可行的。③ 但是,他们在毛泽东建立的政治体制下和邓小平开创的实用主义观念下,作为市场创造

---

① 西方学者和政治家对中国政府的组织和动员能力缺乏一个关键的认知,即"民主集中制"。虽然这个制度并没有一直获得完美实践,但它与个人专制和普选投票制都有本质区别。即便在战争年代,部队(红军和解放军)也实行的是这种制度,更不要说地方政府机构。

② 民间有个笑话是这样的:"中国政府官员是最腐败的,然而也是地球上最高效、多产和勤奋的地方 CEO。"

③ 社会上热炒的新加坡"高薪养廉"的做法在中国这样大的发展中国家是行不通的。而且新加坡的做法也很难同它在李光耀治下的家族统治完全分开。中国香港 20 世纪 80 年代以后也很廉洁,却并无"高薪"。美国也是如此。因此"高薪养廉"是个忽悠。关键是监管。但是监管的社会成本和对机制设立的要求特别高,发展中国家即便想做也做不到。只有工业化基本完成的国家才有经济实力和国家意志去构筑监管所需的复杂官僚系统和惩罚系统。所谓法律和制度,如果缺乏高成本的监管,不过是一纸空文。因此制度经济学家常常对法律的威力想当然地放空炮,殊不知是说起来容易做起来难。所以健全的法律制度是工业化的产物,而不是原因。

伟大的中国工业革命——"发展政治经济学"一般原理批判纲要

者(市场发酵的酶和酵母)所付出的辛勤和创造性的工作,却让中国将16～18世纪英国长达两三百年的"自然"的市场发酵过程缩短到10年(即1878—1988)。如果包括毛泽东的农村合作化时期,也不超过40年。如日本和亚洲"四小龙",中国证明了有为重商主义政府领导下的经济超高速发展是一个可以实现的合理模式,并非乱碰乱撞出来的偶然结果。①

当外国领导人20世纪80年代中期访问中国时,问为什么在1978年改革后,中国经济发展如此好、如此快②,邓小平回答说秘诀就是乡镇企业:"中国每年有700万十七八岁需要就业的人口。怎么办?我们找到了路子,就是发展乡镇企业经济。""农村改革中,我们完全没有预料到的最大的收获,就是乡镇企业发展起来了,突然冒出搞多种行业,搞商品经济,搞各种小企业,异军突起。这不是我们中央的功绩。乡镇企业每年都是百分之二十几的增长率,持续了几年,一直到现在还是这样。乡镇企业的发展……解决了农村剩余劳动力百分之五十的人的出路问题。③……这个政策取得了这样好的效果,使我们知道我们做了一件很好的事情。这是我个人没有预料到的,许多同志也没有预料到,是突然冒出这样一个效果。"④邓小平在回答中有点太谦虚。他没有提他本人、中央、地方和村镇政府官员在乡镇工业快速发展中的重要作用。⑤

---

① 参见第5～6章进一步的分析。
② 当然,他们还没有看到20世纪90年代和21世纪初期更为巨大惊人的变化。
③ 即使在2013年全球经济低迷期间,中国仍创造了1310万个工作岗位,与美国的220万形成对比。
④ 《邓小平文选》,人民出版社1993年版,第三卷,第238页。
⑤ 邓小平也非常清楚,乡镇企业是由毛泽东在1958年"大跃进"时期第一次提出并实施的。在1961—1962年大饥荒时期,邓小平是领导解散乡镇企业的中央负责人。同许多中央领导一样,他自新中国成立以来一直比较提倡用自上而下的方法实现工业化和建立大型高科技企业。在"文化大革命"结束时他发现了中央计划和大型国有企业造成的巨大低效率。但他从来没有想到毛泽东主张的乡镇企业居然成了改革开放后突破贫困陷阱、搞活中国经济的生力军,因此在1978年农村改革后看到乡镇企业在缺乏中央财政大力支持下异军突起繁荣起来,感到很吃惊。但是实事求是的邓小平立即抓住这个中国农村的伟大创举并加以大力提倡,从此让中国的工业化运动走上康庄大道。

与腐败或政府官员深深介入地方经济相关的另一个问题,是公共基础设施的过度投资。中国地方政府在升迁和跨地区间竞争压力下促进当地经济发展时(或寻租时)出现的一个普遍现象,是当地基础设施的过度建设,譬如"鬼城"现象和"不通向任何地方的空路"现象。这确实是一个很大的问题。但是与其他发展中国家政府官员干脆把上面的拨款或世界银行贷款直接装进个人腰包、什么都不做的腐败相比,是有本质区别的。① 并且一般说来,这种过度投资问题必须额外加以小心说明:市场力量也往往产生过度投资,包括对基础设施的过度投资。正如在资本主义国家反复表现出来的、由过度投资和信贷导致的经济危机和金融危机。

19 世纪的美国铁路建设热潮就是一个典型例子。19 世纪,在巨大天然垄断利润前景的驱动下,美国各个铁路公司为了在交通行业获得足够市场份额,以非常激烈的速度竞争修建铁路。结果,"其中最大的十三条铁路线的里程在 1865 年到 1880 年期间增长了 6 倍,仅在 1870 年和 1876 年的 6 年间就增长了两倍……大干线是竞争最激烈的地方:这些公司经常过度铺设铁路线路并从事毁灭性的价格战争。例如,在 1880 年代,仅在圣路易斯和亚特兰大之间就有 20 条铁路线相互竞争"。(Francis Fukuyama,《政治秩序和政治衰败》,2014,英文原版 p.166)②

---

① 见第五章对腐败的更多的讨论和第七章第三节关于中国目前反腐运动的分析。
② 美国铁路的繁荣期从 1840 年代末开始,直到 1880 年代才结束。在 1849 年到 1854 年的短时间内,美国共有 30 条以上的大型铁路先后竣工。顺便提一句,美国铁路泡沫期间许多铁路工人来自中国(清朝晚期)。与白人同行相比,他们被证明是美国铁路建设史上最勤奋和熟练的工人。但是他们以及他们的后代在美国一直被严重歧视。例如,由切斯特·A.阿瑟(Chester A. Arthur)总统在 1882 年 5 月 6 日签署的美国联邦法律《排华法案》,是美国历史上关于自由移民的最重要的限制,禁止所有在美国工作的中国劳工移民美国。这也是美国历史上第一个以阻止特定民族移民美国的法律。这个法律直到 1943 年 12 月 17 日才废除。

第七节　发展的规律、教训和中心问题

许多发展中国家，即使有过吸引海外直接投资的巨大努力，并在主要城市建立了"高效"的现代制造产业，比如汽车装配线，却仍然无法开启工业革命。究其原因，是因为它们严重忽略了工业革命的最初"胚胎发育"阶段——原始工业化阶段，那也是中国特色的乡镇企业繁荣阶段。许多国家都是仓促地在大城市中建立起现代的资本密集型重工业，也在贫民窟堆积的城市搞一些现代交通设施，而不是在草根民众和广袤乡村中从事看似原始的农村工业化的努力。[①] 这样的 Gerschenkron（1962）式的工业"大跃进"使许多国家的工业革命昙花一现。例如，罗斯托（Rostow）在 20 世纪 60 年代曾贸然地指出中国和印度已经处在经济起飞的门口。原因在于他看到了快速的工业增长率以及超过 GDP 10% 的高额投资率。[②] 但是他的预言被证明是错误的：中国和印度的经济并没有在 20 世纪 60~70 年代起飞，相反，仍然处在马尔萨斯陷阱当中。因此，GDP 的增速和投资率本身并不能预示着工业革命的到来。真正关键的因素是循序渐进的制造业结构提升和对相关工业品市场的培育、开拓和创造。1750—1840 年，英国经济 GDP 的年均增长率仅为 1%~1.5%，但是英国却在经历着人类历史上的第一次工业革命——因为在这之前它已经用一两百年的时间打造了全球最大的贸易网络、纺织品市场以及羊毛和棉花供应链，完成了工业革命所必须具备的原始工业化积累。

20 世纪中期，许多拉丁美洲国家和东南亚国家在数十年间的年平均增长率曾达到过 7%~10% 甚至更高，但是它们依旧无法引爆工业革命。

---

① 例如印尼在 1957 年建立的大型汽车制造公司 Astra International，及其在 80 年代建立的印尼航空工业。

② W. W. Rostow, 1960,《经济增长的阶段理论：一个非共产主义宣言》，英国剑桥大学出版社。

特别地,中国在1953—1978年(中国近代史上第三次工业化尝试)的年均增长率大概为6.5%~7.5%,几乎与1962—1992年韩国的增长同样迅速;但是,中国并没有起飞,而韩国却做到了。

GDP增长并不是经济表现和工业化进程的正确衡量方式,这有两个原因:第一,GDP并不提供关于经济产业结构的很多信息,而且测量误差也大。第二,它的很多内容与工业革命不相关。因为GDP包括农业和服务业,而在发展中国家这两大产业的产出不仅很难测量而且没有什么意义,不具备任何技术含量。一个更好的测量方式是与一个国家发展阶段相对应的适当行业的工业产出增长率。例如,如果一个国家正在经历工业革命初级阶段,那么乡村企业和纺织业产出增长率就是一个测量其经济健康与否的相关指标。的确,英国工业革命最初的20年间,英国工厂生产的纺织品增长超过了30倍,从1765年的50万磅增加到1784年的1600万磅(参见William Bernstein, 2008, p. 263)。另外,在1803年和1833年第一次工业革命起飞时期,英国的织机数量从2400台增长到10 000台,增长了超过40倍,以每年超过13%的惊人速度增长,并持续30年。[①] 然而,英国当时的GDP年增长率还不到1.5%。同样地,当美国在1810年和1830年开启第一次工业革命时,棉花纺锭数每年增长约13%,并持续20年,从10万锭增长到120万锭(见David Landes, 1999, p. 300)。今天的很多经济学家仍然热衷于只从GDP看中国,或至多抽象地测量一下全国平均劳动—资本比或所谓"全要素"生产率,搞很多看似技术性强却并无多大意义的GDP预测模型,却不知道或不关心中国经济结构(尤其是各类制造业技术结构)的演变和中国工业革命的进度。更有甚者,目前西方流行的经济增长模型里面只有抽象的GDP和投资率,却没有粮食安全,没有棉花、纺织品、钢铁、精密机床和发

---

① 参见 http://en.wikipedia.org/wiki/Textile_manufacture_during_the_Industrial_Revolution。

动机这些区分第一次和第二次工业革命的关键产品。这不奇怪,因为在这些经院式"黑板经济学"家看来,所有这些产品都是可相互替代的抽象符号,而工业革命(或技术升级)可以在他们的思想中(想象的微分方程中)完成。难怪这样训练出来的经济学家会把拉美的经济搞砸,会让苏联的经济改革泡汤。

因此,中国1978年以来的工业化历程(以及她此前120年间的三次失败)再一次告诉我们,仅仅通过国家笼统扶持的高投资率和引进一些国外现代企业是无法引爆工业革命的。因为工业社会是一个有机体,一个大系统。它只能通过有机"发育"而产生,无法通过外来的器官"移植"而成功。同样,迅速的西式民主化和普选(政治体制变革)也无法引爆工业革命。农业国的工业革命只能在稳定的政治环境(没有革命和暴乱)和国家意志支配(统筹安排)下,主要从乡村地区卑微地、温和地、稳健地开始(同时大力普及全民基础教育)。它必须是一个自下而上的市场发育过程,这样才能挖掘出底层广大人民的潜力,充分释放他们身上能够创造价值与交换价值的劳动力和蕴含其中的创业精神,将这些自给自足的无序的小农"自由电子"组织起来,转化为有序的"电流"和生产大军。这一原始工业化过程,就地利用了农村剩余劳动力而不会导致粮食安全问题,哺育了农业劳动人口的专业化技能和社会分工,催化了农村商业繁荣和农产品商业化、多样化,提升了广大基层民众的购买力和工资水平,发酵和深化了城乡市场。这是有效摆脱马尔萨斯陷阱、打破粮食安全诅咒,从而引爆第一次工业革命的最基本的方式。①

那种仓促地建立高科技、大规模的现代重工业的发展方式,包括采取进口替代策略(20世纪50年代到70年代的拉丁美洲和中国),或者过度依赖国外贷款和技术(苏联解体后的东欧),抑或过早地建立现代的金

---

① 单纯的市场力量并不会自动地选择这样的发展路径,就如平地上的水不会自己选择流向一样。这个发展方式需要政府在正确理论下的正确引导。

融和政治体制而破坏了金融和政治的稳定性(80年代后的拉美和俄罗斯),这些方式都违反了亚当·斯密的国富论原理,即国家财富的创造基于劳动分工,而劳动分工的程度又受制于市场的规模。换句话说,这些工业化尝试都没有能够把握住**规模化生产需要基于规模化市场(购买力)和规模化营销网络才能有效运作和盈利**这一要点。而事先创造好这些规模化市场条件则需要巨大的社会投入和基础设施建设,不可能一步登天。因此,简而言之,在这些错误的发展战略背后隐含着对一个基本经济学原理的忽视——**供给本身并不能自动创造出对其自身的需求。**

在1860年(第二次鸦片战争)和1894年(中日甲午战争)期间,清朝政府建立了150多家现代大型工厂,包括:16家造船厂和机械制造厂、97家机械纺织厂、8家印刷公司以及4家钢铁企业。这些现代工厂主要是由政府债务或国外贷款资助,更重要的是这些工厂都坐落于大的商业城市和地区,如上海(25%)和广东(60%)。而原始工业和乡村作坊以及广大农村地区的商业活动都被政府完全忽略甚至受到压制。民国时期继续坚持了这种自上而下的现代化方式。国民党政府极少关注中国广大农村地区的发展和乡村企业的培育,相反,集中精力在大的商业化城市中建立大型的现代制造工厂。例如,在1937年中国40%的工业产能(包括纺织业)集中在上海。

这种城市导向的、自上而下的工业化方式,与1868年前后明治维新时期的日本的发展道路和工业化政策形成了鲜明的对比。明治维新之前,日本的江户时期(1603—1868)是从欧洲引进和开展第一次工业革命的重要准备阶段。这一时期的日本具有以下特征:商业和贸易繁荣、市场发酵、政治稳定、农业商业化发展、区域间交流和原始基础设施建设使得民族不断融合、农村的手工制造业和工匠作坊繁荣、出现了富裕的商人阶层、中央政府(皇室)和地方政府对农村的官方扶持、教育不断发展。① 江户时期日本的原始工业化是如此的深入和成功,以至于历史学家大卫·兰德斯坚信,"即使没有欧洲的工业革命,日本迟早也会进行他们自己的工业革命"(Landes,1999,p. 368)。

明治维新时期的日本政府进一步加强和加速了这一原始工业化进程。西方列强的全球掠夺给日本造成亡国危机,因此日本政府的行动受爱国主义的激发,以阻止外国的入侵、殖民化以及任何主权丧失的可能性。和1978年以后的中国类似,明治政府调动了日本农村的全部劳动力参与到原始工业化积累中来,并进行必要的经济和政治改革以促进商业、基础设施建设和国际贸易的发展。更为重要的是,明治政府并没有尝试通过在大的商业化城市中建立大型的现代制造厂来开展工业化(或许这要归因于那时缺乏大规模的国外贷款)。相反,它集中在农村地区大力发展劳动密集型的小型纺织厂和食品加工厂,逐步在日本建立起具有国际竞争力的小商品轻工业基础。

"纵贯明治时期(1868—1912)、大正时期(1912—1926)和昭和战前时期(1926—1936),日本的主要出口产品是生丝纱和原生海洋产品……这些在现在的日本实际上已经不复存在。在明治时期,所有的乡村都会种植桑树养蚕,并赚到不菲的收入。从这一点来看,丝绸不仅作为传统产品为农村地区带来了财富,而且通过赚取大量的外汇为日本的工业化做出重要的贡献……日本出口初级产品并进口工业(纺织)产品,这是后起国家典型的垂直贸易方式。然而,随着棉纺织业的发展,日本对纺织品的进口也在稳步的下降,到1900年几乎下降为零。另外,从1890年代的后半期起,日本开始向亚洲邻国出口棉纱和布料纺织品,同时开始

---

① 见 Toyo Keizai Shimposha,2000年,pp. 42-46,《工业化和日本明治的全球一体化》,第五章的"发展中国家的全球化:自主发展是否可能?";也可以见1999年David Landes写的《国家的财富与贫穷》的第22章。

从印度大量进口棉花。也就是说,整个明治时期的工业化是一次轻工业革命,实现了从进口日用品到出口日用品的转变。在这一转变中,棉纺产品扮演着中心角色。"(Toyo Keizai Shimposha,2000,pp. 51-52)

日本直到明治维新末期,特别是"一战"以后,才开始发展重工业。即使是在明治末期,"钢铁、轮船制造和化工产业,与电动机器的制造和应用一样,依旧处于发展的初期。日本依然处于通过模仿来学习西方的阶段。这些产业还完全称不上是主要的生产力,他们不具有国际竞争力,主要的机器依然需要从西方进口。"(Toyo Keizai Shimposha,2000,p. 52)随着日本在20世纪之交完成了它的第一次工业革命,对现代基础设施和机器设备的巨大的国内需求引发了日本的第二次工业革命。为促进重工业发展,明治政府首先建立了一批国有重工业企业,如东京炮兵工厂、横须贺海军工厂、大阪兵工厂以及吴港海军工厂,这些工厂的机器和技术完全从西方进口,而随着工程人员自身逐渐掌握操作的技术以及对技术的再生产,也逐渐将这些企业私有化。最终私有重工业领域得到了发展。

在完成原始工业化的"胚胎发育"阶段和第一次工业革命的"婴儿期"以后,日本政府才开始在工业结构升级中采取了"大推进"战略。这种国家主导的,以完成第一次工业革命基础上建立的规模化市场和商业分销网络以及巨大国内储蓄积累为基础的重工业建设,使得日本在重工业建设中的学习曲线极大地缩短和扁平化。因此,"明治末期,私企产品慢慢出现在轮船制造、铁路交通和机械装备等领域中。与此同时,那些在国有军火工厂中掌握了新技术的工程师和工人开始向私有企业转移或者开设他们自己的工厂。通过这种方式,西方的商品技术得到了广泛传播,并且在东京和大阪开始出现小企业和转包商。因此,在明治末期,当重工业还处于其初期时,日本已经做好了'一战'后快速飞跃的准备。"(Toyo Keizai Shimposha,2000,p. 52)。

日本是一个奇迹。它是亚洲第一个在19世纪末成功复制工业革命的国家,也是亚洲第一个在20世纪上半叶基本完成工业化(即第一次和第二次工业革命)的国家。这个事实曾经让很多历史学家、经济史学家甚至社会学家困惑,因为日本与中国和欧洲相比,其文明史太短,而且也没有很多自然资源(比如工业革命所需要的棉花、煤炭和铁矿)。因此,多数学者(尤其包括日本人自己)把日本的奇迹归因于日本的文化和特殊人格结构(国民性):"日本的国民性格有很特殊的地方,而且与亚洲文明普遍具有的东西不同。日本人尤其与作为邻居的中国人不同……日本人没有中国人那种温顺、守序、服从权威、奴颜婢膝的性格,而是具有一种独立、自强、高傲和强烈的个人尊严的种族。"(David Landes,1999,p. 351)

但是,一旦工业革命的神秘面纱被揭开,日本工业化的"秘诀"也就真相大白,无须求助于弗洛伊德式的"荒诞"的人格(国民性)分析。①日本的经济奇迹不过是由于它明治维新之前一个世纪左右的政治稳定和开明商业政策(这要归功于它与绵延战乱的欧亚大陆隔开的特殊地缘位置),和它在明治维新后采取的正确的重商主义的自下而上的改革开放发展战略。这一战略(虽然并非有意系统设计,而主要是由于当时国内外环境逼迫)让它能够循序渐进地为日本逐步发展制造业创造所需要的市场:从开拓农村的原始工业化市场,到抢占以出口赚外汇为目的的劳动密集型低附加值产品国际市场,再到推动全国性的能源、动力、铁路和内陆交通基础设施建设,再到以资本密集型产业为主的重工业起飞。这每一步中都可以看到一个强大的西方式重商主义政府的身影。事实上,日本自江户时期(1603—1868)的中后期就一直以欧洲列强为师(从16~18世纪的荷兰到18~19世纪的德国),对外(尤其亚洲邻国)采取殖民主义和帝国主义的方式来强行开拓国际市场。也为此最终陷入军国主义泥潭并付出第二次世界大战战败的代价。

---

① 当经济学家黔驴技穷时,便很容易诉诸于"文化"、"民族性格"等诸如"索罗残差"或"全要素生产率"之类的"黑箱"分析。

第二章 中国引爆工业革命的关键步骤和"诀窍"

毫不奇怪,即便是美利坚合众国,当年也是靠这样一种循序渐进的发展战略实现工业化的,正如后来的日本和开先河的大英帝国一样。美国在19世纪初已经在广袤乡村轰轰烈烈地展开原始工业化进程,而不是在当时已经较为发达的商业口岸和金融中心城市(比如波士顿、纽约、费城等)启动汉密尔顿(Hanmilton)在《美国工业发展计划》中提出的发展宏图,也不是靠首先引进当时先进的英国纺织工业技术、蒸汽机和铁路来引爆美国的工业革命。

由于对就连英国也不是直接通过蒸汽机、煤炭、钢铁和铁路从城市开启工业革命这个基本事实无知,美国作家 Anthony F. C. Wallace (1978,p.5)在描写他的老家,罗克代尔(Rockdale)这个美国小镇在19世纪上半叶美国工业革命初期的经济繁荣时曾这样写道:

> 和英国广泛采用蒸汽机作为动力并把制造业中心放在像曼彻斯特这样的大城市来开启工业化不同,美国当年开启工业化的制造业体系是遍布在乡村而且依赖于这个新兴国家的河流所产生的动力。罗克代尔作为一个当年的制造业基地完全是位于自给自足的乡村,只不过却在经济上,通过不断买进棉花和卖出纱线和布匹,与遥远的世界市场和金融中心紧密相连。

因此,从英国、美国(后面还将对其进一步深入讨论)、日本和中国的工业化成功之路,我们究竟学到了什么经验呢?

不要仅仅在大城市开启工业化。不要在原始工业品市场和轻工业品市场出现之前以及它们的商业营销网络和交通运输系统出现之前,就盲目地上马钢铁和重型机械制造业、采用现代高科技技术以及进行自由化金融改革(或体制改革)。不要在大需求出现之前就建立大供给体系。但要低成本地在乡村开启工业化。要在农村就地鼓励小型、劳动密集型、低附加值的但面向国内外大市场的作坊和轻工企业。要用国家财政,在保护幼稚产业的同时,推动企业(无论是国企还是私企)积极参与国内和国际竞争。要以产业升级为目标,而不要长期依赖于占"比较优势"的资源出口和农产品出口。但是要做到这些,需要首先建立一个重商主义的强力中央政府和地方行政网络。这个政府体系具备意愿、意志和能力为本国制造业进行市场(包括全球市场)创造和开拓,管理("风险管控")国内储蓄和信贷供给,打造基础设施和城乡商业体系,使其为原材料、中间产品和最终产品的流通服务,严防国际资本投机,并把金融业牢牢建立在为制造业服务的基础上,而不是为垄断资本和金融泡沫服务的目的上。

相反的方法——在缺乏统一大市场和营销网络的前提下一开始就通过"大推进"、"休克疗法"、金融改革开放、华盛顿共识或在重工业领域采用"自上而下"的进口替代方法——则会欲速不达,产生相反的结果,即低效率的现代企业(与所有制和产权无关但与市场大小有关)、金融泡沫、极大收入不平等和城乡差别,形成巨大的、发展极不完善的、堆积大量贫困和失业人口的城市(例如孟买、曼谷、圣保罗、墨西哥城以及许多第三世界才能看到的贫民窟大量存在的城市),以及随时可能造成国家破产的难以承受的政府债务和贸易赤字。以上大多数结果都确实曾出现在中国的前三次工业化尝试以及大多数的拉丁美洲和东南亚国家。然而,在18世纪的英国、19世纪的美国、20世纪的日本以及现在的中国,我们并没有看到大规模的贫困和失业集中出现在大的商业化和工业化城市中。主要是因为这些国家都经历了大规模乡村原始工业化运动(比如1600—1750年的英国、1700—1830年的美国、1750—1890年的日本、1978—1988年的中国)。这场原始工业化运动直接在这些国家的乡村而不是大的商业城市(如伦敦、纽约、东京或上海)引爆了第一次工业革命。

正如前面提到的,毛泽东时期同样关注现代化大企业和工业。在苏联的帮助下,中国建立起了许多的城市型工业中心来生产资本密集型产品和重工业产品,例如汽车、钢铁、机床和大型精密仪器,等等。自然,这些企业只能建在大城市中才能更好维持其运转。为了资助现代工业建设,中国政府在20世纪50~60年代对农业领域征收了重税(因此才有

"大跃进"运动来企图提高农业生产率和税源）。但是，不仅这些重工业的中间产品和零件无法在国内得到大规模的生产，而且最终产品的产出水平也往往低于其潜在产能的30%～50%——这不是因为所有制和产权问题，而主要是因为产品的极其有限的国内和国际市场问题。这种企业若要盈利或者哪怕仅仅覆盖投资和固定运营成本，市场规模要相当大才行，至少要达到潜在产能的70%～80%。中国当时占全国人口90%的"一无所有"的农民和广袤的"一穷二白"的黄土地不可能提供这种大市场和购买力，在当时的国际环境下也不可能在国外找到这种大市场和购买力。这种由"大推进"工业化导致的巨大潜在过剩产能的出现不仅来自于对市场需求的误判，也来自于一个错误的信念，即计划经济下的供给能够创造出它自身的需求。①

不论是什么所有制或产权结构，如果市场太小或产量太少，建立在劳动分工原理上的规模化现代企业都是无法盈利的。如果每年仅生产十几辆（而不是数十万辆）汽车，在20世纪30年代的美国建设一条福特汽车装配线是绝对亏本的；如果每天对棉纱的需求只有几磅（而不是上千磅），一个在18世纪的英国工厂使用珍妮纺纱机也是绝对不合算的；

---

① 苏联能够基于国内和东欧共产主义国家间的国际专业化分工来建立一个重工业体系。但是，这个体系不是为应对市场需求和市场竞争，因此它缺乏创新和"创造性破坏"的内在动力。在斯大林的大力推动下和共产国际分工下，苏联和东欧国家的工业化是可能实现的，因为早在20世纪初（"十月革命"前），俄国已经完成了相当程度的原始工业化和第一次工业革命。例如，在1860年代早期亚历山大二世进行的改革，就是为了刺激俄国由农业国向工业国的经济转型。在1870年代，俄国政府发起了几个庞大的基础设施项目，尤其是在铁路建设方面。到1900年，俄国已经有了如跨西伯利亚铁路这样的发达的铁路系统，并且当时的沙俄帝国已经是世界第四大钢铁生产国和世界第二大产油国。更多的请参考http://alphahistory.com/russianrevolution/russian-industrialisation/#sthash.DevGOnuL.dpuf。正是苏联在斯大林时期（以及德国在19世纪末20世纪初）迅速实现的重工业现代化，使得著名发展经济学家Gerschenkron（1962）错误地认为，类似的跳跃式"大推进"工业化政策可以被所有落后农业国采用并实现工业化。但是他没有意识到这两个国家早在采纳"大推进"战略的一百多年前就已经开启了原始工业化进程并引爆了第一次工业（纺织业）革命，从而为重工业革命创造了市场和金融条件。关于俄国商人和政府如何在17～19世纪参与当时荷兰、英国、美国等对世界市场的竞争，参见Stephen R. Bown（2009），*Merchant Kings: When Companies Ruled the World, 1600-1900*。

如果市场每天对别针的需求只有几个（而不是几万个），那么强行在亚当·斯密看到的别针厂采用劳动分工将得到什么样的效果也可想而知。

难怪英国著名生产商马修·博尔顿（Matthew Boulton，1728—1809）给他的商业伙伴，蒸汽机发明者瓦特（James Watt，1736—1819）的信中写道："如果仅为3个区县生产你的引擎，太不值得；但如果是为全世界生产你的引擎，那才叫值得。"（参见 Eric Roll，[1930]，1968，p. 14）

在20世纪60~70年代，中国的国有企业（SOEs）在自力更生和自给自足的原则指导下进行生产，以满足稀薄而有限的国内需求。因此，它们显得生产能力和效率低下。然而，与此形成鲜明对比的是，现在中国的国有企业在亚当·斯密的市场规模原理的指导下进行生产，以满足充分发展的丰盈的国内和国际市场，它们因此开始变得高效和多产。事实上，现代中国的重工业国有企业是非常盈利的，因为它们具有支持其进行规模化生产的市场。然而，它们在20世纪60~70年代是亏本的，因为没有市场。例如，在中国完成第一次工业革命和引爆第二次工业革命后，重型国有企业（即国有股份占50%以上的大企业）的平均盈利比私有企业高四到五倍，而平均每个员工的盈利率比私有企业高两倍。[①] 如此高的利润差不能简单归因于国企的垄断，因为毛泽东时代中央计划体制下的国有企业有着绝对的垄断权力，却是绝对亏损的。因此，许多发展中国家的国有企业效率低下并不能简单归咎于所有制本身，而是因为缺乏市场规模、原材料供应链、产品分销体系和有效的来自市场的竞争压力，尤其是缺乏管理阶层在人才市场的竞争压力。[②]

---

① 参见 Li，Liu and Wang（2014）关于中国国有企业盈利能力的数据资料。
② 当市场大小条件一样时，国企和私企面临的挑战是一样的，那就是管理。如果国企能够从人才市场上直接引进高层管理人员并按照市场规则进行"优胜劣汰"，其效益就不会输于私企，尤其是家族企业。家族企业更容易造成"贪腐"、"浪费"和对长远项目投资不足，只不过我们不把家族企业的私人开销和挥霍定义为贪腐而已。国家的很多长远发展项目必须靠国企或政府招标。国企最大的问题是管理人员的来源和评价体系缺乏市场竞争压力。但这与所有制无关，而与管理有关。

然而，发展中国家的政府经常太过急于实现经济的现代化，在引爆第一次工业革命甚至在开启原始工业化之前便采用最新的高效大规模生产技术，来开启它们的工业化进程。的确，为什么要采用落后而过时的 18 世纪的技术呢？为什么要在贫困的农村而不是相对繁荣的城市开启工业化呢？但是，正是由于它们对亚当·斯密的劳动分工原理无知，对机械化生产和市场规模的关系缺乏正确认识，对生产成本和市场利润缺乏起码的分析，对"技术"和西方现代经济学理论的迷信和盲从，才造成了它们失败的命运。因此，这些国家（处于这些市场缺失条件下）的现代工业和重工业往往需要政府、国家债务和国外贷款的持续不断的资助和补贴，而仍然逃脱不了因无法承受的国家财政负担而破产和违约的命运。[①]

规模化生产不仅需要劳动分工和专业化应用技术，而且还需要一个庞大的有组织的运输、商业和信用系统的支持。(T. S. Ashton, 1970, p.34)

许多经济学家将中国成为 21 世纪的"世界工厂"仅仅归因于其大量的廉价劳动力。确实，中国在 20 世纪末和 21 世纪初具有世界最多的廉价劳动力。但是，中国在洋务运动的清朝和辛亥革命后的民国同样具有当时世界最巨量的廉价劳动力。那为什么中国没有在一个世纪以前成为世界工厂呢？

---

① 见林毅夫(1996, 2009, 2011, 2012, 2013)一系列关于 20 世纪 50~70 年代计划经济体制下，中国以重工业为指导的发展战略失败的许多精彩分析。本书提出的经济发展的"胚胎发育"理论至少在以下几个方面对林毅夫的新结构主义发展经济学提供了补充：(1)通过对"市场是个公共品"这一原理的发现，更加凸显了政府在经济发展和工业化过程中的主导作用；(2)通过对不同发展阶段的市场规模和相应产业结构的分析和各个发展阶段的产品市场之间的内在联系，指出了政府在不同发展阶段的发展战略和产业政策对摆脱各种层次的"收入陷阱"的作用；(3)由此揭示了英国工业革命的秘密和所有欧美国家工业化的"历史逻辑"结构，以及新古典经济学和制度经济学的根本缺陷；(4)通过对"市场"的社会和政治基础以及企业的组织成本的分析，回答了中国改革开放前三十年和后三十年的必然联系和区别；(5)同时指出了市场力量的局限性和破坏性，提出"管理"是一种比市场机制更高级和重要的配置资源的方式；(6)由此回答了中国工业革命的前途和面临的挑战，以及"一带一路"战略对中国继续崛起和 21 世纪全球经济发展的地缘政治经济学意义。

伟大的中国工业革命——"发展政治经济学"一般原理批判纲要

答案现在很清楚:从 1978 年开始(尽管当时可能不是有意为之),中国没有选择集中精力在重工业的建设上,也没有再次选择快速全面推进四个现代化的道路(或许是由于财政能力的限制以及先前失败的教训)。相反,中国确立了建设"小康"社会的低发展目标,并开始鼓励在乡村设立大量的、小规模的、在英国 18 世纪原始工业化时期才能见到的、原始的、劳动密集型的、低质量、低技术、低附加值的乡镇企业。它们生产各种在国内外具有广阔市场的廉价轻工消费商品,比如筷子、牙刷、塑料盘子、杯子、水桶、容器、扣子、别针、铁钉、纺织品、毛衣、裙子、衬衫、鞋子、帽子、手套、陶器、瓷器、桌子、椅子、窗帘、沙发、厨具、办公用品、自行车、三轮车、摩托车、简单农具、化肥、学校用品、玩具、黑白电视机、低质量手表,如此等等以满足基层民众的需求。这些乡镇企业就地吸收了大量的农村剩余劳动力,而在 20 世纪 70 年代末农村劳动力占全国总体劳动力的 80% 以上。反过来,这些乡村工厂又为许多的城乡家庭提供了大量的日益多样化的廉价消费品,而这些消费品也成为食品和孩子的替代品。同时,农民的收入、消费能力以及他们养育孩子所花时间的机会成本(即劳动力需求和工作机会)不断增高。因此,他们的"效用函数"慢慢地从过度关注孩子转移到通过劳动享用由原始工业提供的日益多样化的"价廉物美"的消费产品。①

长期以来,中国的乡镇企业繁荣已经得到了国内外大批经济学家和

---

① 事实上,中国确实在 1970 年代末尝试过大规模进口现代高效技术来升级"文革"期间过时的工业技术,并以此来推动粉碎"四人帮"和改革开放后的第四次工业化尝试,以尽快实现周总理 1974 年提出的"四个现代化"目标。但这带来快速堆积的金融负担和不可持续的国家债务,导致中央很快被迫放弃这个雄心勃勃的"洋跃进"发展计划。由于"文革"后的中国缺乏足够的国外援助和国际贷款,这使邓小平和中国其他领导人意识到,中国必须依靠出口赚取外汇收入来支付国外引进的重工业技术。因此,从 1984 年开始,中国政府开始意识到已经在农村蓬勃兴起的乡镇企业可以成为国家赚取外汇的生力军,便开始进一步大张旗鼓支持农村小商品产业瞄准国外市场,但是没有意识到正是这些被当时一些中央领导和很多人瞧不起的原始农村工业彻底变革了中国的经济版图,并引爆了中国自鸦片战争以来期待良久的工业革命。如果当年的中国拥有大量的石油(转下页)

媒体的关注①。但是,它与西方工业革命的关系以及在启动中国工业化进程中的关键性"政治经济学"功能从未得到发展经济学家的清晰的理解和分析。许多国内外知名经济学家将其看作是中国特有的、由计划型公有经济向市场型私有经济转轨的特殊现象,原因在于中国在改革初期缺乏私有产权制度和农村人口自由流动权,因此对发展经济学不具备普遍意义。这是不对的。

中国的乡镇企业现象并不是中国所独有的。这些原始农村工业化特征是几乎所有成功的发达国家在它们工业化的早期阶段所共有的。只是在所有制上存在着表面的不同:中国的乡镇企业在其初期阶段大多数为公有或集体所有制而不是私有制。然而,无论什么所有制,这种以满足远距离市场交换为目的的遍布广袤乡村的大范围乡村工业的"伟大冲刺"[格申克龙(Gerschenkron)语],是许多成功的工业化国家在轻工业起飞(第一次工业革命)前的主要特征,如17世纪到18世纪末的英国,18世纪末到19世纪初的美国,以及19世纪初到19世纪末的日本。这一被经济史学家广泛观察到的原始农村工业化现象首先由富兰克

(接上页脚注①)资源可以用来换取外汇(如中东国家那样),或者更容易获得外国贷款(如20世纪60~80年代的许多拉美国家和苏联解体后的东欧国家一样),中国很可能就不会走上原始工业化的艰难创业道路。没有原始工业化过程,正如本书解释的,中国1978年以后的改革开放就很可能成为历史上自洋务运动以来第四次工业化失败的运动,21世纪的世界历史将会被改写。但是像日本、中国香港、韩国、新加坡和中国台湾,中国大陆没有丰富的石油资源,所以只有依靠廉价劳动力生产出口劳动密集型工业品来积累所需的外汇储备,以从工业化国家进口所需的现代机器设备。这个过程其实类似于18~19世纪欧美各国的原始积累。大学国际经济学教科书中很常见的一个故事是中国必须用10亿件T恤与美国交换一架波音飞机。但是,这个故事只是用来说明按照比较优势进行国际分工的好处和古典经济学"李嘉图"原理。它的意义却远不止于此。它也是中国成功发展战略的一个写照——在启动批量生产重工业品的二次工业革命之前,必须先完成批量生产轻工业消费品的第一次工业革命。其目的不仅仅是用来换外汇和飞机,而是"胚胎"式发育自身的市场和供应链体系,为自身的重工业产品创造市场条件。这个市场条件不可能从国外"移植"而来。

① 比如参见温铁军(2011),《解读苏南》,Barry Naughton(1995,2007)和香港大学经济系许成钢教授关于中国乡镇企业的许多文章。

林·孟德尔(Franklin Mendels，1972)提出并对其进行了分析，也正是他创造了"原始工业化"这一术语。

作为从农业社会向工业化国家转化的必要"胚胎发育"阶段，受国家创建的原始全球大市场激发的原始工业化的重要性如下：(1)它刺激农村商业化，增加了对农业剩余劳动力的利用率(例如，在农闲季节)和农民的收入，同时不会危害到粮食安全；(2)它将孤立分散的自给自足的小农经济从业人员(包括妇女和儿童)转化为工业化前期的初具规模和组织的劳动大军，为工业革命准备"后备军"(在中国被称为"农民工")；(3)它为采用规模化的大工厂制度创造和培育规模化市场(即基层民众的购买力和城乡销售网络甚至全球贸易体系)；(4)它克服原始积累初期设厂投资过程中的资金和技术门槛，并通过获取廉价的土地以及避免劳动力的转移成本降低了制造业生产成本，从而促进了快速的资本原始积累；(5)它通过利用本地资源比较优势，促进了以区域分工为基础的国内国际贸易，有助于进一步拓展海外市场，积累可观的外汇储备以用于引进先进的技术，增加政府的财政收入以用于地区基础设施的发展；(6)它通过"干中学"的实践活动在广大农民中培育企业家和技术工人；(7)总之，它为大规模商品营销系统、原材料供应链以及工业网络的形成创造条件，为规模化经济时代——第一次工业革命的到来做好了准备。①

通过基于市场竞争和熊彼特式创造性毁灭的"自然选择"和"进入/退出"机制，以及实践中的学习，乡镇企业不断成长并进化为一个由原始工业集群、原始工业供应链和原始工业生产/销售网络构成的劳动密集型产业生态系统。最成功的乡镇企业会逐渐成长为现代公司和国际市场的大玩家(如中国的海尔和华为公司)。由于有着充足的资本，这些成功的公司通常都生产和开发多样化产品并涉猎多个产品(包括资产)市场。小康的乡村和城镇会成长为大都市或卫星城，如广东省的东莞市。

---

① 关于中国工业化过程中的专业化和集聚模式，参见 Long and Zhang(2011，2012)。

那些繁荣的和连接紧密的夫妻小店会形成贸易中心,如华东地区闻名世界的义乌市,它也于2005年被联合国、世界银行、摩根士丹利以及其他世界机构认证为"世界最大的小商品批发市场"。① 拥有着诸如煤炭和钢铁等丰富自然资源的地区,会发展成为重工业城镇(如中国的大同和鞍山以及美国的匹兹堡)。由此对电力、交通、供水、通信和其他基础设施的需求会急剧持续增加,但是这种源于市场的巨大需求很快就会由于市场利润的刺激和由工业化带动的技术进步而获得满足,因为哪里有需求,哪里就有供给。而且由于地方政府税收的急剧增加,重商主义政府便有财力向这类基础设施工程进行财政投入。

也就是说,在原始工业化中急剧扩张和整合的国内和国际市场以及资金与技术积累最终会使得规模化生产劳动密集型轻工产品有机可乘,有利可图。因而,在十多年"含辛茹苦"的高速农村工业发育和城乡商业革命之后,中国终于在1990年前后迎来第一次工业革命。

从这个观点来看,许多非洲国家贫困的根源在于缺乏一次真正意义上的原始工业革命。没有原始工业革命,这些国家就无法逃离马尔萨斯陷阱和粮食安全诅咒,并进入以规模化生产为特征的第一次工业革命阶段。没有原始工业革命,除了仰仗"老天爷"的粮食丰收之外的一切东西——加工食品、衣服、厨具、简单耕作工具、化肥和基本交通——都显得太过昂贵而无法负担,更不用说规模化生产这些产品和现代的灌溉和供电系统了。因此,任何好天气带来的额外粮食丰收立即转化为了更多的人口。

发生在下一个10年间(1988—1998年)的中国第一次工业革命是由

---

① 占地400多万平方米的义乌市场有6万多个摊位,长期以来每天客流量多达4万人,其中至少5000名是外国买家。2012年,义乌及周边地区有750个公司生产圣诞装饰品和其他节庆用品。这些劳动密集型工厂今天仍生产着全世界60%的圣诞装饰品。圣诞节过后,这些工厂又迅速投入复活节、情人节、万圣节礼物和小饰品的生产中去。无论世界需要庆祝什么节日,这里都能迅速提供相应的产品。

伟大的中国工业革命——"发展政治经济学"一般原理批判纲要

原始工业化提供的更高层次的市场和资金积累来支撑的,并且主要是靠购买国外技术(从国外进口的先进机器)来加速推动的。然而中国正是靠着出口大量的手工品和规模化生产的劳动密集型轻工产品,才能有资金和实力进口昂贵技术。这种出口导向式增长形成了一个正向反馈循环:通过出口规模化生产的产品来支持技术引进,继而用进口的先进技术生产更多的出口产品。这种靠参与世界制造业大循环的出口导向的正反馈系统与拉美国家的发展战略形成鲜明对比:拉美国家是依赖农产品和自然资源的出口来支持工业化和技术引进。显然这无法形成良性循环反馈系统。首先,农业资源开采都是土地密集型的,因此即便实现机械化耕作和资源开采,其规模报酬也非常有限。更重要的是,农业和矿业机械化减少了劳动力需求,而第一次工业革命的规模化生产则是提高劳动力需求。因此,尽管这种发展战略——即依赖农产品或自然资源如矿石和石油的出口——符合拉美国家的比较优势,却不能带来规模化就业,也不能创造一大批企业家阶层和一个规模化国内市场来支持连续的产业升级和市场创造。如果没有引爆以劳动密集型产业和全球贸易为特征的第一次工业革命,也就不会出现对能源、动力、运输和通信的基础设施的巨大市场和资金积累,从而也就不可能引爆以规模化生产重工业产品为特征的第二次工业革命。结果是,大多数拉美国家虽然成功实现了农业和采矿部门的现代化(机械化),却无法完全实现轻工业和重工业部门的工业化,或建立具有国际竞争力的工业体系,因而陷入了中等收入陷阱。①

缘于规模化的生产模式,迅速增加的生产力和制造业产能会促使国家和地方政府去创造并寻找更为广阔的国际市场以吸收其大规模生产

---

① 根据世界银行数据(http://data.worldbank.org/indicator/NV.AGR.TOTL.ZS),许多拉美国家的农业增加值占GDP的份额已经达到,甚至低于了OECD发达国家的水平,说明了其农业现代化水平。但他们的制造业占GDP的份额却从未提升到一个足够高(例如30%)能够支持全方位工业化的程度,去工业化就开始发生了。

出来的商品,并确保原材料的稳定供应。这解释了英国在完成了它的工业革命以后,分别于19世纪40年代和60年代向中国发动了两次鸦片战争,用武力强行打开中国的市场,以倾销大规模生产的英国商品。这也解释了为什么今天的中国政府开始自己提倡自由贸易(但不是以殖民和暴力的方式)并积极在全世界寻找市场以销售"中国制造"和满足生产"中国制造"所需要的天量原始资源。建立在规模生产方式上的资本主义具有自然的扩张性,原因在于它能够生产出远远超过其自身所需的产品。①

我们以上的分析已经提出并初步回答了关于经济发展的两个中心问题:(1)如何在不破坏粮食安全的前提下,在一个缺乏购买力的、原始落后的、自给自足和缺乏组织的农业社会中,使得基于劳动分工原理的规模化生产和跨地区贸易成为可能并且有利可图?(2)为什么有些国家(主要是欧洲)早在250年前就开始了这一转变,而多数的国家即使经过了反复的工业化尝试至今依然无法开启(复制)这一转变?接下来将继续我们的探索,并进一步以中国的发展经验来"照亮"这两个发展经济学领域的根本问题,并进一步解释18~19世纪的东西方"大分流"和英国工业革命之谜。这些问题不仅是经济学的核心问题,也是包括社会学和政治科学在内的所有的人文学科的中心问题。

---

① 根据李斯特(Friedrich List,[1841] 1909)的《政治经济的自然体系》,亚当·斯密的自由放任和自由贸易原则只在理想的没有国界的无摩擦世界成立。在真实的竞争世界中,自由贸易成了先工业化的强大国家促使它们利益的工具,后发国家则最好需要一个强大政府引导经济发展和保护国内"幼稚"产业,直到它们能够与发达工业国平等竞争为止(参见 Shaun Breslin, 2009, "State Led Development in Historical Perspective: From Friedrich List to a Chinese Model of Governance?")。然而,无论是亚当·斯密还是李斯特,他们都没有意识到,即使没有国界,自由放任的农业经济仍然可能无法自动实现繁荣以及无法根据劳动分工原理进行组织,因为创造大型市场去支持劳动分工和批量生产需要巨大的社会协作成本。而当年第一个实现工业化的大英帝国是长期依靠政府武力支持的半军事化的垄断商人集团去开辟世界市场的。

工业革命的逻辑

第三章

第一节 企业的性质

诺贝尔奖得主罗纳德·科斯（Ronald Coase,1937）论证了这样的观点：企业出现的原因是它能够减少或内化市场交易成本。这些交易成本由个体单独承担太高了。如果市场交易成本是零，企业不会出现。因此，企业规模的大小与市场交易成本的大小是成比例的。

但这个企业理论无法解释工业革命，也不能解释中国乡镇企业奇迹般的成长。

本书的观点是，企业产生不是为了降低市场交易成本（或内化市场的需求方并使之与供给方统一），而是通过劳动分工提高生产的规模和效率，以响应扩大了的市场需求。工业革命的出发点不是融合市场的供给方和需求方，以降低或避免市场交易成本。相反，工业革命的出发点是通过专业化和劳动分工使供给与需求分离，是一个由供应能力有限、自给自足的手工作坊转变为有庞大供应能力的大规模量化生产组织的现象。道理很简单：小企业的固定投资和组织成本低，但是边际产出成本上升很快；而大企业固定投资和组织成本高，但是边际产出成本上升很慢（而且平均成本随市场的扩大而降低）。因此，小企业虽然进入门槛低但是缺乏规模效应，而大企业进入门槛高但是具备规模效应。所以，小市场只能支撑小企业，大市场才能支撑大企业。

因此，理解企业（工业组织）的性质和它与工业革命的关系，其关键是解释规模化生产在历史上是如何出现的，以及它与劳动分工和市场大小的关系。但基于科斯理论去解释规模化生产和大工厂的出现，必然假设市场交易成本在18世纪中后期的英国急速上升，以至于对资本家来说，迅速扩大企业规模来内化（避免）上升的市场交易成本是最优的。这也意味着发展中国家没有发生工业革命的原因是因为没有出现巨大的市场交易成本，因此企业的出现是没有必要的或是不值得投资的。

这种按照科斯理论对于工业革命的解释和逻辑推理显然是荒谬的。事实上，发展中国家的市场交易成本是极高的，但没有出现大企业，为什么？因为企业起源于劳动分工，而劳动分工是受市场规模限制的（亚当·斯密，1776）。

因此，在农业社会没出现现代企业和规模化生产不是因为缺乏市场交易成本因而不需要企业出现（正如科斯定理所蕴含的）。相反，现代企业没有出现，完全是由于存在高昂的市场交易成本——比如缺乏社会信任、交通基础设施和存在远距离贸易的不确定性——以至于市场（尤其全球市场）根本不存在。如果没有大规模市场（需求），也就不会有大规模企业（供给）。

因此，大工厂的出现从来都是对大市场出现的反应。在18世纪的英国是如此，在1978年后的中国也是如此。简而言之，没有企业绝不意味着没有市场交易成本，而是没有市场本身。①

对企业基本性质缺乏历史的理解使得奇才式的罗纳德·科斯（Ronald Coase）没能洞察工业革命，更别说洞察中国快速工业化的深刻

---

① 事实是自工业革命以后，由于市场的急剧扩大和交易成本的急剧下降，企业不是变得越来越小，而是越来越大，以至于19世纪末20世纪初出现了像美国托拉斯这样的巨型企业。

机制。①其实科斯对发生在中国的快速工业化非常感兴趣,并常常以此来批评当代西方流行经济学对中国高速发展的无能为力和贫乏解释,因此西方流行经济学被他戏称为"黑板经济学"。他认为中国的实践对占统治地位的新古典经济学提出了严峻的挑战。可惜他本人创立的制度经济学仍然对中国和发生在200多年前的工业革命缺乏解释力,虽然科斯一贯正确地强调当今主流宏观经济范式对于解释经济现象(尤其是发展经济学现象)的贫困处境和苍白无力。②其根本原因在于西方(尤其是北美)经济学家在西方完成工业革命并进入福利社会以后,为了追求经济学的"科学性"和数学化,抛弃和忘记了历史,把经济史赶出了经济学的殿堂,将其拱手交给了被数理经济学家歧视的历史系和社会学系,以至于让制度经济学家们天马行空地勾画历史如入无人之境,使得"二战"后一代又一代在北美毕业的经济学 PhD(博士)们在被新古典经济学"科学范式"盲目地、机械地、千篇一律地训练下(批量生产下),变成了黑板作业和权威杂志的奴隶。因而不是陷入新古典经济学的泥潭就是堕入制度经济学的陷阱,却不知道制度经济学家的历史观和理论实际上并不被经济史学家所广泛接受,而是不断遭到经济史学家们的批驳。③

制度是生产方式的产物,不是原因。而无论是发生于18世纪末英国的工业革命还是今天中国的工业革命,首先是向世俗的重商主义的观念转变,然后是市场规模、工业组织和生产方式的变革,而不是政治制度

---

① 其他对科斯的社会契约和公共品供给观点(科斯定理)的批判,见李晓鹏(2014),陈平(Ping Chen,2007,2010)及其他中国经济学家的著作。

② 对于科斯去世前在100岁左右高龄继续对中国经济坚持不懈的努力理解,参见他与王宁(Ning Wang)合著的新书,*How China Become Capitalist*,2013。

③ 对于制度经济学的历史观的批评和反驳,参见 Robert Allen (2009),Sven Beckert (2014),Gregory Clark (2007),Deirdre McCloskey (2010),and Kenneth Pomeranz (2001)等很多人的著作。

伟大的中国工业革命——"发展政治经济学"一般原理批判纲要

的变革。①

在 2015 年 11 月 23 日不幸去世的新制度经济学大师道格拉斯·诺斯(Douglass North)的观点远比他的学生们(比如 Acemogru 等)更富弹性与创见②,但他的基本思路仍然是制度决定论,而且出发点仍然是根基于科斯的"交易成本"概念。比如诺斯认为发展中国家之所以穷,是因为其交易成本高。这是对的。那么,什么决定了交易成本的高低呢?诺斯认为交易成本的背后就是制度框架。由此引出的问题便是什么使制度运行良好?什么使制度形成了有效率(即交易成本低)的市场?诺斯从这里就开始走偏了,把交易成本和制度同时神秘化了。交易成本的高低其实主要受市场大小决定(或以市场大小为基础),而在落后的农业国家,市场大小并不是由产权制度决定的,因为除了在 20 世纪才出现的共产主义运动外,人类历史上几千年的农业文明都一直基于私有产权保护制度。因此这些国家无法实现工业化是由于无法为广大农村的小农经济提供一个能使劳动分工和规模化生产盈利的市场,因为这些地方的交通运输、政治稳定性、社会治安、社会诚信、购买力等条件实在太差了。而向这些贫穷国家输送民主制度和现代金融制度并不能解决这些问题,反而使得政治稳定性和社会秩序更加恶化。因此发展中国家为了降低所谓交易成本(或扩展工业品市场),首先要做的就是像所有欧洲列强当年所做的那样去为本国制造业和敢于冒险的商人阶层大力开辟统一的国内国际市场。只是欧洲列强当年为开辟世界市场采用的殖民主义、帝国主义和奴隶贩卖的手段已经不适用了,而当代中国却提供了和平开创国

---

① 制度经济学家们把英国 1688 年的光荣革命与 1760 年以后开启的英国工业革命生拉活扯地联系在一起,是站不住脚的;其对于"光荣革命"的理解也是不符合事实的。君主立宪不是英国工业革命的原因。详见上面提供的参考文献和本书其他章节的讨论。

② 参见 North(1990)。

内与世界市场的新模式和经验。①

第二节 印度纺织业综合征

英国成功完成原始工业化并开辟了原始工业化所需的世界市场,尤其是全球纺织品市场以及棉花生产殖民地和奴隶种植园的形成,催生了英国第一次工业革命。保护性工业政策和重商主义政府领导下的原始工业化成功地创造了巨大统一的国内和世界纺织品市场,因此工业革命最先在棉纺织业爆发(而不是通常所说的能源和运输业)。

棉纺织业是英国工业革命的旗舰产业(Allen,2009;Beckert,2014)。但所有经济史学家一直在思考这个问题:如果棉纺织业对开启工业革命如此重要,那么为什么印度没能最先开始工业革命?毕竟,印度在17、18世纪拥有世界上最好的棉纺织业。事实上,英国殖民者学习

---

① 仅举一个小小的例子就可以说明诺斯的关于制度决定交易成本大小的经济学理论的致命弱点:于2015年底开工并预计在2020年建成的连接老挝首都万象与云南昆明的中老铁路,将把目前需要两天三夜的商贸旅途缩短到10个小时左右,为处于崇山峻岭之中的老挝实现从一个内陆"陆锁国"到"陆联国"的转变之梦,从而为中国云南和老挝企业和商人创造历史上前所未有的市场。这个以中方为主投资建设并与中国铁路网直接连通的60%以上为桥梁和隧道的铁路项目,大大缩小了中老交易成本,却与诺斯讲的神秘兮兮的"制度"没有多大关系,也与麻省理工学院的Acemoglu宣扬的"包容性—榨取性"两分法制度理论没有任何关系。它不过反映了中老两国的发展愿望和中国创造市场的实力。与本书的观点一致,Boldrin,Levine and Modica(2014)也认为制度经济学理论更像是一种同义反复——它实际上是将成功发达国家的制度定义为"包容性"的,而将失败国家的制度定义为"榨取性"的。事实上对于任何社会制度,我们总可以看到"包容性"或"榨取性"的要素共存。因此对制度学派的经济学家来说,剩下的简单任务就是选择哪些要素加以强调,哪些则选择性忽略。这当然不是说制度对经济发展是不相关的或者不重要的。问题在于,制度理论并未对其核心概念"制度"加以定义,在使用上过于灵活多变。比如私有产权制度,其实是一个十分古老的制度,在远古的农业社会就已经存在并相当完善,因此它不可能是英国工业革命的原因。比如民主普选制度,是一个工业革命后期才采纳的政治形式。并且,制度学派混淆宏观制度和微观制度、政治制度和经济制度、体制和政策的不同,并常常颠倒了它们之间的因果关系。它错误的断言——民主包容制度是经济发展的前提条件,集权是贫困的一般性根源——已走得太远并可能成为蛊惑人心的穿着"经济科学"外衣的政治工具。

并复制了印度的棉纺织技术。当年印度棉纺织技术如此先进,即使到了 19 世纪 40 年代(在英国第一次工业革命末期和之后),印度手工制作的棉产品的质量仍然优于英国机器制造的纺织品。

印度纺织业看起来也有一个足以使机械化生产(或发明珍妮纺纱机)获利的大规模市场。这个行业不仅满足印度国内巨大需求,还向世界其他国家出口一半的产出,特别是欧洲,尤其是英格兰。但是印度不仅没有发明纺织机并引爆工业革命,其纺织业还在 19 世纪中期被英国人的竞争所彻底摧毁,沦落成为向英国纺织业提供原材料(棉花)的农业基地和倾销其机械纺织品的市场。

为了解开这个印度纺织业综合征之谜,很多理论被提出。其中的主导理论将印度没能开启工业革命归因于它在廉价劳动力方面的比较优(劣)势(Allen,2009;Broadberry and Gupta,2009)。这种观点认为,与中国一样,印度在 18 世纪拥有大量工资极低的廉价劳动力。因此,发明昂贵的机器来替代廉价的手工纺织劳动是无利可图的。相反,英国在欧洲有第二高的劳动成本和实际工资(仅次于荷兰),这样的环境激励了英国企业家发明纺织机来替代劳动力。①

工业革命只能发生在高工资的英国而不是低工资的印度这个观点并不令人信服。一方面,它意味着所有后起国家必须等到实际工资急剧上涨后才能开始工业革命。但这无法解释为什么恰恰是 19 世纪末日本的廉价劳动力使日本的工业革命与纺织工业现代化受益。中国 1978 年后也利用了廉价劳动力的优势成功开启工业革命并在 1995 年成为世界最大纺织制造和出口国。②事实上,大多数后起国家都把廉价劳动力(尤其是在纺织业)作为开启工业革命的垫脚石。此外,高工资并不简单意

---

① 一个直接的问题是为什么工业革命没有在工资更高的荷兰率先开始。Robert Allen(2009) 的答案是荷兰的煤炭资源缺乏且不便宜。我们将在下一节中继续仔细考察用于解释工业革命的"煤炭理论"。

② 参见 Clark(1987)的实证研究以及他对 20 世纪早期国家间实际工资和劳动效率的比较。

味着高劳动成本,相反却意味着高劳动生产率。事实上,由罗伯特·艾伦(Robert Allen,2009)记载的英国17、18世纪(1600—1750年)第一次工业革命前连续上涨的工资,反映的可能正是英国原始工业化提高劳动生产率的结果。这个初始工业化阶段通过远距离贸易、专业化和劳动分工大大提高了英国人的劳动生产率。

如果像罗伯特·艾伦(2009)假设的那样,采用珍妮纺纱机纯粹是为了通过用资本替代劳动来降低劳动成本,那怎么解释在工业革命期间英国实际工资与劳动需求比原始工业化时期上升更快的事实呢?例如,在1675—1775年的100年间,英国工资上涨不到20%,但在第一次工业革命时期,1775—1825年的50年里却上涨了50%(见 Allen,2009,Figure 2.1,p. 34)。另外,如艾伦(Allen,2009)注意到的,荷兰在17—18世纪的工资成本比英国还要高,科技也更发达,却没有发明或采用珍妮纺纱机并开启工业革命。①

而且艾伦(2009)关于为什么工业革命发源于18世纪英国纺织业的"高工资"理论还隐含一个值得怀疑的假设,即18世纪的纺纱机是资本密集型的,而不是劳动密集型的。事实上,当时的珍妮纺纱机非常原始,是木制的,十分廉价,仍然由人力驱动(几十年后改为水流驱动)。即便提高了原始手工纺纱的劳动生产率,但是在纺纱机发明后整个英国纺织业对劳动力的需求不仅没降反而大大提高了。因此如果从要素投入来看,整个纺织业的劳动-资本比不见得降低了。而且直至今天,人们仍然普遍认为发展中国家的纺织业是属于劳动密集型的,而不是资本密集型的,虽然这些国家采用的纺织技术已经比18世纪末或19世纪初的英国纺织机先进多了。

---

① 注意,在第一次工业革命期间发明的珍妮纺纱机和后来改进的阿克莱特水架(Arkwright water frame),还有其他的纺织机都是木制的和靠水流驱动的,而不是靠煤。因此,艾伦关于工业革命没有发生在荷兰是因为荷兰缺煤的解释是站不住脚的。参见下一节对工业革命的"煤炭理论"的分析。

因此，18世纪飞梭和珍妮纺纱机在英国的发明和广泛使用不可能仅仅是为了降低劳动力成本，而更可能是为了提高产品供给速度和单位劳动产量，来更多地满足日益升高的市场需求、占领市场份额和击败竞争对手。

不过我们完全赞同艾伦（2009）关于工业革命很大程度上由对新技术的需求而不是对新技术的供给（创新）来驱动的理论。但与艾伦的立场相反，我们认为对新技术的需求不是源自降低劳动或能源成本本身的激励，而首先是源自市场的扩大和基于规模经济的市场竞争。就像英国经济史学家 Phyllis Deane（1965）敏锐注意到的一个事实：

只有当潜在市场足够庞大，需求足够富于弹性时，产量才有迅猛增加的前景。这时，企业家才会放弃传统的技术，转而投向向他们敞开的新技术的大门。①

英国17、18世纪的高工资是原始工业化的结果，因此仅仅是英国工业革命前期市场规模和草根人群购买力的体现。在工业革命前夜和期间，受越来越多的欧洲各国纺织品生产商之间的市场竞争和全球棉花供应链的建立所驱动，飞梭、珍妮纺纱机、工厂系统和规模化生产的方法逐渐被采用。这进一步使英国工资和劳动需求急速上升，而不是降低。②

这种工资变化过程在改革开放后的中国也能观察到。在1978—1988年的原始工业化期间，中国的平均工资开始增长但并不十分显著，约为每年4.9%。这与当时年均10%的全国实际GDP增长率和每年高

---

① Phyllis Deane, *The First Industrial Revolution*, Second Edition, 1979, p.131.
② 第一次工业革命期间英国的人口是高速增长的。如果接受工业革命由降低劳动成本的激励驱动，那么急剧增长的英国人口和由资本不断替代劳动力的结果只能导致实际工资进一步降低。但是实际上，工业革命期间英国实际工资增长比工业革命前夜更为迅速。这一事实不可能由艾伦的"高工资导致纺织机发明"理论来解释，而只能是整个纺织业对劳动力需求的急剧上升来解释。而对劳动力需求的急剧上升又只能归因为英国纺织品市场需求量的急剧扩大。

达28%的乡镇企业产出增长率形成强烈对比。在随后的第一次工业革命期间(1988—1998年),工资增长速度稳定在每年4%左右。只是到了中国进入第二次工业革命后(1998—2007年),由于机械化生产的全面推广,工资增长开始加速,超过GDP增长率,变为每年13.2%。[①]

因此,印度失败而英国却成功开启以新纺织技术为主导的工业革命的一个更合理的解释,不是英国的高工资使资本替代劳动变得有利可图,也不是印度的低工资使劳动密集型的手工作坊更加合算,而恰恰是在像印度这样的国家(以及当时的中国)缺乏有组织的大型国内和国际纺织品市场,保障原材料(棉花)源源不断供给的有效手段,批量产品即时分配销售的营销网络和运输体系,以及相关的国内外信用支付系统。到18世纪中叶(即亚当·斯密写作《国富论》的时期),英国不仅成功为规模化生产的纺织品准备好了巨大的国内国际市场,还建立了多元化的棉花供应链(来自印度和美洲殖民地)以及纺织产品的分销网络。这得益于英国先进的全球贸易站点,运输系统(公路、运河、航海)以及强大的海军。英国海军是数百年来政府为在欧洲列强间赢得全球商业竞争和军事统治而认真精心培养的。经过重商主义下数百年的原始工业化,英国制造业同欧洲各国对全球市场份额的激烈竞争,诱使英国企业家和商人寻求通过探索和利用规模经济来提高单位时间总产量与市场总利润的更好方法。即,从使用简单工具的小规模作坊转向使用机器的具有劳动分工和重复性机械性操作和劳动力组织结构的工厂。

一般而言,产品的市场规模与运输成本、物品按时保质抵达的风险负相关,与商业网络、原材料供给、信用支付速度和消费者购买力正相关。由于原始工业化与强大国家支持(重商主义政策、海军对远距离贸易的保护),18世纪英国拥有必要的国内、国际市场规模和足够低的运输

[①] 参见 Yang, Chen, and Monarch (2010)。

成本和交易风险来吸收(支持)规模化生产的纺织品,弥补投资工厂设备和人工组织与监管的固定成本,并分散(降低)产品专业化和劳动分工带来的风险。但18世纪的印度(和中国)不具备这些条件。因为它们都缺少重商主义政府领导下数百年的原始工业化阶段,一个工业革命前最为关键的市场"胚胎发育"和"发酵"阶段。

多数经济史学家都没能强调一个重要但简单的事实(本质上与市场规模相关),或者它在解释与理解工业革命和经济发展方面的重要性:即规模经济与固定(沉没)投资成本的关联。一旦机器被安装,不管它的安装成本是多少,使用机器的边际成本实质上是零。从那时起,生产成本只(主要)包括可变投入成本,例如劳动力、原材料和能源。换句话说,资本(结构与设备)一旦投入,就是"免费"使用的。因此,对所有采用机器的行业而言,扩大资本利用率(比如让机器每日24小时不停运转)是以资本为要素(而不是以土地为要素)的生产方式的最主要驱动力,因为资本是可以不分时间、地点不停重复使用并能够被再生产的。土地则不是,它受季节和日照时间的限制而且是不可再生的。因此工厂的未来现金(利润)流完全取决于市场规模,不像粮食供给那样。太小的市场无法承担资本投资的固定成本,但市场永远不会太大,越大越好。①同时,工业品价格随市场规模而下降(因为使用现有资本的边际成本为零),使大企业更有竞争力。

因此,英国工业革命不是由高工资本身导致的,而是由全球市场的扩大和大量英国(和欧洲)纺织商(行业)间巨大竞争压力导致的。巨大的市场需求与竞争压力使珍妮纺纱机的广泛使用有利可图,因为即便是半机械化生产,也能大大提高供给速度与总量,并且降低平均价格,尽管英国工人工资成本比周边国家高。高工资实际上更是需求方因素(人们

---

① 比如19世纪的英国工厂和21世纪的中国工厂都喜欢让机器一年365天、1天24小时不停运转。在每个国家的第一次工业革命时,工人的工作时间经常被延长到人体生物极限值。

的购买力)而不是供给方成本因素。难怪自资本(机器)在生产上的使用(比如珍妮纺纱机与蒸汽机)开始,对劳动力进一步的巨大需求、拓展新市场、发现新的提高劳动生产率技术成了所有资本家和资本化生产的唯一最重要的驱动力和终极目标。因此,"劳动创造价值"的理论才在那个时期出现。也因此,在完成纺织主导的劳动密集型第一次工业革命与铁路运输的繁荣之后,高度过剩的工业产能促使英国政府与资本家开始大力推行自由贸易和亚当·斯密关于自由贸易的说教。①

正如罗马不是一日建成的,工业革命同样如此。由于受到市场规模的限制,以家庭为基础的手工作坊无法直接转变为以工厂为基础的规模化生产。市场规模不仅由人口衡量,还包含它的购买力,更重要的是运输能力、销售网络、原材料供给和金融中介服务以及其他让产品能够及时送到顾客手中的能力。英国纺织业有接近全国与世界客户的手段,但印度纺织工匠没有。换句话说,亚当·斯密描述的精细劳动分工、产品专业化的别针工厂是18世纪英国工业革命前夜的常态,但在17、18世纪的中国和印度是特例。

能让英国(政府和商人)与世界上任何其他国家区分开来的标志,就是它当年无与伦比的开拓和垄断世界纺织品市场和棉花供应链的国家能力。与此相比,18世纪的印度和中国是望尘莫及。然而从16世纪开始,欧洲各国,尤其是英国,就开始大力开拓世界纺织品贸易市场和原材料(棉花)供应基地,这是史无前例的。正是这样的市场创造力和全球竞争使得工业革命成为必然。

这也解释了为什么是那些当年积极参与同英国的全球纺织品贸易市场竞争的欧洲国家,而不是亚洲、非洲和拉丁美洲那些拥有丰富棉花资源和深厚纺织业传统的国家(尤其中国和印度),能够率先在19世纪

---

① 亚当·斯密的《国富论》在出版之后的半个多世纪并不流行,很少有人知道,直至英国完成第一次工业革命以后(1840年前后)。

迅速成功"复制"英国工业革命,尽管这些欧洲国家并不种植棉花,因此从这个意义上棉纺织业并非它们的"比较优势"。

戴维·兰德斯(1999,p. 225)在讨论印度 18 世纪缺乏启动工业革命的能力时提出一个发人深思的问题:"谁会从(印度纺织业)机械化中获利?"他回答说是商人和中间商,因为印度工匠无法从国际贸易的巨大利润中套利,就像中国茶农与印尼的香料种植者无法利用欧亚市场的巨大价差获取巨额全球茶叶和香料贸易的利润一样。印度以家庭为单位的原始纺织作坊没有足够的能力创造世界需求;因此,印度个体户如果想通过团队工作、劳动分工、专业化生产以及资本和技术升级来扩大产能,它需要依赖商人和中间商来组织(和资助)大规模生产和销售以及原材料供给。但大规模生产与长途贸易也需要大量贸易信贷(trade credit)来支持从原材料到最终产品的不断远距离循环流通和再生产与投资,需要先进的基础设施来交付货物而不产生高昂的交易成本,需要深化而巨大的市场来吸收并确保大规模扩容的产品供给和存货吸收,还需要强大海军的保护。印度缺乏所有这些要素:它没有强大的富有中间商阶层来帮忙预付和销售产品,来确保原材料的顺畅流动,来资助资本投资和贸易信贷,来容忍销售失败的损失。它也没有有效的基础设施来降低长途贸易成本,没有巨大统一的国内市场来吸收巨大的供给,它也没有强大的海军来保护本国商船免遭海盗的袭击。印度不仅在 200 年前缺乏这些因素,它现在也不具备这些条件。这解释了为什么印度依然没能实现工业化。因此,尽管在 18 世纪的印度以家庭为基础的纺织业很发达,还拥有极为富饶的棉花种植土地,它的经济结构仍没有准备好引爆一场工业革命。如前所述,该产业却极大地帮助了英国的工业革命(尽管英国不产棉花)。没有从印度转移的纺织技术和英国自身巨大并统一的国内与国际市场(由英国海军、跨大西洋贸易商以及发达的基础设施和商业网络支持),英国不可能开启第一次工业革命。

第三章 工业革命的逻辑

新古典经济学家［也许除了保罗·克鲁格曼（Paul Krugman）的新贸易理论外］很少强调国际贸易的最重要功能和激励不是基于比较优势的国际分工所带来的福利收益，而是在于由市场的急剧扩大而带来的规模效应。市场规模在资本主义经济中之所以重要，正是因为只有它才能够支撑劳动分工、专业化和新技术发明所付出的巨大成本和受益于所产生的规模效应。规模效应的一个重要来源是固定生产成本，包括劳动力组织成本和资本固定投资成本；这些固定成本在平均成本中的份额随市场的扩大而急剧缩小，从而占据竞争优势。一旦固定投资成本得到支付，使用资本的边际成本实质上为零。所以亚当·斯密的"劳动分工取决于市场规模"的原理也可直接翻译为大卫·李嘉图的"专业分工取决于贸易规模"原理。因此与短期衰退相同，即便在长期增长中，也是需求（市场规模）决定供给（技术、企业组织和生产方式），而不是相反。

因此，没有充分发育的市场决定了印度在18世纪甚至在21世纪的生产方式：尽管印度目前有将近13亿人口的潜在巨大国内市场，它很大程度上仍然处在规模化生产的全球制产业链之外。它必须依赖中国和其他出口国来获取廉价工业品——从工业机械、手机到灯泡、玩具等更基本的产品。为什么印度连玩具这样的基本日常用品都不能生产？在20世纪60年代，印度经济总量比中国大20%，现在中国经济总量是印度的5倍。两国拥有几乎相同的人口，但今天中国吸收比印度高7倍的外商直接投资（FDI），生产并消费世界60%的水泥，而印度的份额只有7%。

是什么阻碍今天的印度（或其他发展中国家）模仿1978年以后的中国或当年的英国引爆一场工业革命？是无法获得技术吗？不是。印度已经能发送飞船到火星。是缺乏民主吗？不是。印度是世界上最大的民主国家。是没有私有产权吗？不是。印度千百年来一直保护私有财产权。是没有法制吗？也不是。印度在18世纪就继承了英国普通法。

伟大的中国工业革命——"发展政治经济学"一般原理批判纲要

那印度为什么选择进口玩具而不是自己生产呢？为了回答这个问题，我们必须忘掉制度经济学关于榨取与包容性制度的花言巧语和国际贸易理论的比较优势概念。我们必须考虑市场创造成本和市场协作失灵。印度没有自己的玩具供应链是因为缺少良好发酵的日用品市场和市场创造者，以使印度千百万自给自足、自由放任的农民能在基于劳动分工的原理上组织起来从事规模生产和销售。正是由于缺少这样的市场创造者，阻碍了农业社会的印度用规模化生产的工厂替代自给自足的手工作坊。简而言之，印度缺了一个原始工业化"胚胎发育"阶段来开启它自身的工业革命，来创造和培养一个广大的商人阶层，来提高草根民众的购买力，来将农村剩余人口转变为有组织的劳动大军，来推动劳动分工并形成全国性的产业链和分销网络，来投资国家和地方性基础设施建设。①

在一个工业强国众多、国际市场高度竞争的急速改变的世界，印度想要在短时间内实现所有这些，需要中央和地方政府（不是国际投资者或大型外资企业）做更多，去培育"发酵"国内市场和推动乡村原始工业的形成以及更好的地方基础设施建设。国际大公司和制造商不会去一个缺乏起码的运输、供电、产品批发、原材料供应、劳动力组织的国家投资。事实上，来自发达工业国的巨大的外商直接投资（FDI）直到20世纪90年代才大量涌入中国——即在中国成功完成原始工业化并开启第一次工业革命之后。那时，也只有那时，中国才成为一个真正的（而不是潜在的）跨国企业逐利的市场和西方FDI外流的目标。那时，也只有那时，中国巨大的人口才变成真正的（而不是潜在的）购买力和国际巨头最小

---

① 基于同样道理，如果中国只为印度市场生产玩具肯定亏本。但中国产品是在已经实现了规模化生产并建立了自己的玩具供销产业链之后，才进军印度市场的。所以即便印度市场条件落后，中国企业和印度本地零售商贩在印度仍然赚钱。

化生产成本的廉价劳动力来源。①

第三节 纺织工业的崛起与英国工业革命的性质和原因

中国纺织业的崛起

随着统一国内市场的快速发酵,原始工业和商业网络在国内国际贸易中近十年的蓬勃发展,中国在20世纪80年代到达了第一次工业革命的临界点。与英国工业革命一样,中国第一次工业革命的旗舰产业也是纺织业。

随着中国基层民众生活水平的快速提高,由于纺织和服装商品具有很高的收入弹性,20世纪80年代全国各地对这些商品的需求持续上升。在不断上涨的市场需求与激烈竞争的推动下,在长达十年的超常原始积累起来的资金支持下,在中国企业的国内外供销网络逐步完善的情况下,纺织品和服装的批量生产和大规模投资变得有利可图。因此,中国纱线与棉织物的总产量分别从1985年的33万吨和19亿米增长到2002年的850万吨和322亿米,纱线增长了23倍,棉织物增长了15倍(年增

---

① 在整个20世纪80年代的原始工业化阶段,中国的FDI流入数额很小且增长缓慢。例如,在1983年,中国的FDI流入为6360万美元,仅占GDP的0.3%。整个80年代,这个比例都没有超过1%。但在90年代中国的第一次工业革命时期,中国的FDI流入发生了超过10倍的增长,从1991年的43.7亿美元到1997年的452.6亿美元(占GDP的5%)。在90年代末21世纪初中国完成第一次工业革命并开启第二次工业革命之后,中国的FDI流入进一步加速。到2014年,中国已取代美国成为全球FDI第一目的地(中国大陆为128万亿美元,中国香港为111万亿美元,而美国为86万亿美元)。与中国工业化的进程类似,中国大陆的FDI流入也经历了三个阶段:在80年代末FDI流入主要来源于中国香港的低技术、小规模的劳动密集型企业,且主要流入了中国农村地区(尤其是与香港方言相通的广东)。到了90年底,流入主体变为了中国台湾和韩国的大型劳动密集型企业。而到了90年代末和21世纪初,FDI流入则更多地来源于先进工业发达国家(如日本、美国和德国)的现代资本密集型制造业。外国企业,尤其是大型重工企业,绝不会在一个国家市场规模、供应链和商业/交通系统不足以支持大规模生产和分销的情况下贸然进入。这解释了为什么尽管印度的人口规模与中国相当,但对FDI的吸引力却远远落后。

长率分别是20%和17%)。服装总产量从1985年的13亿件增长到1996年的95亿件,平均年增长率是22%。化纤织物产量从1986年的9.48万吨增长到2002年的99.12万吨,每年平均增长16%。[①] 早在1990年,在具有良好工业生产链和纺织制造业集群的中国东部和南部,已经有数千万的纱锭。在1994—1995年,纱锭的数量达到4000万个,平均每25个中国人有一个纱锭[②]。

增长最初是由大型国有企业(SOEs)带动的,但后来民营企业通过自融资赶上了批量生产技术,增长则主要靠民营企业带动。在1990到1997年间,民营企业的利润每年增长23.5%。

规模化生产需要具备规模化组织和调动劳动力的社会能力(注意,不只是亚当·斯密讲的市场能力)。从20世纪80年代末和90年代初开始,中国进入了一个前所未有的大规模农民工进城的新潮时代。每一年开春,亿万农民工会从四面八方涌向工业化更超前、与全球市场更接轨的南方和东部沿海地区从事劳动密集型产业的工作。每到年底和春节他们又通过上万公里的铁路和公路运输系统回家过年。[③] 这种大规模的人口迁徙需要巨大而安全的交通网络和社会保障,它不可能发生在兵荒马乱的战争年代。想想19世纪的欧洲大陆和英国,当年劳动密集型纺

---

① 数据来源:Larry D. Qiu (2005).

② 这个数字在2006年变成了8000万个,占全球将近一半的总纺锤数。相比之下,到1780年代初,英国的Lancashire地区拥有170万纺锤。1813年,英国大约有240 000台织机,折合大约每40个英国人中有一台。但其中只有1‰为动力织机,剩下的是手工织机。1831年,美国开启第一次工业革命的初期,共有120万台纺锤和33 500台织机。根据经验法则,中国一年的增长和发展大致相当于西方的五年,取1980年作为中国工业革命的起点,1750年作为英国第一次工业革命的起点,那么1990年的中国相当于1800年的英国,2000年的中国相当于1850年的英国,这正是英国完成了第一次工业革命和处于蓬勃发展的工业"三位一体"(煤/蒸汽机/铁路)开启第二次工业革命的时间点,也差不多正是中国完成第一次工业革命和开启"三位一体"为标志的重工业起飞的时间点。

③ 比如2016年2月2日春节前夕,中国国内铁路系统一天发送旅客人次790.3万,比去年同期增加了近50万人次。媒体估计2016年整个春运期间,中国的交通系统将承载旅客29亿人次。(http://www.guancha.cn/society/2016_02_04_350283.shtml)

第三章 工业革命的逻辑

织工厂对大量农村廉价劳动力的需要,通过引诱(甚至强迫)人们放弃他们世代熟悉的乡村田园生活,加入新世界的工厂体系,聚集成一支浩荡的工业劳动大军,彻底改变的不仅是农村人口的日常生活节奏,而且是包括生儿育女在内的所有生活习惯。这并不容易。它需要特殊的经济、社会、法律和政治条件。这些条件在凋零的清朝和内乱的民国年代都不可想象,但是在完成原始工业化后的20世纪90年代的中国已开始具备和成熟。

因此,劳动密集型的纺织和服装业在中国第一次工业革命中(大约在1988—1998年)成为最大的制造业和外汇主要来源。这个产业在20世纪90年代有24 000家企业,雇用了800万工人,其出口额占中国出口总额的20%以上。中国纺织品和服装业的总就业在2007年达到了惊人的2000万,间接拉动上亿人的就业。在1995年,中国加入WTO的六七年前,中国就已经超过美国成为世界最大的纺织品服装产品生产国和出口国,并且从此一直占据这个主导地位。①

中国政府在启动以纺织业为先导的工业革命中发挥着举足轻重的作用。为了协助中国的经济改革和开放政策,政府1979年明智地选择纺织和服装行业作为扶持和推广的主要目标行业之一。这与毛泽东时代关注钢铁等重工业的早期发展战略形成了鲜明的对比。这个抉择的两个重要理由是:(1)这个产业与中国劳动力丰富的比较优势相一致。

---

① 中国今天依然是最大的纺织品和服装产品的生产者和出口者,包括棉纱、羊毛纤维、棉布、丝绸织物、服装、化学纤维和编织品。很多学者说是WTO救了中国,这个说法不对。WTO的确大大拓展了中国产品的世界市场,但是这是因为中国是有备而来,是因为中国在1988年左右就已经通过原始工业化引爆了第一次工业革命,而且在1998年左右通过工业"三位一体"繁荣开启了第二次工业革命。有这样的雄厚的市场导向的工业基础和基础设施,世界市场是越大越好。中国2001年底才入世,而印度和印尼这样的劳动力廉价的人口大国1995年初就入世了,却发展不过中国。为什么?因为这些国家没有准备好,没有产生原始工业革命和第一次工业革命,因此加入了WTO也就那么回事。还是那句老话:"外因是变化的条件,内因是变化的根据,外因通过内因而起作用。鸡蛋因得适当的温度而变化为小鸡,但温度不能使石头变为鸡子,因为二者的根据是不同的。"(毛泽东)

(2)它不要求非常先进的技术,资金门槛也较低。(3)纺织业有巨大的国内和国际市场(收入弹性)。

为了促进纺织行业发展,政府推出了一项被称作"六优先"的政策。在这项政策下,纺织行业在六个方面获得优待:原材料供应、能源和电力、银行贷款、外汇、引进先进技术与运输(Larry D. Qiu,2005)。

因此,中国建立了复杂的政府机构以扶持、便利、协调和规范纺织业。例如,中国不仅成立了专门机构负责在全球棉花市场收购和储存棉花以维持国内棉花供应和市场价格的稳定,还建立了如下的政府机构(在加入WTO之前)来监督、规范和协助纺织服装行业健康成长,以应对国际纺织市场规则和竞争:

MOA——农业部

NDRC——国家发展和改革委员会

MOFCOM——商务部

SASAC——国务院国有资产监督管理委员会

CCCT——中国纺织品进出口商会

CNTIC——中国纺织工业协会

CPCIA——中国石油和化学工业协会

SEPA——国家环境保护总局

其中一些政府机构的具体功能如下。

(1)原材料供应。农业部(MOA)负责关键原材料行业,包括棉花、丝绸和羊毛。而国家发展与改革委员会(NDRC)负责原材料的进口。

(2)生产和加工。中国纺织工业协会(CNTIC)指导纺织行业的生产和加工。中国纺织工业协会(CNTIC)是现已解散的纺织工业部的遗留部门。它广泛的职责包括落实纺织行业的产业发展方针。

(3)出口配额许可证。国家发展和改革委员会(NDRC)工业部监管国家纺织工业。"经济运行"局负责制定政策,并在纺织行业控制出口配额许可证体系。而商务部（MOFCOM）负责发放出口配额许可证。①

（4）标准制定。国家质检总局（AQSIQ）是负责制定中国纺织行业技术、安全与环境保护标准的政府机构。在纺织行业，国家质检总局（AQSIQ）是标准设置的协调员。在制定标准时，它向纺织工业标准化研究所（TISI）寻求技术支持，并咨询中国纺织工业协会（CNTIC）。国家质检总局（AQSIQ）负责执行标准，提供产品和企业认证。国家质检总局（AQSIQ）还参与起草关于纺织部门行业标准化的法律与法规。

英国工业革命的逻辑

纺织业对开启中国第一次工业革命并引导中国进入第二次工业革命（1998年至今）是如此的关键。这个事实与英国工业革命的模式十分类似。这个现象在很大程度上揭示了工业革命这个长期困扰经济学家和历史学家的"历史之谜"的内在逻辑和"秘密"。

工业革命最先发生在英国，并最先发生在纺织行业。从18世纪60年代到19世纪30年代，英国通过发明一系列简单但强大高效的木制纺纱工具和机器实现了纺织生产机械化，从而引发了工业革命。这些工具和机器极大地提高了纺纱和织布的速度和劳动生产率。②

然而，英国工业革命并不是像传统文献经常讴歌的那样仅仅由技术发明本身驱动；相反，它主要由巨大的市场和市场竞争，首先是纺织品市场和纺织企业间激烈的市场竞争所驱动。特别地，1733年发明的飞梭是

---

① 由于发达国家实施的贸易保护主义严重限制了中国的纺织品出口总额，中国成立这个机构来管理和选择进入出口市场的公司的数量和类型（以减少恶性竞争）。自1974年以来，美国、欧洲和其他富裕国家或地区已经正式形成并极大地扩张了一系列对发展中国家的纺织品和生产商施加的限制，这被称为多种纤维协定（MFA）。这个体系没有成功地完成阻止西方这个行业就业下滑的目标，但已严重扭曲贸易，使西方消费者及其经济发展付出沉重代价。

② 根据广泛接受的年表，英国第一次工业革命开始于1760—1780年，结束于1830—1840年。

伟大的中国工业革命——"发展政治经济学"一般原理批判纲要

为了提高织布速度以满足国内外市场对棉布的需求;但是,织布速度的提高又使得纱线供给长期跟不上需求,因而在 1764 年终于催生了珍妮纺纱机。①

换句话说,工业革命之所以最先发生在英国并最先发生在纺织行业,是因为:(1)在所有经济活动中,生产食物、衣服和住房是最基本的,而在所有天然衣服纤维中(包括蚕丝、羊毛、亚麻纤维),棉纤维是最具柔韧性和最容易由机器控制的,而且既保暖也舒适并四季适宜。与种植粮食和建设房屋相比,纺织劳动更为轻便(妇女儿童也可以操作),更少依赖天气、季节、光照条件,并更容易通过简单重复的动作来完成,因此更容易利用低成本工具实现机械化。②(2)与其他轻工消费品相比(例如珠宝、陶器或家具),纺织品市场潜力最大,既可做材料也可做最终消费品,可分割性强,因此收入弹性极高。所以,纺织品市场能随收入提高而快

---

① 工业革命前夕的 18 世纪 20 年代初(1720s),英国东印度公司每年从印度为大英帝国进口 150 万磅棉花。大约 75 年后(1790s)这个数字上升为 3000 万磅,增长了 20 倍。同一时期,英国纺织业的制造能力快速提升,比如它生产的棉制品在 1765 年为 50 万磅(珍妮纺纱机发明于 1764 年),1775 年为 200 万磅,1784 年为 1600 万磅(参见 William Bernstein,2008, p. 263)。由于从亚洲进口的棉花远远无法满足英国纺织业的需求,英国殖民者便开始在美洲使用黑奴种植棉花。1760 年,英国生产的棉织品有 1/3 是用于出口,到了 18 世纪末,这个份额上升为 2/3。而在 18 世纪中叶,非洲和拉丁美洲仍然是英国棉织品的主要出口市场,占总出口的 94%(参见 Sven Beckert,2014, p. 51)。

② 棉纺织品是比毛纺织品更适宜于引爆工业革命的产品。它不仅比毛纺织品轻,而且便宜,更易于修饰、染色和印花,也易于清洗和更换。即使在寒冷气候下,棉织品也可作为很好、很舒适而保暖的内衣和外衣,经得起频繁的换洗。而且还可以通过不断变换纺织样式和风格而推动时尚和人为提高折旧(过时)率,成为富人和穷人各自情有独钟的生活"必需品"。因此是远比毛纺织品遍及范围更广、需求量更巨大的世界性商品。棉花的通用性使得它能与亚麻混合制成天鹅绒。天鹅绒比丝绸便宜,又比羊毛更易操纵,因此非常适合制成带图案的女装。天鹅绒很快成为了时尚,而且由于价格低廉,公众也可以负担得起。18 世纪 70 年代的新发明(如珍妮纺纱机、水力纺纱机和走锭纺纱机)使得英国许多地方变成了利润丰厚的制造业中心。在 1794 到 1796 年间,棉纺织品占英国出口额的 15.6%,这一数字在 1804—1806 年飙升到了 42.3%。(见 http://en.wikipedia.org/wiki/History_of_cotton#British_Empire)

速增长，轻松支持大规模生产，并因为技术简单而能促进竞争下的创新。① (3)在英国工业革命前，英国政府帮助培育英国在全球的纺织品市场已有数百年，至少从伊丽莎白一世(1558—1603)开始，甚至更早。② 到18世纪初英国已经创建了欧洲最大的纺织品市场，并拥有数量最多的纺织品原始工业。然而，到了18世纪中期，在欧洲数世纪的原始工业化和纺织生产繁荣之后（见Franklin F. Mendels，1972，1981；Ogilvie and Cerman，1996），全球羊毛和亚麻制品市场对基于手工作坊的纺织品几乎已经饱和。这种情况是刺激技术创新和发明新产品以重新整合和霸占全球纺织品市场的关键。这催生了英国纺织业在18世纪30年代从传统毛纺到棉纺的革命性转变（例如，以1736年的曼彻斯特法案为标志），在18世纪40年代开启的从作坊到棉纺厂的转变，以及随之而来基

---

① 相比于在18~19世纪欧洲或任何农业社会可获得的其他消费品，如茶、咖啡、糖、眼镜、艺术品、珠宝、陶器、钟表和家具，纺织品和服装的收入/价格弹性非常高。如此大的收入/价格弹性和低技术门槛意味着纺织市场的增长潜力大，使得工业革命不仅在19世纪的英国可持续，还伸向未来的人类。不夸张地说，纺织业已经成了英国之后全部后发经济体的工业革命的旗舰产业，包括法国、德国、意大利、美国、日本、新加坡、中国香港、中国台湾、韩国、中国大陆和许多其他国家和地区；它将在未来其他发展中国家中继续扮演这样一个关键的角色。

② 根据Ha-Joon Chang (2003，第19页)，"爱德华三世(1327—1377)被认为是第一个试图发展当地羊毛布制造业的国王。他只穿英国布料以向国家中的其他人树立榜样，引进佛兰德织编织者，集中生羊毛贸易，禁止纺毛织物的进口。"这种重商主义的产业政策（尤其关注纺织品）几乎无间断地持续到了第一次工业革命前的几个世纪。例如，"Daniel Defoe描述了……都铎王朝的君主，尤其是亨利七世(1485—1509)和伊丽莎白一世(1558—1603)，怎样将英国从一个严重依赖向低地国家出口原始羊毛的国家转变到世界上最强大的羊毛加工国家。"(Ha-joon Chang，2003，第20页)。为了保护英国的纺织工业免受低地国家的竞争，都铎王朝的君主在1489年、1512年、1513年和1536年通过了一系列法律，禁止出口未完成的衣服……根据Defoe，直到伊丽莎白一世(1587年)的时候，这是距离亨利七世开始他的进口替代政策(1489年)之后的近一百年，英国才对其生羊毛制造业的国际竞争力有足够的信心，完全禁止生羊毛出口。这最终把低地国家的制造业推向毁灭。为了开辟新的市场，伊丽莎白一世派出贸易特使去见俄罗斯、莫卧儿和波斯的教皇和皇帝。英国为建立其海上霸权的大规模投资允许它进入新的市场，并经常将其作为自己的殖民地和垄断市场。(Ha-joon Chang，2003，20-21页) 在光荣革命之后，英国的贸易保护主义变本加厉。（见Ralph Davis，"The rise of protection in England, 1689-1786," *The Economic History Review*, Vol. 19, No. 2 (1966), pp. 306-317)

于机械化大生产的棉纺织业的工业革命。①

与种植农作物这样的农业活动不同,纺织生产更容易分成许多中间品生产环节,并适应劳动分工的环境。纺织生产需要工人在固定地点重复肢体动作,而且足够简单,即使不熟练的年轻工人(还有老年妇女和儿童)也能轻松完成。另外,纺织生产经常需要长时间工作,因此可以吸收大量的农村剩余劳动力。

因此,工业革命最先发生在英国并且发生在这个特别的行业并不令人惊讶——因为只有具有高收入弹性需求的巨大市场能够刺激并维持机械化大规模生产。②

机械化是劳动分工的自然结果。通过分工,企业可以识别生产过程中需要机械运动的环节。这种重复的肢体动作在生产过程中最容易被由自然力量(人体、动物或水流)操作的初始机器(工具)所替代,例如木框架珍妮纺纱机、阿克莱特水架。

然而,一旦整个生产过程被分为不同的环节,一个特定生产环节的机械化立即创造了对其他生产环节机械化的需求以保持同步,这样中间

---

① "早在 Hargreaves 的珍妮纺纱机出现之前一个多世纪,英国手工业者就懂得将纤维纺成纱线,将织棉变成可买卖的衣服。在 1750 年,除了印度之外,英国经济产出了最多的纱线、衣服和其他纺织品。"(Patrick O'Brien et. al.."Political components of the industrial revolution:Parliament and the English cotton textile industry,1660-1774", *Economic History Review*,44(3),1991,pp. 395-423)在兰开夏郡 John Kay (1734)发明了飞梭(一系列与棉花产业有关的发明中的第一个重要发明)。飞梭增加了棉布的宽度和在一台织机上单个织工的生产速度。第一个纺织工厂成立于 1740 年代,用来放置 Lewis Paul 和 John Wyatt 发明的辊旋转机械。这些机械是第一次全机械地纺织棉花而没有人类手指的干预。它们是由一个非人工的动力源驱动,这允许使用更大的机器并使得集中生产成为有序的工厂成为可能。这个装置急剧增加了纱线产量,一个工人能够一次使用 8 个或更多线轴。随后随着技术进步增加到了 120 个。

② 或者可以说,工业化也在其他行业(如印刷业)开始过,但这些行业对整体经济的影响力比纺织行业对整体经济的影响小得多,正是因为纺织市场远远大于其他商品市场。只有依赖纺织行业大量、不断的利润流入和收入增长,英国经济才能为煤、蒸汽、铁路扩张的巨大投资提供资金。事实上,荷兰 17 世纪在渔业就应用了劳动分工和机器,但食品加工行业太小,不足以启动一场工业革命。

阶段商品的需求/供给能够继续。最终,整个生产过程都机械化了。卡尔·马克思这样描述这个过程:"机械纺纱使机械编织成为必要,并且两者一起使发生在漂白、印刷、印染方面的化学革命势在必行。同样地,另一方面,为了分离种子和棉纤维,棉纺革命要求轧棉机的发明。只有通过这个发明,目前所需要的大规模棉花生产才成为可能。"(卡尔·马克思,《资本论》,第15章)。

纺纱机械化从而引发其他方面的工业革命:人类生产力得以满足巨大的、不断增长、不断分化,并具有收入弹性的纺织品和所有相关轻消费品的市场需求。在19世纪的英国,在广阔的地理空间,大规模增长的贸易量与商品配送需求,自然要求其他经济领域的革命,如新能源(煤炭)、新材料和中间品(钢铁)、新动力(蒸汽机)和新通信(电报)以及规模化运输(公路、铁路和蒸汽动力船)媒介。"一个建立在小规模农业及其下属的国内产业和城市手工业为支点的社会基础上的通信和交通手段,完全不能满足机械化纺织生产周期的生产要求。"(卡尔·马克思,《资本论》,第15章)因此,对以新能源、新技术为动力,更有效的通信和运输方式的需求,带来新产业、新创造和现有发现的新应用,如河流汽船、铁路和海洋汽船系统取代帆船,电报取代人类信使。建造如此巨大的通信和交通系统所需的材料意味着"大量的钢铁现在要被锻造、焊接、切割、钻孔、成型和需求。"(卡尔·马克思,《资本论》,第15章)

随着经济增长和市场深化,甚至这些相对新的生产方式也总变得"完全不够用"(马克思语)。换句话说,一旦劳动分工形成,需求与供给便相互分离且不断细分,"需"中有"供","供"中有"需",俨如"阴"和"阳"。市场需求和供给双方就会开始一场相互创造(或追赶对方)的竞赛,螺旋式上升。机械化的每一步都提高了生产规模,因此需要一个更大的市场来覆盖(降低)所涉及的固定成本,吸收供给方创造的过剩产能。换句话说,生产能力的每次扩展需要更多的需求来吸收,从而推动逐利的资本家进入大陆创造新的市场。反过来,新市场的每一次发现和拓展都使另一轮机械化或新技术的采用变得有利可图。同时，在某一个工业领域实现机械化生产变革，会使其他关联领域产生对类似改变的需求和激励。因此增长带来更多的增长，扩张导致更大的扩张。

有趣的是，这一工业革命的逻辑自工业革命以来并未改变。事实上所有成功的后起国家都遵循了同样的路径来开启他们自己的第一次工业革命和后续的工业革命。

中国规模化轻工业特别是纺织服装业在20世纪80年代后期的大面积兴起，其后自90年代中期以来在煤炭、钢铁和公路建设方面的繁荣，以及自21世纪初以来的高铁建设和重工业起飞，显然呼应了18～19世纪英国工业革命的历史路径和顺序。因为它们拥有相同的工业化逻辑，古老英国和现代中国的这些工业化浪潮都处在一个由低到高、由简到繁的持续不断地采用新技术和实现在新产业上下游持续不断扩张其市场的动态反馈过程中：由需求推动，由供给维持。

如果原始工业化与工业革命的关系就像氧气与火的关系，那么纺织业就是点火的火花。空气中只有一些氧气分子而没达到临界密度，不足以点火。但是即便有充足的氧气而没有火花，也不会有燃烧。所有农业社会都有一些原始工业。① 但它们无法增长并达到临界密度来引爆工业革命，除非这个国家具备：(1)一个统一的国内市场和一大批富有冒险精神的商人阶层以及由他们创造的商业网络；(2)一个强大的中央政府在重商主义的观念下支持并推动制造业和海外市场(包括原材料)开拓；(3)一个连通全国并连接海外的交通运输系统以方便货物和原材料的流通；(4)一个着眼于纺织品及其他具有全球性大市场的轻工业消费品的正确产业政策。

在拥有航海能力和遥远殖民地的富裕欧洲国家中间，不是荷兰，不

---

① 对中国民国时期江苏省吴江县(现吴江市)开弦弓村农村生活面貌和乡村工业的描述，参见费孝通的《江村经济》。

是葡萄牙，不是法国，不是德国，不是意大利，不是西班牙，而只有英国在18世纪中叶（即在亚当·斯密写作《国富论》时）具备了以上所有工业革命的必要条件。

在300多年的市场培育和"发酵"后，英国在18世纪20年代已经建立了具有大量供应链、产业集群、区域分工和产品集中化的复杂原始制造业基地。例如，在谢菲尔德、伯明翰和黑乡的金属制品制造业，在东英吉利和西部的毛织品制造业，在布拉德福德的马毛产品制造业，在利兹的毛织品制造业，在曼彻斯特的棉纺制造业，在柴郡的陶器，如丹尼尔·笛福在他的《不列颠全岛纪游》（1724—1726年）中所描述的。① 到1750年代，仅在兰开夏郡已有数不尽的纺织作坊（甚至工厂），劳动分工达到最大化，并有成千上万的纺锤在准备迎接革命性的珍妮纺纱机的到来。在欧洲特别是英国的原始纺织业之间对欧洲、亚洲、美洲、非洲乃至全球纺织品市场的激烈竞争，必然会导致采用珍妮纺纱机和其他机械化生产方式有利可图，无论劳动力工资是低是高，煤炭是贱是贵。②

其实工业革命时期的纺织业既不是资本密集的，也不是能源密集的。珍妮纺纱机、阿克莱水框架和第一次工业革命中采用和发明的其他纺织机器最初都是木制且都可用原始自然力（人力、水力和风力）驱动。加之棉纤维比任何其他天然纤维，如羊毛、蚕丝和亚麻，更容易被人手之外的工具和机器操纵。另外与鞋、陶器、家具和钟表等任何其他轻工业消费品相比，纺织品收入弹性最大，具有最长的精密分工的生产链。因此，棉纺织品有最大的潜在国内外市场支持机械化生产，并可从中获利。谁抓住了这个特定的市场和产业，谁就会成为引爆工业革命的先驱。

---

① 参见 David Landes(1999，第215页)引用。此书可以从网址 https://archive.org/search.php?query=A%20tour%20thro%20the%20Whole%20Island%20of%20Great%20Britain%20AND%20mediatype%3Atexts 中获得。

② 参见下一小节对于煤炭在工业革命中作用的讨论。

荷兰拥有前工业时代最精巧的造船技术,最具开拓精神的商人和重视商业的政府和最发达的商业金融机构。但它没有重视纺织业(特别是棉纺织业),没有一个强大和集权的政府来刻意培育和控制全球棉纺织品的投入产出供应链和市场——它没有印度纺织作坊来教他们棉花纺织技术,也没有美洲殖民地几乎无限供应的棉花。法国、西班牙、意大利和德国都不敌荷兰,更不用说英国。因此,第一次工业革命最先发生在英国,并最先发生在棉纺织业。势必如此。①

此外,所有后来工业化成功的国家(包括现在的中国)都严重依赖纺织业开启它们的第一次工业革命。纺织品的制作性质和它们长久不衰的需求以及巨大的世界市场决定了这条工业革命的铁律。②

第四节 工业"三位一体"结构③:再论工业革命的"性质和原因"

很多经济史学家声称是廉价的煤炭资源导致了工业革命(见,例如,K. Pomeranz,2001;and R. Allen,2009)。特别地,彭慕兰(K. Pomeranz)认为工业革命最先发生在英国(英格兰),而不是中国、日本、印度或欧洲其他地区,是因为英国幸运地拥有丰富而便于开采的煤炭资

---

① 关于英国工业革命之前和期间,原始纺织业在欧洲各国发展和繁荣的情况,参见 Franklin F. Mendels(1981)及 Sheilagh C. Ogilvie and Markus Cerman (1996)。
② 美国在19世纪中期成为世界纺织大国(取代了英国),在19世纪末成为全球制造业大国;日本在20世纪初成为世界纺织大国,在20世纪中期成为制造业大国;中国在开启重工业的第二次工业革命之前的1995年成为世界纺织品超级大国,目前正向世界工业强国迈进。纵观历史,法国、德国、韩国、中国台湾和许多其他经济体都经历了类似的发展步骤,都曾经利用过纺织业这个垫脚石,而不管它们的地理位置、人口规模或文化与制度的差异。
③ 工业"三位一体"(Trinity)指重工业起跑阶段的三大基础产业:能源、动力系统和基础设施。动力系统包括把能源材料(比如煤炭和石油)转化为工业用途(比如发电)和把能源转化为机械运动的技术装置(比如发动机)。基础设施包括但不局限于交通运输和通信以及建设它们所用的材料(比如钢铁、水泥及各种常用重金属)。

源，因此，其他国家不能像英国那样最早利用新能源逃离马尔萨斯陷阱。

然而，中国的发展经验对这种理论提出了质疑。首先，中国在过去35年确实严重依赖煤炭作为驱动工业化的主要能源。但如果在18世纪煤炭的高昂成本阻碍了中国工业革命，为什么在200年后煤炭实际成本增长成百上千倍的时候，这样的困难突然消失或解决了呢？在1978年后国际实际煤价没有变得比200多年前更便宜，中国经济起飞也没有依赖国外煤炭。同时，即使在20世纪90年代和21世纪初，大多数中国小煤矿仍在使用落后技术开采煤炭。因此，在20世纪80年代的中国，煤炭实际成本的绝对值或相对值不可能比18世纪的中国更低。

其次，在20世纪八九十年代，中国原始工业化(1978—1988年)和第一次工业革命期间(1988—1998年)，中国煤炭消费的增长率每年只有4%～5%。这个增长率与中国在此期间每年28%的乡镇企业工业化增长率，及每年10%的实际GDP增长率完全不能匹配。要等到90年代末或2000年左右，中国能源消费（与能源生产）的增长率才开始飙升到每年10%。然而，中国那时已经完成了第一次工业革命，并开始了第二次工业革命。①

再次，无论19世纪的英国还是现在的中国，原始工业化和第一次工业革命都不是能源密集型的。在20世纪80年代初，甚至到90年代末，中国大多数乡镇企业使用非常初级的工具和机器进行生产。例如，许多工具和机器是农民手工制作的，有时他们向附近城市的国有工厂购买过时的二手机器。而当时国有工厂本身的机器就已经很落伍。当然在90年代，越来越多快速增长的乡镇企业从国外进口更好的设备，但直到20世纪90年代末和21世纪初，它们才成为主流。这种低技术水平解释了为什么在20世纪八九十年代，中国的快速工业化增长没有像现代科

---

① 中国的能源消费和生产数据可以通过 http://www.eia.gov/countries/countrydata.cfm?fips=CH 和 http://www.eia.gov/cfapps/ipdbproject/IEDIndex3.cfm 找到。

技和资本密集型行业那样,伴随着相同水平的能源需求增长。在1995—2000年左右,随着资本和能源密集型行业开始由于长期积累的巨大需求而变得有利可图并逐步建立,中国举国上下巨大的能源需求才开始刺激能源产业和基础设施建设快速增长,引爆了卡尔·马克思当年在英国观察到的以能源/通信/运输为主导产业的第二次工业革命。

最后,在18世纪末19世纪初(1750—1840年),尽管英国拥有丰富的煤炭资源,其工业革命的旗舰行业——纺织业,主要靠风力、水力驱动。直到19世纪中叶,第一次工业革命结束时,蒸汽机才在纺织工厂与英国经济的其他行业中广泛应用。也就是说要等到第一次工业革命末期,大约19世纪30年代,快速增长的国内、国际贸易和大规模产品/原材料及时运输以及其他商业服务才使大规模投资以煤炭为能源/以铁路为交通工具/以蒸汽机为动力的工业"三位一体"开始变得有利可图。事实上,煤炭早在工业革命很久以前,就被欧洲与中国发现和使用。但英国煤产量直到19世纪20年代甚至30年代,才出现显著增长(见G. Clark 2007,p.237,图12.3)。因为直到那时煤炭资源的需求才快速增长,并总体上赶上了工业化增长。这个对能源、运输及相关原动力(蒸汽机)需求的激增,标志着第一次工业革命的结束和第二次工业革命的开始——以大规模生产机械化工具和重工业中间产品为标志,如煤炭、化学制品、铁、钢、铁轨、蒸汽机、金属船和车辆以及生产机器的机床。也正是第二次工业革命,通过大规模供应农业机械和化学肥料,使农业机械化革命成为可能。

换句话说,由全球纺织品贸易和纺织生产机械化引发的第一次工业革命,逐渐对以新能源为驱动力的更高效、更大规模运输方式(煤炭/铁路/蒸汽机),产生了巨大的需求。比如从印度和美国南部还有非洲和拉美大量采集/运送/进口/分发的棉花和几乎与之反方向运动的纺织品是维系英国纺织工业高效运转的关键。正是这种对进一步提升远距离和即时移动大宗商品与大规模货物的高效动力的空前需求,使大规模的煤炭开采、运输和相关新技术变得有利可图。

这也解释了19世纪中期英国"三位一体"式的工业繁荣,即煤、蒸汽机和铁路的爆发式共同增长。这种工业的三重("三位一体")性对新型工业经济中的投入产出网络结构具有比纺织业更大范围的和更多维度的革命性影响。它刺激了许多新型产业的出现和一系列伟大的工业发明(比如炸药)。而恰好在这个时期,"工业革命"这个自石器时代和人类农业文明以来最为伟大的历史事件才开始被人们意识到。

这个工业"三位一体"的共同特点是,它们都不是最终消费品,而是中间产品或工业的"中介"与"桥梁"。这些要素自己并不能直接作为最终消费品(除了煤可以作为家庭的热源)卖给大众消费者;它们单独存在时什么也不是,却是实现更高的生产力从而更好满足最终消费需求和生产最终消费品的一种威力无比的"迂回"工具。因此,没有对大量生产的纺织品及其他轻工产品的大规模最终需求和远距离运输的驱动,煤炭开采、蒸汽机生产以及铁路建设和运营的企业不可能靠自己盈利。为什么在没有足够的对最终产品的需求摆在首位的情况下而工具(中间产品)的大量生产会盈利?煤炭是为蒸汽机提供动力,蒸汽机最先是用来从煤矿中运出煤炭,再用铁路将煤炭从一个地方运输到另一个地方。铁路最早也是用于运行蒸汽发动机车来拉煤炭用的。因此,这种工业上的"三位一体"不可能单独盈利,除非它是服务于某种最终消费。如果没有最终消费需求,仅凭这种"三位一体"的工业繁荣不可能创造对飞梭、纺织机和纺织品的需求,也因此不可能创造对它自身的需求。① 这也是拥有四大发明的古代中国没有产生工业革命的原因。虽然中国对煤炭和炼铁技术的发明比欧洲人早好几百年,但是却没有用于工业生产,因为**技**

---

① 比如美国在19世纪铁路繁荣的初期,北部和南方最早修筑的铁路都是用来运煤和纺织品(以及棉花)的,而且均由纺织厂主和煤矿主出资修建,用以代替他们过去修建的但是已经无法满足大宗运输需求的运河网。(参见[美]艾尔弗雷德·钱德勒,《看得见的手:美国企业的管理革命》,2013,p.93)

术的发明不能自动创造出对它自身的需求。

所以,当经济史学家们说是煤炭,或蒸汽机,或铁路引爆了英国工业革命时,他们不断地犯了萨伊定律的谬误,即"供给自动创造对它的需求"。再次说明,事实并非如此。站在商人的立场去思考一下就立即明白,现实世界是按照凯恩斯的"需求创造供给"的原理运作的,不仅仅在短期的经济衰退中,而且从长远的发展来看也是如此。其原因很简单:市场本身是需要巨大社会投入和协作才能被创造出来的"公共"产品,并且需要不断的社会协作来维持它的有效运作。而没有市场,也就不会有"有效"需求;没有"有效"需求,唯利是图的厂商是不会去生产和供给的。①

因此落后国家的贫穷陷阱和工业化国家出现的经济萧条(即有效需求不足)具有共同机制,只不过克服后者比克服前者要更加容易,因为工业化国家毕竟具备很多农业社会不具备的现成市场协调要素和工具。但是如果连工业化国家也需要很多年才能从一次大萧条中恢复元气,可以想象农业国家的工业化有多困难。

历史事实是,即使到了第一次工业革命基本结束的1830年,蒸汽动力在英国煤炭开采和制造业中的利用仍然比水力加风力有更少的装机功率(Allen,2009,第173页,表7.1),尽管蒸汽机在18世纪早期就(由Thomas Newcomen)发明并在1712年用于煤矿井下排水。直到150年后,即19世纪中叶,由第一次工业革命产生的巨大需求所刺激,蒸汽机才广泛用于为工厂提供动力以及道路或水路运输。

时间序列数据也显示了这种从需求到供给的因果关系。在17世纪中期到19世纪,英国人均煤炭消费量仅仅是渐进地增长,从5000单位

---

① 所以英国著名生产商Matthew Boulton才告诉他的商业伙伴,蒸汽机发明者瓦特:"如果仅为3个区县生产你的引擎,太不值得一试;但如果是为全世界生产你的引擎,那才值得。"(参见前面第二章第七节)

到40 000单位,200年间增加8倍(每年增长约1%)。然而,在1850年和1860年之间,人均煤炭消费量增加了一倍多,从40 000单位至90 000单位,十年间每年增长约8.5%。这个增长率对于19世纪的资本主义国家来说简直是前无古人的奇迹。因此,第一次工业革命后(1850年)的变化速度是第一次工业革命期间的8倍多(见Wrigley,2010,第95页,表4.1)。

最初能源消耗的缓慢增长阶段主要是由人口增长和城市化(由于商业和原始工业化)推动。因为在那个时期煤炭主要作为家庭的一个替代性的廉价的供热来源。例如,17世纪初,每年运往伦敦的煤炭在125 000至150 000吨之间。到17世纪末约为500 000吨,平均每年增长1.2%~1.4%。同一时期,伦敦的人口从200 000上升到575 000,每年增长率超过1%,这意味着人均煤炭消费的增长幅度很小。到18世纪末,伦敦从相同的东北部港口总共进口约120万吨煤,每年增长约0.9%,而其人口到1800年已升至950 000人,每年增长约0.5%。因此,在整个18世纪,煤炭的人均消费仅略有改变(Wrigley,2010,第106页)。

然而,1830年之后煤炭消耗量的增加远比人口增长迅速,在英国运输煤炭的绝对吨位几乎是每10年翻一番(相当于今天的中国GDP奇迹般的增长率)。运输这么大规模的煤炭需要非常巨大的运输能力;因此,难怪铁路和蒸汽机革命同时发生在这一时期。[①]所以1830年之后与之前的关键的区别在于对煤炭需求不再主要来自家庭供暖,而是燃烧蒸汽发动机和铁路运输的需求,从而形成了循环的正反馈的"三位一体"的工业

[①] 在19世纪头30年,也就是英国第一次工业革命的黄金岁月,英国只修建了区区300英里的铁路。这种以低质铁材料修建的铁路都局限于小规模和本地使用,主要出现在煤矿和炼铁厂并且使用马匹或简陋引擎牵引。随后的30年间才出现工业"三位一体"繁荣。其中铁路建设高峰于1847年达到,那时共修建6500英里。到1850年时,英国历史上第一轮铁路建设高潮才过去,那时遍布英国的全国铁路网才初具轮廓。这一轮铁路投资高潮也给英国冶铁业带来了严重过剩产能,因此英国有能力开始为世界各地修建铁路提供大量铁材料和产能输出。(参见Phyllis Deane,1979,p. 117)

繁荣，实现了能源—动力—运输对工业继续增长的瓶颈的突破，为第二次工业革命起飞打下了基础。

这些分析表明，英国的廉价煤炭并不是第一次工业革命（1750—1830年）的先决条件或原因，不论著名经济史学家 Robert Allen（2009）、K. Pomeranz（2001）和其他人的观点如何。相反，以煤炭—铁路—蒸汽机"三位一体"为特征的重工业起飞是第一次工业革命的结果。它是英国完成第一次工业革命的结局和开启第二次工业革命的先兆。也就是说，即便英国不产煤，也不会影响英国工业革命，正如它虽然不产棉花却仍然是棉纺织业革命的摇篮和先驱一样。英国既然可以从遥远的印度和美洲进口棉花，为什么不能从附近的法国和欧洲其他地方进口煤炭？丰富的自然资源从来不是一个国家工业化的原因，却往往是很多国家工业化的诅咒。

这意味着如果英国的实际工资更低，煤炭更贵，例如，比法国、德国和荷兰更贵，工业革命仍会首先在英国发生。它当然不会在18世纪的中国或者印度发生，即使那里的实际工资更高，煤炭也更便宜。如果世界没有煤炭、蒸汽机和铁路，第一次工业革命当然不会持续，然后变成第二次工业革命。但如果煤炭没有在英国发现，它仍然可以通过进口或者从其他殖民地窃取获得。①

第五节 为什么工业革命没在荷兰、中国或印度开始？再论"大分流"之谜

对于破译工业革命这个人类历史上最大的谜，荷兰是最值得研究的

---

① 实际上，现代西方工业文明崛起的关键，造纸、火药、印刷术和指南针四大发明都是从中国扩散的。同时，19世纪末和20世纪初为日本早期的工业化提供燃料的大量煤炭是从亚洲其他国家弄来的。

国家。它是迄今为止所有解释工业革命理论的"克星"和反证,因为它无论在政治和经济制度上,还是在工资收入上,还是发明以泥炭代替木材作为新型能源方面,还是在全球贸易上,都曾经遥遥领先英国。但是它不仅没有在18世纪末率先开启工业革命,而且在英国引爆工业革命后近一百年还没有成功复制工业革命,落在法国、德国之后成为欧洲工业化较晚的国家。

其实自从大航海和发现美洲以后的几百年间,随着欧洲各民族国家在重商主义意识形态下的全球贸易竞争和市场开拓,原始工业化渗透了欧洲大陆和英吉利海峡两岸。因此工业革命的乌云一直在欧洲的天空中徘徊和游荡,等待那最关键一次闪电而化成倾盆甘露,滋润那饥渴的布满乡村工业的田野和漫山遍野的手工作坊,使其焕发出工业革命的青春,蜕变为崭新的工厂。

这个闪电就是棉花纺织业的机械化。在英国人找到引爆第一次工业革命的棉纺织品之前,人类社会其实已经尝试过各种各样的产品,并对其进行过相当大规模的生产和远距离贸易,包括大米、小麦、蔗糖、香料、胡椒、茶叶、棉花、甘蔗、咖啡、奶酪、陶瓷、丝绸、兽皮,等等。这里尤其需要提及的,是荷兰非凡的捕鱼业和由此派生的产业生态和经济增长。

工业革命前夜的17世纪是荷兰人的世纪。那时期的荷兰拥有世界上最强大的海军和远洋船队,控制了世界上从欧洲、亚洲再到非洲的主要通商港口和贸易聚集区,有世界上最发达的金融业和国内物流运输网(运河和马车道),有当时最先进的工业和制造业,也有最开明的重商主义政府和体制。还在17世纪早期时,世界上所有的道路就已经通向荷兰。17世纪中叶高峰时期荷兰的国民总收入比英格兰、苏格兰和威尔士三地的总和还高出30%~40%(格林菲尔德,2009)。日本最早期对西方的了解和知识来自于荷兰。西方文化和科技知识在启蒙时期的日本被称为"兰学"——也就是"荷兰人的知识"。

伟大的中国工业革命——"发展政治经济学"一般原理批判纲要

但是,虽然当时最先进的毛料纺织技术在荷兰人人知晓,荷兰人却没有把生产和贸易的重心放在棉纺织品行业,因为它没有成功占领和殖民美洲(尤其是美国南部)和印度——这个世界上最大最古老的棉纺织品基地,因此没有机会让棉纺织品成为荷兰经济的核心产业和"比较优势"。它的主要出口产品是鲱鱼和鲱鱼酱,同时它也进行世界上几乎所有能够找得到的商品的转口贸易。荷兰自古靠农业和捕鱼为生。为了扩大农业用地,"荷兰在1540年至1715年间围海造田达到364 565英亩,另外利用内陆湖泊造地约84 638英亩。荷兰的大多数湖泊和沼泽地在1612年到1640年期间全部完成排水造田,总面积达120 000多英亩"。遍及荷兰各地的巨大风车就是那一时代的伟大技术发明和动力装置之一。新开垦的土地大大提高了农业产量,而且刺激了农业多样化的趋势,"使得荷兰的农场主得以多样化生产除农产品之外的更加有利可图的商品,比如乳制品、肉类、羊毛、亚布、酒花和饲料作物"。荷兰农业人口占总人口三分之一左右,却使荷兰成为食品净出口国。[①]

由于荷兰的核心产业是渔业,它的一系列贸易和制造业产业链都和渔业有关。因此渔业吸收了荷兰最多的劳动人口。"始于1385年的渔业是荷兰繁荣的起点。"[②]由于海上捕捞和加工技术的发明,鲱鱼的捕捞和制作成为荷兰的核心产业链和生存基础,长期刺激着造船业和其他相关产业的发展,以至于仅鲱鱼业一项产业在17世纪初的荷兰就已经发展成了巨大的国际贸易。为满足对荷兰渔业这一主要贸易"金矿"的扩张的需求,荷兰在海岸建立了许多辅助工业,"其中包括二次腌制、食盐提纯、鲱鱼包装、制桶、渔网编织,以及造船业、厚蓬帆布编织和食品供给",俨然一个现代社会的产业链。"这些行业遍布荷兰的城镇和村庄,

---

① 参见 Liah Greenfeld (2009), p. 86.
② Liah Greenfeld (2009), p. 85.

包括首都阿姆斯特丹。"① 核心产业链和产业生态的建立大大刺激了荷兰工业和制造业的发展。历史学家布罗代尔(Braudel)写道:"1650 年,世界中心是小小的荷兰,或干脆说是阿姆斯特丹。"②

由于捕鱼的主要工具是船,荷兰的造船工艺在当时是世界第一。"在赞丹(Zanndam)的海军制造厂,工人们掌握了木钉固定、连接、雕刻、校验、刨平、钻眼、切割、锯木、烧结等一系列工艺技能。俄国的彼得大帝在 17 世纪末就是在这里学习这些技能的。"③ 日本在 19 世纪中下叶开启工业革命时也是向荷兰学的航海技术和造船工艺。造船技术有很强的外溢性,因此荷兰也是当时的"世界工厂"和技术王国。据说 1670 年,欧洲毛纺织业发源地的意大利威尼斯参议院得出结论,唯一能够让他们的纺织工业振兴的办法就是进口荷兰的机器设备。"英国的进口商将未经加工的蔗糖送到荷兰进行提纯精炼,将初收割的烟草送到荷兰进行加工,将原始钻石送到荷兰进行切割。"④ 另外,荷兰人仿造的中国陶瓷,用捕来的鲸提炼的肥皂和灯油,还有上等白纸等都是当时欧洲大陆和英国的畅销商品。

荷兰还有当时世界上最发达的金融业。荷兰的填海工程刺激了荷兰的信用和政府债券市场。同时荷兰还有世界上最早的期货市场——买卖还没有捕捞的鲱鱼并对这种期货合同本身进行买卖。因此,人类历史上有记载的第一次世界性金融泡沫——1636—1637 年的郁金香泡沫——出现在荷兰也就不足为奇。这个泡沫曾严重打击了荷兰的实体经济。

显而易见,17 世纪的荷兰似乎具备比英国在 18 世纪工业革命时更为优越的几乎所有的社会、经济、政治条件,包括新制度经济学家诺斯

---

① Liah Greenfeld (2009), p. 88.
② Liah Greenfeld (2009), p. 85.
③ Liah Greenfeld (2009), p. 88.
④ William Bernstein (2008), p. 242.

(D. North)和阿斯莫葛鲁(D. Acemoglu)都强调的优秀"包容性"制度，经济史学家麦克劳斯基(D. McCloskey)强调的"小资产阶级尊严"和致富冲动，莫克尔(J. Mokyr)强调的"开明经济"体系，社会学家韦伯(M. Weber)强调的基督教工作道德，经济史学家艾伦(R. Allen)强调的高工资，艾伦和彭慕兰(K. Pomeranz)强调的廉价能源——泥炭，还有经济史学家兰德斯(D. Landes)看重的科学技术人才，荷兰都有。但是，居然这么一个近代资本主义经济奇迹的制造者和高度发达的工商业和制造业社会却没有产生工业革命。不仅如此，由于没有产生工业革命，荷兰的技术进步在17世纪后期开始停滞不前，到了18世纪初已经被由于缺乏生产力提高所造成的金融债务压得喘不过气，并最终导致了这一伟大经济奇迹的"奇迹般"的消失和瓦解，成为经济史上最大的一个不解之谜。荷兰就像生物进化史上的一个优秀物种，突然失去进化能力，被定格在工业革命前夕的"小康"社会，就如中国明朝鼎盛时期在郑和下西洋之后一样，也犹如玛雅文明的突然兴盛和消失一样，使荷兰成为人类近现代经济史上第一个陷入"中等收入陷阱"的早期资本主义国家。经济学家和经济史学家至今对这一经济现象百思不得其解。社会学家 Liah Greenfeld 给出的解释是："荷兰经济在黄金时代达到了登峰造极的地步，而随后却经历了绝对下降"，是由于荷兰在高速增长后失去了"民族"的精神斗志，"没有迷恋于持续的增长"，而是"理性"地"选择"了退却。①

　　但是从本书勾画的由正确国家产业政策主导的市场"胚胎发育"理论的角度，荷兰的衰落完全可以解释，因为它在成功完成原始工业化的后期，缺乏一系列政府引导的产业升级政策，尤其没有抓住第一次工业革命的正确切入点——棉纺织品。只有棉纺织品才具备几乎无限大的世界消费市场，才对劳动力要素具备几乎不变的规模报酬，才能够对其生产环节实行最细密的劳动分工并通过分工成倍以至成百倍地提高劳

---

① Liah Greenfeld (2009)，p. 103.

动生产率,因此也才能为大规模机械化生产(机器代替人)提供正确的切入点和利润回报。农产品种植或水产品捕捞都属于资源(土地—海洋)密集型,对劳动力具有规模报酬迅速递减的特征,而且其生产过程太受季节天气影响且不具备很好的劳动分工潜力,由此很难导致产业过程机械化。作为捕鱼主要工具的渔船,虽然是一种很强大的工具——而且正是由于对捕捞渔船的生产使得荷兰成为海洋霸主——但是其生产过程在当时条件下很难实现机械化(对造船业实现机械化要等到第二次工业革命过后)。即便船只生产机械化了,捕鱼过程也很难机械化,而且海上捕鱼要受到天气和季节的限制。可纺织品却可以在室内生产,因此不受天气和季节的限制。而其原材料棉花是一种非常特殊的农作物,它可以在地球几乎任何地方生长,不像羊毛和养蚕的桑叶。所以,荷兰虽然已经通过原始工业化具备和穷尽了它对几乎所有农、林、牧、副、渔产品和产业的登峰造极的生产潜力和创造性,却始终没能叩开工业革命之门,只因为它的国家发展战略过于沉溺于具备静态"比较优势"的渔业,而不是新兴的具备战略竞争优势的棉纺织业,来作为其全球竞争的核心产品和经济增长点,以至于最终收敛到了一个不再增长的"索罗"静态(Solow Steady State)。因为如果任何一个产品(尤其是一个收入弹性极高、世界市场极大的工业产品)的生产过程不能够实现机械化,工业革命就不会发生。没有技术和生产力的进一步提高,经济增长就自然会停止。

设想如果荷兰当时占有北美和印度等大规模棉花产地并且选择的核心产品是更具有战略意义和更大潜在全球市场的纺织品,而不是更具备"比较优势"的鲱鱼或其他食品加工业(虽然渔业的确是属于荷兰的比较优势,但是它仍然可以像英国那样通过选择毛料纺织业而进军棉料纺织业),那么它由此建立的一系列相关产业链就会同18世纪的英国媲美,因为荷兰拥有当时欧洲大量的由于意大利和西班牙的疯狂宗教迫害而逃避前来的科学家和能工巧匠,包括毛纺织品专家和技术工人,也有大量廉价的泥炭,还有罗伯特·艾伦所非常看重的高工资和城市化人口;因此,按制度经济学家的眼光,以荷兰当时具备的登峰造极的开放制度、社会、文化、金融和经济有利条件,第一次工业革命就可能会最先发生在荷兰,而不是晚到了一个世纪的英国。人类历史的纪录就可能会彻底改写。但可惜荷兰不具备英国那么辽阔的国土来培育极具规模的国内毛纺织品市场和羊毛供应基地,也没有像英国那样去开辟海外棉花种植基地。换句话说,它必须比英国更加需要和依赖大量海外殖民和奴隶贩卖来开拓纺织品市场。这对狭小的荷兰来说也许是个巨大挑战。

反观英国,虽然在同荷兰的全球竞争中是个后来者和模仿者①,但是它拥有比荷兰更加辽阔的国土和更多的人口,尤其是更加持之以恒的国家意志和重商主义的产业政策。它几个世纪以来精心培育的世界上最大的国内和全球纺织品市场和殖民地,使得它在1730—1740年代决定产业升级和进军棉花纺织品领域时(比如1736年英国议会通过了著名的《曼彻斯特法案》),具备几乎现成的全球纺织品市场、销售网络、基于奴隶种植园的全球棉花供应链。这个市场条件必会使得采用珍妮纺纱机和其他纺织机器(以及纺织品规模化生产的大工厂制度)在国内和全球的竞争中有利可图。这导致了1730年代开启的一系列纺织技术研发和随后人类历史上第一次工业革命。比如17世纪末和18世纪初英国国内和它的海外贸易对棉布的大量需求,以及它有意提高印度成品棉布进口关税造成的贸易成本上升,驱动国内创新者们改进纺纱速度和织布工艺以提高产量、降低成本、满足巨大的国内需求和转口贸易需求。1730年代出现完美的飞梭,让纺织速度提高了一倍,从而又提高了对棉纱的需求。而纺纱是更难以实现机械化的。第一架机械纺纱机出现在1738年,但工业采用始于1760年代(如多抽抽纱机,水力抽纱机,混合抽纱机)。1720年代,英国东印度公司从印度进口的脱脂棉为每年68万公斤,1790年代猛增至135万公斤。棉纺工业产品价格不断下降,刺激大

---

① 英国在16~17世纪可以说是全方位向荷兰学习并立志要赶超荷兰。

众需求不断上升。英国工厂在 1765 年生产出的成品布是 22 万公斤，1775 年升为 90 万公斤，1784 年飙升至 720 万公斤（威廉·伯恩斯坦，《贸易改变世界》，第 267 页）。棉布产量的平均增长率在 1765—1784 年的头十年是每年 15％，后十年是每年 23％。这是在后发国家才能看到的超常增长。对棉花原材料的巨大需求使得几乎全世界都成为英国的原料出口商。最终，新独立的美国（南方黑奴种植园）成为棉花这个当年被称为"白金"的原材料的最大产地，促使美国在 1794 年发明轧棉机来提高棉花生产率。

这个工业革命起飞过程也要部分地归功于其他欧洲国家包括低地国家（比如荷兰和比利时等）的原始纺织业企业，它们在市场创造和为英国纺织业提供市场压力方面功不可没。同时，为了酿造这样一个巨大统一市场，英国政府处心积虑、卧薪尝胆，在过去几百年间通过了一系列法律来鼓励或加强国产羊毛产品的消费和出口，限制外国生产的纺织品的进口和它自己殖民地生产的羊毛产品的出口。例如前面本章第三节提到的，爱德华三世（1327—1377 年）就被认为是第一个有意试图发展当地羊毛布制造业的国王。他只穿英国布料以向国人树立榜样，引进佛兰德编织者，集中生羊毛贸易，禁止毛纺织物的进口。这种重商主义的产业政策和传统几乎无间断地延续了四五百年，最终成就了大英帝国的辉煌，而且直接导致了第一次工业革命。例如，都铎王朝的君主，尤其是亨利七世（1485—1509 年）和伊丽莎白一世（1558—1603 年），将英国从一个严重依赖向低地国家出口原始羊毛的国家转变成为世界上最强大的羊毛加工国家。为了保护英国的纺织工业免受低地国家的竞争，都铎王朝的君主在 1489 年、1512 年、1513 年和 1536 年通过了一系列法律，禁止出口未完成的衣服。到伊丽莎白一世（1587 年）的时候，英国开始对其生羊毛制造业的国际竞争力有足够的信心，并完全禁止生羊毛出口。这最终把低地国家的制造业推向毁灭。为了开辟新的世界市场，伊丽莎白一世还派出贸易特使去见俄罗斯、莫卧儿和波斯的教皇和皇帝。这一长期坚持下来的产业政策和重商主义传统丝毫没有因为1688年的光荣革命而受影响。比如1699年的羊毛法令直到1867年才取消,那时英国早就完成了它的第一次工业革命,并处于正在进行第二次工业革命的高潮中。

直到18世纪晚期,荷兰和其他欧洲列强都没有能创造和掌控像英国一样如此巨大的国内和全球纺织品市场,尽管16～17世纪荷兰有更先进的经济和金融机构。除鲱鱼以外,荷兰还占领了世界大部分的香料市场,但不是全球纺织品市场(虽然荷兰当时也有一定规模的纺织业)。尽管香料贸易开启了欧洲发现时代,激发了葡萄牙和荷兰的造船技术,但霸权的香料贸易却没有帮助它们实现工业化。同鲱鱼一样,香料的收入弹性远远小于纺织品,并且很难实现规模化生产,因为它们是土地密集型的而不是劳动密集型的。17世纪和18世纪在南美的蔗糖生产是规模经济和劳动分工受限的一个很好的例子。只有英国几乎完全在纺织品生产和贸易的基础上建立其经济,并且严重依赖这个行业产生国家权力和财富以及政府收入。这个产业或产业政策上的幸运的选择最终导致英国工业革命。如果荷兰能像英国一样创造全球棉纺织品市场,垄断全球棉纺织贸易和棉花供应链,第一次工业革命的荣誉或许将会属于荷兰。

然而,更为有趣的是,在英国用大规模生产纺织品的技术力量引爆工业革命不久之后,其他欧洲国家随后也在强大重商主义政府引导下通过鼓励机械化纺织品生产并加入全球纺织品市场竞争来引爆了自己的工业革命。比如19世纪的法国、德国和美国,19世纪末至20世纪初的日本,乃至20世纪中期的中国台湾、中国香港和韩国都遵循了用机械化生产轻工业消费品(主要是纺织品)通向富裕的道路。中国大陆也是如此。中国在1995年成为了全球最大的纺织品生产和出口国,预示着其经济的腾飞和新的重工业品市场的壮大——这对进一步引爆对于成为制造业强国至关重要的、基于工业"三位一体"的第二次工业革命十分关键。而荷兰反而成为复制英国工业革命的落伍者,因为自从被英国取代以后,荷兰各种制造业(尤其是原始纺织业和造船业)遭受英国纺织品和其他产业链的重创而瓦解,资金外逃(流向英国),其政府采用放任自流的唯市场主义,而不是像它早年崛起时期或像后来的法国、德国、美国政府那样采取积极的干涉主义的国家发展政策,通过大力扶持核心制造业(尤其是劳动密集型纺织业)并由它所带来的对能源、动力和运输的巨大市场需求来启动工业"三位一体"繁荣并以此推动重工业现代化。所以确如社会学家 Liah Greenfeld 所说,荷兰失去了工业化的"国家意志";因此它纵然徒有"完美"政治制度和私有产权保护,"完美"市场机制和企业家精神,但它却在19世纪欧洲的工业化浪潮中衰落,毫无声息地留在了沙滩上。但这不是由于"理性选择"的"退却",而很可能是中了亚当·斯密"看不见的手"的诡计。①

因此,对于彭慕兰"大分流"之谜的解释是清楚的:英国工业革命成功不是因为发生了 1688 年的光荣革命(North),不是因为有比别的欧洲和亚洲国家更好的私有产权制度(Acemoglu),也不是因为有比别国更高的工资(Allen),更不是因为拥有比世界其他地方更廉价的煤炭(Pomeranz)。②同样,中国和印度没能够在 17 世纪和 18 世纪开启工业革命也并不是因为缺乏君主立宪,缺乏私有产权,缺乏高工资,或缺乏廉价煤炭。比如在 17 世纪和 18 世纪甚至在 19 世纪,中国从来没有表现出对煤炭有任何特殊的兴趣。但日本在 19 世纪末和 20 世纪初,特别是在 20 世纪二三十年代完成其第一次工业革命之后,却对能源表现出极大的兴

---

① 亚当·斯密的《国富论》从 19 世纪中期开始在欧洲十分流行。
② 奇怪的是,许多经济史学家断言是英国的廉价煤炭资源点燃了工业革命(见 K. Pomeranz 2001, The Great Divergence;以及 R. Allen, 2009, The British Industrial Revolution in Global Perspective)。尤其是 Pomeranz (2001, The Great Divergence,《大分流》)认为工业革命首先发生在英国,而不是中国、日本、印度或欧洲的其他地方,就是因为英国拥有丰富的能够低价开采的煤炭储藏。无论是荷兰、法国、意大利、中国、日本还是印度,都没有如此丰富和唾手可得的煤。因此,它们未能像英国一样开启以煤-铁为元素的蒸汽机时代,尽早脱离马尔萨斯陷阱。

趣和渴望——它从中国（和亚洲的其他地方）窃取了大量的煤炭来满足其日益增长的能源需求，以驱动其工业化的车轮（工业化"三位一体"）。①

其实两百多年前，中国和印度是相似的，两者都不具备发生工业革命的市场条件。而市场的缺乏是因为市场创造者的缺乏。对于印度来说，这种缺乏工业革命市场和市场创造者的情况在19世纪英国殖民者已经在印度修建铁路之后变得尤为明显，因为虽然所修建的铁路在当时是全亚洲最先进的铁路网络，但是，即便如此，100多年过去了，印度依旧没有依靠它出现工业化。

根本原因在于当时的中国和印度缺乏一个几百年连续不断的强大的重商主义政府制定正确的工业政策来引领商人阶层为本国原始手工业创造统一的国内外市场和原材料供应基地，来鼓励制造业出口，从而为基于劳动分工的制造业的规模化和机械化提供盈利条件。中国和印度当时的原始工业化基础太薄弱，完全是由一堆自由放任的无秩序无组织的小规模作坊构成的地方性市场，因此没有产生工业革命的条件。如前所说，任何一个作坊或村庄的劳动分工和生产专业化，都同时要求其他作坊或村庄的劳动分工和生产专业化。如果我们看看自20世纪80年代发生在中国的情况，如果把它作为工业化的必要条件，乡村原始工业增加值的临界规模必须至少要达到整体农业增加值的三分之一，或乡镇企业从业人员占到农村总体劳动力的大约四分之一，农村从事非农活动（包括商业和副业）的人口比例（或占整体劳

---

① 许多历史学家，如J. Mokyr(2009)和D. McCloskey(2010)也提供了论据反对工业革命是因为廉价煤炭的假说，但是他们自己的假说也不比煤炭理论更好。McCloskey认为是资产阶级意识的觉醒导致了工业革命，也就是广大社会群体致富的冲动和愿望。Mokyr主要认为是欧洲17世纪的科学革命和探索精神导致了后来的工业革命。但是这两个理论很难解释为什么工业革命发生在英国而不是欧洲的其他国家。意大利和葡萄牙的资本主义意识比英国早了200年，比荷兰也早100年。法国的科学一点也不比英国差，关键是飞梭和珍妮纺织机甚至蒸汽机的发明都不需要懂得当时的科学（比如牛顿力学或高斯定理），而发明者都是没有文化的普通工匠（比如珍妮纺纱机的发明者，James Hargreaves，是个没有受过任何学校教育的织布工人和木匠）。

动时间份额)恐怕高达三分之一以上,第一次工业革命才可能发生,或者说全国范围内多数乡镇企业采用大规模批量化生产轻工业消费品才可能盈利,而不会因为劳动分工和产品专业化而造成大面积市场供需失调和粮食安全问题。① 如果原始工业品市场规模太小,交易中介费用太高,难以匹配高度专业化的需求和远距离的供应,以市场为导向的大规模生产纺织品或任何轻工业消费品是不会有利可图的。17世纪和18世纪的中国和印度比英国人口要多很多,但市场却很小很分散,因为各个村庄之间以及它们与其他国家之间的运输成本如此高昂。换句话说,中国和印度纺织品家庭作坊都是自给自足的,小型孤立的和高度分散与本地化的,并缺乏一个巨大的商人阶层来帮他们开拓统一的国内外市场,组织生产和销售以及原材料供给。中国的郑和下西洋虽然比哥伦布早了近一百年,但是它并不是以开辟世界市场为目的的,何况后来的明朝政府基本彻底关闭了与世界贸易的所有通道。与中国类似,印度缺乏中央权力和国家意志来保护其商人在国内和国际贸易中有组织的商业活动以及在全球供应链和分销网络中的国家利益。即便在今天,大多数印度农村的作坊和原始工业仍保持自给自足和无组织的状态,连接遥远村庄之间的产业集群和分销网络在英国工业革命后200多年的今天仍然发展缓慢。

当亚当·斯密尝试为其"劳动分工受限于市场规模"的理论寻找经验基础时,曾描绘如下的市场状况(与今天的非洲和中东农业国甚至印度一些地区类似):"像分散在广大无边的苏格兰高地一样的孤独农舍和

---

① 中国在1988—1990年达到了这个临界值。作为对比,在1800年处在第一次工业革命时期的英国,51%的农村人口已经开始从事非农业生产活动,而这一比例在1500年时仅为19%(见Robert Allen,2009,第17页,表1.1)。在法国,1800年时这一比例为32%,1500年时为20%。西班牙在1500年至1800年之间这一份额依旧很低,稳定在20%左右。除了英国,即便在最有可能发生工业革命的低地国家(荷兰、比利时、卢森堡),这一比例在1800年的荷兰和比利时也只达到了37%。这表明,英国非农业人口占农村总人口的比重在1760年工业革命开始时一定已经达到了40%以上。

微小村庄这样的地方,每一个农夫都必须在家庭中自己充当既是屠夫和面包师,又是酿酒师的角色。在这种自给自足的农业经济里我们甚至不能指望在20英里范围内发现一个专业的锁匠和木匠。这些相距至少8～10英里远的家庭必须学会自己从事很多种琐碎的技能,而这些技能在人口密集一点的城市是由专职师傅提供的……在这样分散的地区不可能有任何贸易和劳动分工产生。什么样的商品才能抵消伦敦和加尔各答之间的长途马车运输费用?即便有如此珍贵的货物值得这个运费,又能用什么方式保障其免遭遥远路途上穿过如此多野蛮落后地区时的土匪抢劫和绑架?"(亚当·斯密,《国富论》,第三章)

然而,经过好几个世纪的重商主义的国家发展战略和全球市场开拓,18世纪英国的乡村工业和纺织作坊都由全国性的具备成熟供应链和运输(运河和收费公路)系统的商业和贸易网络连接并可"安全"通向全球(因为有强大英国海军护航)。

约翰·威勒(John Wheeler)1601年出版的《商业论》(*A Treatise of Commerce*)可以认为是英国原始工业化——第一次工业革命助跑阶段——正式全面启动的标志。前面已经提到,在这本书中威勒第一次系统地提出了大英帝国作为民族国家的振兴战略是靠商业和世界贸易立国,为此除需要鼓励私人和民间贸易以外,还需要建立政府直接干预、控制、保护和指导的大型商业公司(比如英国东印度公司)。威勒在书中为那些以营利为目的的全民性商业活动进行了道德和伦理上的有力辩护。他把人类历史上被人看不起的商业逐利活动提到了高尚的为国家谋利的道德高度,指出商人在外面代表的是国家和王室的利益,而不仅仅是私人利益。因此毫不奇怪,威勒的见解得到了伊丽莎白女王的无限欣赏和大力认同。这本书虽然学术性不强,但它的出版标志了近代政治经济学的诞生,比亚当·斯密的《国富论》早了160多年。①

人类必须组织起来才能竞争,并且通过竞争而组织起来(Francis Fukuyama,2014,第186页)。工业革命绝不仅仅是被新古典经济学家所描述的由一系列新技术发明所引发的产业革命,它还更是一场由统一国家意志和强大重商主义政府组织起来的参与全球贸易和市场占领的国家竞赛。当印度甚至连一个统一的民族国家都不是的时候,谁会在17~18世纪去组织印度高度分散的手工纺织作坊去开展全球竞争?类似的原因使得印度在19~20世纪连模仿和复制英国工业革命都不可能,更别说率先引爆工业革命了。同样的解释适用于清王朝统治下的中国和四分五裂的民国时代。②

洋务运动是中国在近代史上第一次试图开启工业革命的尝试。它根源于1840年的中英第一次鸦片战争并直接起源于1860年结束的第二次鸦片战争。因为不敌已经工业化的大英帝国和西方列强的船坚炮利,清王朝在自己家门口屡战屡败,皇家园林(圆明园)被掠夺焚烧,而且战后签订了无数丧权辱国的不平等条约,赔偿了无数的白银和领土,被迫开放了很多内陆和沿海通商口岸。19世纪60年代,一些较为开明的被称为"洋务派"的朝廷官员主张"中学为体,西学为用",在不触动封建地主阶级根本利益前提下学习西方先进技术。

---

① 参见 Greefeld(2009)。社会学家格林菲尔德(Greefeld)在她的《资本主义精神:民族主义与经济增长》一书里写道:"如同宣布春天的第一只燕子一样,威勒的《商业论》昭示着一种崭新的(民族国家)心态的到来。"(Greefled,2009,中文版,p.47)

② 没有统一的民族国家的出现和强有力的重商主义政府来创建统一的国内市场,建设基础设施和开拓全球商业网络,工业革命不可能发生。因此,David Landes(2009)将英国引爆工业革命的成功归因于以下事实:英国在"充满权力和财富竞争的欧洲世界"中最早成为现代化民族国家是由于"英国拥有最早成为一个民族国家的早期优势……国家可以调和个人愿望、行动和社会目的,并增强个体在集体协作的表现。整体效应大于各部分的总和。一个国家的公民将对国家的鼓励和倡议有更好的反馈和回应;相反,国家也将更好地知道要做什么和怎样去做以符合积极的社会力量。国家才可以有竞争力。"(David Landes,1999,第219页)

伟大的中国工业革命——"发展政治经济学"一般原理批判纲要

首先,洋务派提出国防"自强"的主张,通过引进西方先进技术创办了一批近代军事工业。其中,较为重要的有曾国藩创办的安庆内军械所、李鸿章创办的江南制造总局、左宗棠创办的福州船政局和满洲贵族崇厚创办的天津机器制造局。但是由于财力不足,从19世纪70年代起,洋务派又提出经济"求富"的口号,创办了一批近代民用工业,以解决军事工业在资金、燃料、运输等方面的困难。其中,主要有李鸿章创办的轮船招商局和开平煤矿,张之洞创办的汉阳铁厂和湖北织布局。从19世纪70年代中期起,洋务派开始筹划海防,10年之间,初步建成北洋、南洋、福建三支海军。洋务派还创办了京师同文馆等一批新式学堂,培养翻译、军事和科技人才;又选派留学生出国深造,开启近代教育的先河。这样的改革和工业化运动其实也是很多发展中国家在20世纪取得独立后实行过的工业化政策,它表面看起来轰轰烈烈,但其实既不深刻也不得要领。这个"要领"并非当代芝加哥学派和新制度学派所推崇的自由放任主义和民主体制,因为放弃政府干涉或激进的体制改革不一定会比洋务运动的"中学为体,西学为用"方针带来更好的经济和政治结果(苏联在20世纪90年代采用的休克疗法就是很好的例子)。这个要领是指这些工业化运动根本没有惠及占人口90%以上的农民和激发农村生产力,因而不具备引爆工业革命的能力,把整个国民经济拖垮是早晚的事。

中国在两次鸦片战争中的失败给予了邻国日本很好的学习和反省机会。这对触发日本1868年的明治维新有着根本性的影响。日本比中国弱小,如果像中国那样与西方列强直接顶撞,注定要惨败。因此提出了一条完全不同于中国的改革道路——即效法西方走过的"全民重商主义"的工业化道路。因此日本的工业化运动与中国的洋务运动虽然基本同时展开,但是其着眼点和手段却十分不同。日本是全民运动,大清帝国是政府官员运动;日本是先靠商业和"小康"社会立国,大清是靠军事重工业立国。因此,仅仅20年后日本就基本完成了原始工业革命并引爆了第一次工业革命,生产力大大提高,为未来进一步军事发展和经济

第三章　工业革命的逻辑

起飞创造了极好的政治、社会、经济、人才、生产管理条件。生产力的大幅提高和产能的急剧过剩撩起了日本政府和工商界入侵朝鲜进而霸占中国和亚洲资源的野心。由此发生了1894年的中日甲午战争。清军在这场战争中惨败,北洋水师全军覆灭,宣告了洋务运动的失败。而日本却顺利走上了现代化的道路,并在甲午战争后利用中国及亚洲的资源和市场迅速实现了第一次工业革命并开启了第二次工业革命,之后又在1937—1945年正式发动了惨无人道的侵华战争并引发了第二次世界大战。令人好奇的是孙中山等一大批仁人志士在甲午战争后东渡日本留学,企图学习日本的先进经验,但是回国后发起的辛亥革命却并没有把中国引向富强,反而让中国在1936—1945年几乎沦为了日本的殖民地。为什么?

为什么两个亚洲相邻国家在同一种文化和封建政治体制下同时展开的近代工业化运动,日本成功了而中国却失败了?

其实这暴露了政府发展战略在经济结构转型中的作用。清政府和日本明治政府在开启工业化过程中的最大的不同,首先是前者只把工业化当成清政府自己的事情,企业只能官办,不能民办;而在日本却被当成全民族的事情(企业既官办又民办)。如果是全民族的事情,那就需要发动民众、调动民间积极因素,而要发动民众就得让民众分享经济发展成果。因此"富国先富民"自然而然成了日本政府在明治维新年间推行工业化和经济现代化的手段。但是洋务运动的中国却不是这样做的。中国从明朝朱元璋时期开始就有惧怕藏富于民的心态,因为担心民间富了会危及统治者的地位。这和中国缺乏欧洲国家那样的外部竞争压力有关,也与中国重农主义传统以及疆土太大有关,以为靠商业立国不好管理和统治。因此哪怕中国在15世纪初就有郑和下西洋的世界历史壮举,明代朝廷也仍然不惜通过摧毁造船业和封锁对外贸易来杜绝民间致富的可能性(因为重农主义而非重商主义被认为是"国泰民安"的国策)。但是19世纪的洋务运动如果不通过民间致富,就根本休想找到工业革命的秘诀,因为这个秘诀正是隐藏于基于广大农村家庭手工业的全民经商致富的运动中。只有通过动员全民经商致富,才能通过农产品商业化提高农民收入;只有通过动员全民经商致富,才能激励农民从事副业和制造业活动,使农民逐步摆脱对土地的依赖,实现原始工业化;只有通过动员全民经商致富,才能培育统一的国内市场,为第一次工业革命创造条件;也只有通过动员全民经商致富,才能在民间和朝廷迅速积累大笔原始资本并提高老百姓收入,为吸收昂贵西方生产技术和从事大工业生产创造条件;同时也只有通过动员全民经商致富,才能发现和培育一大批企业家和实业家(民族资本家),积累管理知识,为未来进一步工业化打下人力资本基础。因此,洋务运动的失败是注定了的,因为它从一开始就没有把注意力和希望寄托在民间,尤其在农民和下层工商阶层身上。因此清政府无能力作为一个代表全体中华民族的整体国家利益的政府而出现。而这也正是日本的明治维新和中国的洋务运动的本质区别。要知道,近代资本主义工业国的兴起,无不首先是建立在"民族国家"这一深层的国家意识、爱国主义和"富国先富民"这一深刻的民族主义之上的。

其实在中国开展全民经商致富运动是有很强大的民间基础的,尤其在纺织业方面。江苏松江、太仓一带曾是中国棉纺织业中心,素有"衣被天下"的美誉。但鸦片战争后,因英国洋布充斥市场,松江、太仓的布市很快萧条。当地一些专门靠纺织为业的乡村,已经无纱可纺。尽管这种现象当时只出现于东南沿海局部地区,但它却是中国原始工业解体(去原始工业化)的征兆。鸦片战争后,由于清政府失去对国内市场和产业的保护权,洋纱和洋布涌入中国。因其质优价廉,取代土纱和土布,越来越多的农民购买洋纱洋布,中国本就不发达的原始工业开始解体。1845年,福州官员奏称:洋货"充积于厦口"。洋棉、洋布,"其质既美,其价复廉,民间之买洋布、洋棉者,十室而九"。因此,"江浙之棉布不复畅销","闽产之土布土棉……不能出口"。英国大量收购中国的农副土特产品,其中以丝、茶为大宗。它们操纵着丝、茶市场,使中国丝、茶生产服从于国际市场的需要,日趋商品化。丝、茶等农产品大量出口,在客观上促进了中国农村商品经济的发展,但也同时瓦解了中国社会的原生工业。[1]如果洋务运动能够首先通过一系列政策在民间保护培育中国自己的原始纺织业,并通过引进西方纺织技术来重组中国手工纺织业,靠比英国和西方更加廉价的劳动力来进行国际竞争,正如日本明治维新以后和中国在 1978 年改革开放后做的那样,那洋务运动的历史结果一定会是不同凡响的。

因此洋务运动失败的关键不在于"中学为体,西学为用";而在于没有采纳重商主义的发展战略,利用全球贸易契机,在政府统一领导下为民族手工业开辟和创造世界市场,让全民经商致富。清政府鼠目寸光,只单纯官办一些现代企业(虽然后来由于财政压力也开始吸纳民间资金),而不是通过模仿英国第一次工业革命前后发生的大众纺织和乡村工业化来实现"富国、富民、强兵"的目标。而这一不同的发展路线一定会催生相应的(温和而非激进的)政治改革。所以政治体制改革并非工业革命先决条件,而是伴随结果。

1911 年的辛亥革命看到了大清帝国洋务运动缺乏民族意识这一缺点,是中国正式结束封建统治进入现代共和时代的开端,是中国近代史上第二次向工业化发起的进军。所谓"共和国"就是大家平等、共同富裕的统一的多民族国家。正因为如此,"共和国"这个时髦的称呼几乎被所有在 20 世纪获得独立的国家采用。因此,辛亥革命的积极意义在于向中国输入了现代民族国家的理念,和"富国先富民"的思想。辛亥革命过后中国产生了很多民族资本家。但是,辛亥革命主要是一场自上而下的政治体制革命,仍然没有掌握工业革命的秘密,没有触及封建地主阶级的私有产权利益,没有把农民从土地的束缚中解放出来。因此,它仍然

---

[1] 以上引用的信息和资料来自网络,可惜作者忘记了出处。

无法为广大的草根阶层,尤其是农民,创造致富的条件——通过开辟全球小商品尤其是纺织品市场,从而开启乡村的原始工业化运动并通过这场运动迅速积累原始资本和国民储蓄,为国防和军事现代化提供金融支持。因此在1911年至1949年的38年间,中华民族仍然继续在贫穷和内乱的泥潭中摸索。

辛亥革命带来的最大不足(犹如法国大革命)是误以为工业化的先决条件是政治体制改革,实现民主自由选举。结果是随之而来的社会长期动荡和官场的争权夺利,以致在孙中山死后出现群龙无首的局面,破坏了中国工业化的基本条件——政治稳定和社会秩序,为日本后来大举侵略中国提供了机会。一个落后的农业大国要想实现现代化和工业化必须有一个长期稳定的政治环境和统一的国内大市场,但是这个稳定的政治、社会、经济环境并没有被辛亥革命带来。而且在蒋介石领导下的国民政府虽然通过坚持抗战取得了抗日战争的伟大胜利并勉强维持了中国的统一,也在相当程度上发展和壮大了民族工商业,但由于官僚政府长期依附于大地主阶级的利益集团而无法实行为工业革命铺路的农村土地改革,没有把农民的积极性调动起来,因此一直没有足够的粮食剩余和资金来启动第一次和第二次工业革命。第一次工业革命需要一大批能够离开土地的农民作为劳动大军从事劳动密集型产品的规模化大生产。如果农民不愿离开土地,或地主不愿损失自己的雇农(农业最重要的生产要素,如美国南北战争时期南方种植园的奴隶一样),中国不可能引爆第一次工业革命,即便社会精英知道了如何引进或仿制现代纺织业技术。但是如果农业生产力能够通过适当的土地改革有所提高,农民能够在满足基本生存并有剩余的基础上大量从事家庭手工业活动来满足全球贸易的需要,那乡村原始工业便能够迅速扩展,从而为引爆工业革命提供更多的机会和资本条件,正如日本的明治维新时期一样。但是这也同时需要强大的国家意志和能力为乡村制造业开创更大的国内、国际市场。这些国民政府都没能做到。结果,正如洋务运动由于忽视通

第三章　工业革命的逻辑

过发展农村工商业让广大农民致富而遭到失败一样,蒋介石领导的工业化运动也因为没有解决好农民问题,而出现了共产党领导的农民革命,这不能说是历史的巧合。

从辛亥革命开始,国民政府一直把注意力放在政治体制改革上,以为引进了美国式西方民主政治,中国就一定能够或自然而然走上工业化道路(这与今天的"阿拉伯之春"以及中东一些国家的民主化运动何其相似)。事实证明这种想法是幼稚的。政治上的改革没有给中国带来稳定的国内市场和经济环境,也没有真正结束中国的半殖民地状态。因此中国一直无法以一个真正独立的民族国家的姿态开启一场不被外国利益左右的工业革命。日本侵华战争的爆发又进一步摧毁了国家脆弱的民族工业,加剧了中国的分裂和延缓了中国工业化的进程。

1949年毛泽东领导的中国共产党通过解放战争获得政权,从此为中国带来了自洋务运动近一百年以来非常珍贵的政治稳定和社会安宁,真正实现了以人民(尤其是农民)为主体的多民族统一的国家。这种建立在"人民共和"基础上的民族国家是实现工业化的政治基础。这是为什么毛泽东能够自豪地向全世界尤其是西方列强庄严宣布:"中国人民从此站起来了!"老百姓对国家的认同和爱国主义精神当时达到了前所未有的历史高度。中国共产党立国未稳便同当时世界上最强大的工业国集团——美国及其同盟国组成的联合国军队(比八国联军还要强大)——打了一场朝鲜战争,为的还是赢得一个长期稳定的国际环境来专心从事经济建设。朝鲜战争一结束,中国共产党便在1953年制订了新中国第一个五年计划,掀起了中国近现代史上的第三次向工业化进军的浪潮。但这次有所不同,它是一个全民族投入的大众运动。这是它与历代工业化运动的本质区别。但同时也仍然是对历次工业化运动的继承和发扬光大。也正是因为这种对以往工业化运动的前仆后继的认同和对中华民族国家富强的强烈向往和一致理想,使得毛泽东在天安门广场的人民英雄纪念碑题词"自辛亥革命以来为中国现代化献身的英雄们永垂不朽!"并在1949年新中国的开国大典上郑重宣布中国现代化的目的"一定要达到而且一定能够达到"。

中国共产党十分重视农民问题,其工业化运动从农村土地改革开始,因为它认识到落后的农业是束缚中国生产力发展和实现工业化的软肋。可惜从1949年到"文化大革命"结束,由一系列五年计划构成的第三次工业化运动并没有获得真正成功,以致在"文革"结束时中国国民经济"处于崩溃的边缘"。①

这样,自从1860年的洋务运动到1976年"文革"结束,中国已经走过了近120年的风风雨雨并启动过三次既波澜壮阔又悲壮惨烈的现代化运动。然而中国不仅没有实现工业化,却在折腾了一百多年后沦落为世界上最穷、人口最多的国家。而在这同一时期,同文同种(都是亚洲黄皮肤蒙古人种)的邻国日本却早已成为现代化强国。

---

① 见第六章的分析。

为什么中国崛起势不可当？

第四章

伟大的中国工业革命 ——"发展政治经济学"一般原理批判纲要

之前曾提到,尽管中国现在的金融体系和社会治理还显得很"落后",但中国工业化的步伐"势不可当"。这究竟是什么意思?之前的章节追溯了中国第一次工业革命的路径,并解释了为何中国能通过市场导向、政府主导的工业计划,在 20 世纪 80 年代完成原始工业革命,在 90 年代实现第一次工业革命,并在之后启动以工业"三位一体"爆发式增长为标志的第二次工业革命。然而中国的工业化(包括第二次工业革命)仍未完成。未来会如何? 中国能否继续保持快速增长,并在 21 世纪中叶最终赶上美国? 另外,这对世界地缘政治秩序又意味着什么?

一方面,中国用短短 35 年(如果从新中国成立算起则为 65 年)完成了典型西方国家用至少 250 年到 300 年才完成的工业成就(即从原始工业化到第一次工业革命再到开启第二次工业革命),因此也必然快速积累了 250 年到 300 年间西方国家遇到的问题和障碍。这些问题包括(但不限于)猖獗的腐败,前所未有的污染和环境破坏,传统家庭价值观的解体和性解放的加速,日益攀升的离婚率和自杀率,广泛存在的商业欺诈,充斥市场的劣质产品,无处不在的资产泡沫,不断扩大的收入差距和阶级歧视,频繁的工业事故,有组织的犯罪,以及失业和产能过剩。鉴于这些大大加剧的社会、经济和政治问题,也难怪对中国有这么多悲观的预测;有人甚至不断打赌中国有朝一日会突然戏剧性地崩溃,就像苏联和东欧社会主义国家一样。诚然,中国很难快速获得应对新的经济现实所需要的金融和制度创新。但是欧洲中心主义的意识形态和对中国政治体制的敌视态度以及对于西方工业革命史的无知也加剧了这种悲观预期。①

但另一方面,对中国的乐观预测也一直存在,并自21世纪初开始兴盛。最早对中国崛起的大胆预测之一可以追溯到前世界银行首席经济学家林毅夫和他的合作者们(蔡昉和李周)在1994年所撰写的《中国的奇迹》一书。基于比较优势和后发优势的理念,此书作者对中国1949到1977年间工业化的灰暗失败和1978年改革后的增长奇迹提供了第一次系统性解释的尝试。他们认为1978年以来的增长奇迹是基于正确的发展战略,即一开始依赖劳动密集型产业,而后逐渐过渡到使用资本密集型技术。

而西方观察者仍然花了相当长的时间才慢慢意识到中国"不可避免"的举世无双的崛起。例如,美国前国务卿亨利·基辛格(Henry Kissinger)在2007年评论道:"中国的崛起是不可避免的,对此我们无能为力。"基辛格在做出这一评论时,中国的人均收入只有美国的二十分之一,阿根廷、巴西等中等收入拉美国家的五分之一。美国著名投资家,量子基金的创始人之一罗杰斯(Jim Rogers)也曾评论道:"正如19世纪属于英国,20世纪属于美国一样,中国将拥有21世纪。"②目前对于中国崛起及其地缘政治秩序影响最为乐观的预测则是马丁·杰克斯(Martin Jacques)。他的观点体现在2009年出版的畅销书《当中国统治世界:中国的崛起与西方世界的衰落》(2012年的第二版更名为《当中国统治世界:中国的崛起与国际新秩序的诞生》)。

尽管基于2007年金融危机爆发以来(尤其是世界银行和IMF预计中国基于购买力平价测算的GDP在2014年底赶上美国以来)中国经济

---

① 参见章家敦(Gordon Chang, 2001),"The Coming Collapse of China," James Gorrie (2013),"The China Crisis: How China's Economic Collapse Will Lead to a Global Depression,"以及Peter Navarro and Greg Autry (2011),"The Death by China: Confronting the Dragon – A Global Call to Action,"及其他众多预言中国崩溃和抨击中国的文章和书籍。由于西方人对经济史和新古典经济学在解释工业革命上的巨大失败知之甚少,而制度学派的观点又影响广泛,我们很难去怪罪这些广泛流传的对中国悲观和负面的观点。

② 见 https://www.youtube.com/watch?v=doMXl89Lur8。

相对于世界各地的突出表现,使得西方对中国前景的乐观态度开始甚嚣尘上。但这种态度仅仅基于对中国以往增长的线性外推,而没有提供任何经济理论的支撑。因此这种过度乐观的预测,和过度悲观的预测一样,都没有牢固的理论根基,大多是情感用事的议论或耸人听闻的分析。

的确,美国前财政部部长和著名经济学家拉里·萨默斯(Larry Summers)在用纯统计的方法分析了大量跨国经济增长动力学数据后声称,任何对未来中国增长的乐观投射都是不可信的:

> 历史告诉我们超高速增长往往是不可持续的,尽管经济预测永远是基于近期增长的外推。经济增长的一个最显著的统计特征就是向均值回归的趋势。与被大量讨论的诸如中等收入陷阱等相比,这一点在数据中要稳健得多。另外,高速增长往往被时不时的增速下降所打断,而增长率的波动大部分来源于这种中断。由于中国一些显著特征:高度的政府控制、大规模的腐败及其专制体制,我们认为与其他国家相比,中国更有可能出现增长中断。[①]

因此,为什么中国的崛起与强大是不可阻挡的?中国能保持增长多久,最终能崛起到何种程度——像巴西和墨西哥那样的中等收入国家,还是像美国和日本那样的发达国家?在今后十多年中,当达到了拉美国家的收入水平后,中国能否跨越中等收入陷阱?直到2014年底,中国的人均收入水平仍只有美国的1/8,人均消费只有美国的1/15。并且,中国仍有近一半的人口居住在农村地区。也许人们会认为中国在200多年前曾是世界上最大的经济体,因而其复兴是不可避免的。这时,我们应该想一想埃及和印度步履维艰的发展史:它们的文明史可比中国更长。另外,中国在1978年改革前,毕竟深陷在停滞状态至少200多年。

---

① Lant Pritchett and Lawrence H. Summers (2014), "Asiaphoria Meets Regression to the Mean." NBER Working Paper No. 20573. (http://www.nber.org/papers/w20573)

第四章 为什么中国崛起势不可当?

因此,根据拉里·萨默斯的研究,中国乐观主义并不能从大样本统计数据上得到证明。① 另外,仅仅因为中国拥有庞大的人口规模和悠久的历史也不能成为这种乐观主义的基础。中国前几十年的高速增长以及目前与韩国、日本的发展差距也不能成为这种乐观主义的基础。中国农业文明的悠久历史同样也不能成为乐观的根据,正如奥斯曼帝国并非土耳其复兴的根据一样。而古希腊文明和罗马帝国的辉煌也无法用来预测英国工业革命的发生。

总而言之,尽管对中国崛起的乐观主义态度不可避免地升温了,人们却没有提供任何经济原理来支持这种乐观(或对中国崩溃的悲观)预言。或许人们会说,1978 年以来,中国一直如此快速地增长,由于后发优势、大量廉价劳动力、儒家思想传统等,中国"应该"能继续保持增长。但持这一论点的人忘记了问这样一个问题,即为什么同样拥有长久历史、后发优势、廉价劳动力的其他发展中国家未能成功工业化?假设中国未能实现增长,而是仍然陷在贫困陷阱中,那这些文化和制度因素也同样会成为用来"解释"中国失败的原因。②

---

① 但是,缺乏理论的纯统计学分析会使人误入歧途,比如从统计学的意义上英国工业革命发生的概率为零。

② 目前世界经济低迷,而且恰逢中国进入了工业化攻坚阶段,经济增速从每年 10% 下降到 7% 左右,中国崩溃论又开始活跃起来。这些悲观论者或许记得美国在整个 19 世纪崛起的过程中发生过 15 次严重的金融危机和一次长达 4 年的内战,而且在成功追上英国并成为世界第一制造业强国之后,还在 1907 年和 1930 年两次处于崩溃的边缘。但是美国不仅没有崩溃,而且在整个 20 世纪主宰和引领世界 100 年。问题的关键在于,一个国家是否崩溃,不取决于经济是否出现波动或金融危机,而取决于长期发展战略和工业化的顺序,以及政府对危机的处理方式。回想一下 40 年前的一幕,尼克松总统在 20 世纪 70 年代初访华后陷入沉思:"噢,你只消停下来想想,如果一个稍微像样点儿的政府掌控了中国大陆会发生什么。天哪,……世界也许没有任何政府能够——我是说使 8 亿中国人在一个像样的体制下工作……那样他们将成为世界的领导者。"(http://www.newsweek.com/henry-kissingers-prescription-china-67555)但是今天的中国共产党恰恰做到了使 13 亿中国人在一个被制度经济学家看来"极其糟糕的"体制下高效工作。而 80 年代之前还是一个令人生畏的经济强权的苏联,却在盲目采纳了新自由主义意识形态和休克疗法式的经济改革之后已经基本退出了世界舞台的中心。

因此，只有基于对工业革命内在逻辑的正确洞见和当年西方崛起过程的深入分析，我们才能真正理解为什么即使面对如此严峻的挑战，中国的崛起仍然是不可阻挡的。从这样的视角出发，前面所提到的当下中国面对的一系列社会、政治和经济问题只不过是"成长的烦恼"，这与许多其他发展中国家遇到的贫困陷阱和中等收入陷阱不可同日而语。①

第一节　正确的发展战略

中国崛起不可阻挡的第一个原因在于中国已经发现了正确的发展战略，并一直遵循着正确的工业化顺序——这种顺序不仅适用于中国，也适用于许多其他尚未工业化的国家。这种发展顺序与英国工业革命和其他发达国家成功工业化的历史逻辑是完全一致的。中国虽然与这些18世纪和19世纪的西方列强制度环境迥异，却因遵循相同的发展逻辑而成功开启工业革命。

回顾一下本书反复强调的一点：工业革命具有按照市场大小和发展阶段逐步展开的"胚胎发育"式的产业结构上升逻辑。它肇始于农村地区的以简单劳动分工为基础、远距离贸易为目标的原生工业化（即原始工业化）阶段。这种原生工业化开启了逃离马尔萨斯陷阱的进程，并打

---

① 尽管中国目前还没有抵达和跨越中等收入陷阱，我们的分析表明，只要中国成功地完成了第二次工业革命，它就能够克服中等收入陷阱。尽管存在诸多"成长的烦恼"或"增长之痛"，只要中国能够坚持为制造业创造和开辟世界市场（比如"一带一路"战略）并不断在政府支持下进行产业升级，提高国企和民企的世界竞争力，完成第二次工业革命这一目标就会在10～20年之间完全实现。那个时候，中国将作为一个初步高收入国家同西方最发达国家竞争高精尖制造业市场，尤其是航空、发动机、核电、绿色能源、高精密机床、农业机械、化工、互联网、人工智能，还有全球金融，等等。事实上，由于巨大的国内统一市场，中国在移动互联网和云计算方面已经与美国站在同一起跑线上并把其他所有发达国家抛在了后面。中国的高等教育和基础科研也会在今后10～20年内真正开始腾飞。

破了粮食安全的诅咒。在原生工业化的末期,大大扩展了的国内市场、迅猛提高了的城乡购买力、迅速改善了的供应链和分销网络以及不断强化的原生工业企业间的激烈竞争使得进一步采取劳动密集型的大规模(机械化)生产有利可图和势在必行。这触发了对生产工具和生产方式的竞争和升级,并最终引爆以大规模生产各种劳动密集型轻工产品为特征的第一次工业革命。与重工业相比,这些规模化生产的劳动密集型产业具有很低的资本(资金)、技术门槛和能源要求,因此更容易通过原生工业化阶段积累的国内储蓄获得融资,和那个阶段获得的技术知识与人力资源实现产业升级,以及那个阶段创造的市场和营销渠道实现巨额回报和进一步市场扩张。

接着,一个部门的规模化、机械化也带来了生产过程中其他部门的规模化、机械化需求,并最终使得在整个生产过程中的各个部门,包括相应的供应链或投入产出链,采取规模化、机械化生产变得有利可图。持续的规模化和机械化进程需要原材料、中间产品和各种机器与生产工具的大量与及时供应,以及更大规模和速度的产品销售网络和交通基础设施。这就对能源、动力、通信、运输产业的规模化生产和供给提出了日益增长的需求和盈利机会。因此,一旦第一次工业革命启动了,对更好更快地大批量生产和大批量分销各种轻工业消费品的需求将日益提高,并最终掀起一场对包括能源、动力和交通基础设施以及城市商业网络的投资热潮,来维持不断膨胀的经济体系、长途运输和全球贸易。

换句话说,在第一次工业革命的推动下,对整个工业"能源—动力—运输"三位一体的巨大需求和由此拉动的空前繁荣对重工业产品和材料产生了巨大的规模化生产的需求,这就触发了以对机器、中间产品、各种其他生产工具、推动机器运转的能源、各种基础设施的大规模生产为特征的第二次工业革命。这些直接和间接的"生产—运输—销售—再生产"工具和构成它们的原材料与中间产品是维持整个工业体系的增长所必需的,如化学制品、水泥、钢铁、通信设备、火车、汽车、轮船、飞机以及大规模的信贷体系。只要其收益大于成本,任何能便利这些产品供给的发明都必然被采用——包括新的能源、动力、交通、通信和材料。这一过程也推动了金融服务和信贷管理方面的创新,以便利大规模贸易的实现。对一个稳定和管理良好的国家银行系统(无论是国有还是私有)的需求此时也应运而生。这就是中国20世纪90年代和英国、美国还有欧洲其他老牌工业国整个19世纪的境况。

可见,一个成功的工业化过程自始至终都是一个自下而上的,不断由底层需求驱动,并由前一个阶段的储蓄来获得后一个阶段融资的产业升级过程。每一个阶段都会遇到更新和更大规模市场的创造、发现和扩大的问题,因此都需要政府和市场参与者的集体行动来克服在市场创造和公共品提供方面所面临的巨大社会成本。否则就会出现"市场缺失"(missing market)、"市场协作失灵"(market coordination failure)和不同发展阶段的"发展陷阱"或"收入陷阱"。

具体地说,启动第一次工业革命需要付出的巨大的社会和私人成本,需要通过原始工业化阶段的原始积累来获得融资,用以支持规模化轻工业品市场的创造、劳动密集型规模化企业的建立以及技术的创新和采用。而对第一次工业革命建立的工业体系的维持和升级(包括满足其对能源、动力和基础设施的日益增长的巨大需求)则需要付出更为巨大的社会和私人成本,因而启动第二次工业革命不仅需要第一次工业革命所开创的市场,而且需要第一次工业革命所积累的储蓄。

由于大工业的高投资成本和组织成本,以及建成以后接近于零的边际使用成本和由于制造业知识技术的普适性带来的知识外部性和外溢效应,以制造业为基础的工业经济具有极强的规模经济效应和技术的创新与扩散效应。这意味着每一个发展阶段付出的社会和私人成本最终将被工业革命成功的果实——极度扩张的市场和极大提升的技术与劳动生产率所补偿。例如，第二次工业革命最终会带动农业的机械化，使得这一古老的、既是土地密集又是劳动密集型的生产部门最终被转化为一个资本密集型部门，成为工业革命的受益者。这也一劳永逸地解决了自亚当和夏娃被逐出伊甸园以来一直困扰人类社会并阻碍第一次工业革命爆发的粮食安全问题。

初步克服粮食安全问题和基于劳动分工所面临的大规模市场缺失和失灵问题是第一次工业革命在欧洲历史上需要一个漫长的助跑阶段——原始工业化阶段的原因。只有经过这个阶段，方能初步解决"贫困陷阱"问题或马尔萨斯陷阱问题。中国20世纪80年代的乡镇企业繁荣把这个往往需要几百年的"胚胎发育"阶段（或马克思讲的"原始积累"阶段）缩短到十年（即1978—1988年或至多1949—1988年的40年，如果包括土改和农村合作化运动时期的话），而且没有采用殖民主义、帝国主义和奴隶贩卖等早期资本主义国家惯用的创造全球市场的手段。克服第二次工业革命所面临的最大障碍需要解决工业"三位一体"缺失问题。这需要巨大的市场需求来支撑长期投资所需的利润回报和天量国家储蓄来为其融资。很多陷入所谓"中等收入陷阱"的国家正是因为无法克服这一发展瓶颈而失去了继续增长的动力，因为它们缺乏：(1)由第一次工业革命开拓的巨大轻工产品市场对"三位一体"的巨大需求（市场条件）；(2)由此所积累的巨大储蓄（资金条件）；(3)强大政府所体现的实现工业化的国家意志（政治条件）。工业"三位一体"本质上是公共产品，因此国家意志和政府的积极介入必不可少。而这些国家之所以缺乏一个发育良好的支撑"三位一体"的（由第一次工业革命创造的）市场条件是因为没有认真完成更早期阶段的原始工业化过程，或更初级但更基本的原始"市场发育"阶段，所以"发育不全"问题被一步一步遗传下来，被"跨越式"发展战略误导了。一旦产生"发育不全"问题，经济改革成本就会比按照正确"市场发育"步骤所需的改革成本高昂很多，而在这个时候再"急于求成"采纳自上而下的改革措施，比如华盛顿共识的主张（如"休克疗法"),或新制度学派的政治改革建议(比如"茉莉花革命"和"阿拉伯之春"),那就会使事情变得更加糟糕(见第五章)。

因此,工业革命是一个寻阶而上、自我驱动并按顺序展开的动态过程(类似于自己揪住自己的头发往上提高的过程——所以需要不断发明工具和借助杠杆原理,比如千斤顶,靠自我推力和反作用力来迂回实现)。不能指望靠他人的力量(比如外援和 IMF 的资金)就能实现工业化。所以每一个阶段都需要政府部门和私人部门的相互协调、共同努力和"大推进"。其最初阶段和任何中间阶段都是不能省略和跳过的,尽管政府可以通过扮演市场创造者的角色来加速和缩短这些进程。企图跳过这些初始和中间阶段,例如像 Gerschenkron(1962)和大推进理论所建议的那样通过自上而下的办法直接进入重工业领域,将导致严重的问题,比如缺乏具有全球竞争力的产品和产业,不堪重负的财政和国际金融负担,严重的城乡两极分化,大面积失业,经常性的恶性通胀和社会不稳定等一系列工业化扭曲、"发育障碍"或"发育不全"问题。换句话说,基础发育阶段的缺失意味着没有一个足够广大的市场使得属于更高阶段的产业有利可图或能够"自负盈亏",同时也意味着缺乏足够的国内储蓄来为技术采用和产业升级融资,从而必须不断依赖政府补贴或国外贷款。这使得工业化进程很容易被打断而落入所谓的"中等收入陷阱"。处于这个陷阱的国家总是债务累累,债务危机不断,就是因为没有按顺序搞市场发育和产业升级。

机器(有形资本)的发现和有效再生产是工业革命和资本主义大生产的核心。但对于机器(生产工具)的规模化生产(即马克思讲的"扩大再生产")的程度以及有形资本再生产的速度和范围,就像劳动分工一样,极大地依赖于市场的规模。而市场规模又依赖于国家能力和政府对市场创造的远见和意志,以及克服市场创造过程中所需付出的巨大社会成本的融资能力(例如对全国甚至全球性基础设施网络的投资所需的融资能力)。

历史上的市场创造者是强大富有的商人阶层和金融中介(银行家)。但这种依赖商人的"自然的"市场发酵过程,特别是早期的原始工业市场,即使在强力的政府支持下也需要数个世纪来完成。中国则(再次)发现通过强大政府和社会主义国家机器实施"可控的市场发酵"(engineered market-fermentation)可以将这一缓慢的过程缩短到仅仅十年(或最多四十年),类似于日本在明治维新时期以及新加坡和韩国在战后所做到的那样。

如何维持足够高的国民储蓄率来不断为市场创造和产业升级提供融资,对于可持续的增长和不断发酵(发育)的工业化是至关重要的。从重工业开始的由上至下的工业化则缺乏这样一条融资渠道,因而非常依赖外部援助或者对初级部门(如农业、原材料和自然资源行业)的征税。即使这样,这种供给侧推动战略也很难创造足够深厚的市场条件使得大规模制造重工业产品有利可图,或能够自负盈亏。① 重工业产品的规模化生产必定依赖于所有零部件和原材料的规模化生产以及对它们的规模化、集约化运输。重工业因此依赖于整个工业体系,包括工业"三位一体"(能源、动力和基础设施)。一个国家如果不先建立初步的"三位一体"的基础设施工业体系,重工业部门就很难保持利润。然而,"三位一体"工业体系本身不仅是公共品,而且也是中间产品,除非服务于最终需求,其本身并不能盈利。因此,它必须通过第一次工业革命创造的市场来获得支撑以及通过第一次工业革命创造的储蓄来获得融资。② 同时,只有在完成第二次工业革命之后,所有生产手段(机器设备和基础设施)的大规模廉价生产才成为可能。而只有基于一切产品规模化生产(包括生产手段本身的规模化生产)带来的物质丰裕,国家福利化(福利社会)

---

① "自负盈亏"能力等价于林毅夫在其"新结构主义"理论里讲的"自生能力"(viability)。
② 毕竟,能源、动力设备和基础设施只是生产手段而不是生产目标。因而整个现代的迂回式的工业生产结构是建立在最终消费品需求的基础之上,虽然这些消费品的种类是不断翻新的,但是其满足"衣、食、住、行"的本质没有改变。

伟大的中国工业革命——"发展政治经济学"一般原理批判纲要

也才可能实现。①

上述工业革命的基本逻辑同样也为目前如何看待欧洲和世界的经济问题提供了一些启示。2009年以来的欧洲债务危机的根源并不是欧元区的廉价信贷或缺乏金融监管本身,而是在尚未完成第一、二次工业革命之时,一些欧洲国家(南欧地区)在战后,尤其是20世纪80年代,就决定进入福利国家和金融资本主义社会。在民主选举的政党竞争下,各种社会福利项目和慷慨的退休金计划不断推出以诱惑选民,使得这些国家在所有产业(包括劳动密集型产业)的劳动力成本不断飙升。因而当中国和其他新兴经济体崛起并主导轻工业消费品的世界贸易格局时,这些国家的劳动密集轻工产业就失去了国际竞争力。这在中国2001年加入WTO后表现得尤其明显。这些欧元区国家轻工产业的崩溃引起了持续性的失业和GDP减速,从而暴露并加剧了政府赤字和国际债务,也降低了这些国家债务偿付和债务融资的能力。因而欧元区的债务危机几乎是注定会爆发的,2007年的全球金融危机只不过是一个引爆因素而已。

但是,像德国这样的欧洲国家却没有遭受这种债务危机的毁灭性打击。这是由于德国在"二战"后已经完成了第二次工业革命,因此反而可以通过出口规模化生产的机械和高附加值耐用品而受惠于中国崛起带来的对重工业品的巨大需求。资源丰裕型国家例如澳大利亚、非洲和拉美部分国家同样受惠于中国的崛起。因此,欧洲债务危机的最终解决方案既不是紧缩政策也不是凯恩斯主义药方,而是寻求偿还其欠下的工业化"欠账",继续完成第二次工业革命,在重工业或其他高科技领域(如医

---

① 通过国际贸易,一个完成工业化的国家可以放弃本国的轻工业部门,用出口规模化生产的重机械产品来换取轻工业产品。但一个没有完成工业化的发展中的农业国却并不能通过进口工业品和出口原始农产品来变得富裕和强大。这也是为什么建立在比较优势基础上的古典李嘉图贸易理论对工业革命缺乏解释力,为什么所有靠"重农主义"立国的国家(比如大清王朝)和出卖自然资源为生的国家(比如拉美和中东国家)无法崛起。因为生产力和规模化工业技术来源于制造业,而不是农业和采矿业(见下一节的分析)。

疗和绿色能源）获得国际竞争力。而这就需要强大稳定的政体，以及政府引导的有远见的发展战略和产业政策。①

因此，工业革命的内在逻辑和成功工业化国家的历史路径可以帮助我们预测中国未来的发展和继续崛起。尽管一开始是无意的，中国自1978年以来遵循了符合"胚胎发育"工业化逻辑的正确路径。这解释了为何自那时以来中国没有遭受许多发展中国家经历的"暂停—重启—暂停"的周期性改革困境和为工业化融资而引起的债务危机。这与中国历史上的3次工业化尝试以及不断采取自上而下发展战略的拉美国家截然不同。中国完全依靠自己在1978年以来农村工业化积累的国内储蓄开启了90年代的第一次工业革命，也完全依靠第一次工业革命获得的高储蓄开启了以能源、动力和基础设施为领头羊的第二次工业革命。中国的总储蓄率目前仍是世界最高（将近GDP的50%），还拥有高达3万亿～4万亿美元的外汇储备，因而完全有金融能力在未来10～20年内完成第二次工业革命。这种史无前例的高储蓄也使得中国能够进行遍及全球（包括非洲、拉丁美洲、南亚、中亚以及欧洲大陆）的基础设施投资，来为"中国制造"建设雄心勃勃的全球原材料和能源供应链以及分销网络，从而大面积惠及全球发展。②

中国的人口比美国和欧洲加起来还多，且人均资源贫乏，也不可能

---

① 讽刺的是，正是由于西德忘记了德国历史学派鼻祖李斯特关于"国家系统"（National System）建设的理论，忽视了东德仍处在经济发展的相对落后阶段和其相应的比较优（劣）势，德国1990年重新统一带来的痛苦远超想象。西德在统一后的最大错误，就是试图立即将东德拉入西德式的福利社会。这使得东德的劳动力和制造业马上失去了比较优势，并使东德经济在一夜之间崩溃。如果像西德这样强大的工业巨头都在处理东德的问题上遇到了麻烦，我们能对其他前共产主义东欧国家企图西化的梦想抱多大的期待？这些国家挣扎在重建国家经济的不断尝试中，还被休克疗法、华盛顿共识和制度学派理论等建议的发展策略所不断误导。它们大多已经去工业化，把社会主义时期建立的工业化基础打得粉碎，沦落为靠出卖资源和农产品为生的发展中国家。关于东欧国家经济在休克疗法下如何解体的分析，参见陈平（2008a，b）。

② 中国的地缘政治发展策略与美国大相径庭，而且与华盛顿共识相比，似乎更为发展中国家所接受。见Kevin Gallagher（2011），"The End of the 'Washington Consensus'"。

像老牌资本主义国家那样通过殖民扩张从他国获得廉价的资源和储蓄。因此要完成大规模工业化,中国就需要更高的国民储蓄率,更大的全球市场以及触角更远的全球供应和运输体系。①

西方经济学界(包括受西方理论影响的国内学术界)一个普遍的错觉就是中国过去 35 年的超高速增长纯粹是靠高投资(资本积累)拉动,而不是靠技术进步。因此,按照新古典索罗增长模型,中国的高增长是不可持续的。这个看法十分偏颇和具有误导性。所谓技术其实是嵌入有形资产中的(机器、工具、基础设施等),不可能单独、孤立于生产工具之外而存在(除非在抽象的索罗模型中)。因此,在高投资下的快速资本积累是唯一实现迅速技术进步和产业升级的方式。而高投资又需要高储蓄来融资和维持。所以,中国才能在过去 35 年长期保持超高速增长。这完全要归功于它的高储蓄率和高投资率。而高储蓄率又得归功于它自 1978 年改革开放后遵循的循序渐进的正确发展战略和工业化政策。

尽管制度环境迥异,中国工业化的关键步骤与 18~19 世纪的英国,或其他历史时期的成功工业化国家(如美国、德国和日本),并无本质区别。如果说有什么区别的话,那就是这些老牌工业化国家都长期依赖殖民主义、帝国主义和与其殖民地及弱小国家的不对等贸易来为其工业革命开辟市场和进行融资。由于缺乏这些外部条件,中国必须维持史无前例的高储蓄(显著地高于之前的工业化国家)来推动其工业化进程。而中国确实能维持这种高储蓄来实现其和平崛起。②

---

① 例如,中国正在建设西达德国、希腊,南抵新加坡的铁路系统。中国同时在非洲和拉丁美洲的基础设施项目上进行了大量的投资,并逐渐推进使人民币成为主要国际储备货币的进程。

② 中国在正确的对跨国资本流动的管控下,没有出现过大规模资本外逃或热钱涌入现象,这与过早实行资本开放政策的俄罗斯和很多拉美国家形成鲜明对比。

第二节 "干中学"：技术进步的源泉

中国崛起"势不可当"的第二个原因是工业技术进步的源泉问题。对这个问题的分析也是对制度学派和许多评论家的一个回应。他们往往质疑中国在社会主义政治制度下进行创新的能力，特别是在触及技术前沿之后（例如 Acemoglu and Robinson，2012）。他们认为中国的政治制度必然束缚了自由和技术创新的激励。因此，中国迄今以来的快速发展和奇迹般的增长不是由于创新带来的，而是初始条件落后和复制发达经济体技术的"后发优势"导致的。①中国在追赶时期的确是充分借鉴和复制国外先进技术，但是这并非说明中国在到达前沿以后无法创新。因此，制度学派的观点是误导性的，而且也不能被经济史所支持（例如"二战"前的日本、德国和俄国以及"二战"后的韩国和新加坡都是先模仿后创新，甚至 19 世纪的美国也是如此）。

为了探讨的方便，让我们分析一下美国的历史路径。美国是在重商主义原则上立国的。②在 19 世纪中叶引爆其第一次工业革命之前，美国已步入原始工业化阶段很长时间。Charles Morris（2012）注意到在 1812 年，美国北部各州的乡村地区已经完全商业化了（与中国在 20 世纪 80 年代中后期发展阶段类似）。依靠着瀑布为水车提供动力，周遭的小村

---

① 按照 Acemoglu and Robinson（2012，p.440），"中国的增长之所以可能，部分的原因是有许多地方还可以追赶。当并无必要进行创造性毁灭的时候，在攫取性制度下的增长要更容易一些"。除了诉诸中国的落后，Acemoglu and Robinson（2012）也把中国的增长奇迹归因于政府调动和分配资源的能力。但这些论断引起了几个问题。第一，所有发展中国家都具备后发优势，但为什么多数无法发展？第二，如果中国政府进行的资源配置是违背市场原则的，何以能促进增长？如果是和市场原则一致的，那又有什么错呢？如果中国的体制能解决一些市场不能解决的大问题，难道我们不应该称赞而不是批评它吗？

② 别忘记美国的建国者们，比如华盛顿，都是一些熟悉欧洲（尤其是英国）重商主义传统的富有商人。

落普遍从事着制造业活动。这是由农业商业化的兴盛而逐渐在自然的市场发酵过程中兴起的自下而上的原始工业化。早在18世纪末期,美国的农民就已逐渐变得像企业家,从事着广泛的家庭消费品的生产和远距离商业交换。比如还在建国初期,美国就已经把全球贸易的触角伸向了中国,开始与英国竞争中国和亚洲的市场。[1] 到了19世纪20年代,这种市场性的交易活动几乎全部被政府支持的由富裕商人阶层建立的有组织的商业活动所取代。领薪工人成了一种流行的农业就业形式,同时农业剩余也往往被用来投资于商业和工业事业而不是土地。本地商人就这样为新型乡村企业的形成提供了推动力。

但是,这种即将引起第一次工业革命和经济起飞的原始工业化过程完全没有被英国(甚至马克思)注意到。[2] 同样地,中国20世纪80年代的原始工业化及其对于引爆20世纪末和21世纪初中国工业革命的巨大作用在当时甚至直到现在都完全没有被西方注意到。对于欧洲而言,19世纪20年代的美国非常落后。那时美国90%的人口还居住在农村,这一点直到19世纪中叶也没有多大改变。"但在美国农业社会的田园般的花丛中隐藏着繁忙的工商业和制造业活动的蜂箱。"(Charles Morris,2012,"The Dawn of Innovation",p. 76)

当时的英国著名作家西德尼·史密斯(Sidney Smith)在1820年写道:"美国人是勇敢、勤劳和敏锐的。但他们迄今为止都缺乏天才和英雄。他们的Foxes,Burkes和Sheridanszai在哪里?……他们的Arkwrights(阿克莱特),Watts(瓦特)和Davys又在哪里?谁用美国产的杯子喝酒,用美国产的盘子吃饭?"(Charles Morris,2012,"The Dawn of Innovation",p. 76)。

---

[1] 美国国父之一、第一任财政部长亚历山大·汉密尔顿(Alexander Hamilton)为复兴美国制造业的《制造业报告》写于1791年。美国建国后第一艘远航中国的"中国女皇"(Empress of China)货轮于1784年2月22日华盛顿生日那天在纽约起航,来年5月11日胜利返航。

[2] 马克思的《经济学与哲学手稿》写于1844年。

但美国在 19 世纪下半叶的崛起直至赶上英国并非一开始就源于其先进的技术。甚至美国在 19 世纪 80 年代取代英国成为世界工厂之时也是如此。整个 19 世纪美国在炼钢和几乎任何其他以科学为基础的工业领域都是英国的学生。(Charles Morris, 2012, "The Dawn of Innovation")

即使到了 19 世纪 80 年代，当美国已经完成第一次工业革命，开启第二次工业革命，建成了世界上最大的铁路网络，并超越英国成为"世界工厂"的时候，高等教育和纯科学研究与当时的欧洲，尤其是英国、法国和德国相比仍然相当落后和原始。美国物理学会第一任会长和同时代最出色的美国科学家之一，罗兰德（Henry Augustus Rowland, 1848—1901）在 1883 年的学会年会上公开抱怨美国极其落后的高等教育和大学的科学研究水平：

我面前放着一份教育局专员 1880 年的报告。按照这个报告，美国一共只有 389 所或大约 400 所自称为学院和大学的高等研究机构！……其中 1/3 称自己为大学，而在这些所谓的大学中，有一所只有两个教授和 18 个学生，还有一所有 3 个老师和 12 个学生！……然而这些并非只是个别情况，因为有太多小小的学校称呼自己为大学。……谁能怀疑一个比如有 800 个学生和 70 个教授的大学不会比只有一二十个学生和两三个老师的大学更好、质量更高呢？当然这也不尽然，因为我还亲身感觉到一个有 500 名学生的大学实际上只有高中水平。每个这样的大学都有所谓的教授，但是他们实际上只有中学老师水平。……在这个国家，并非是那些工资最高、在最贵的学校教书的人最有能力从事科研，那些拿最高工资并霸占讲席教授位置的人却并不从事任何纯科学研究，只不过在为各种商业利益集团服务并用他们的知识为自己已经很高的收入争取更大的商业回报。……但是危险正在逼近我们，即便在我们这样的科学协会中。……当社会对科研的平均要求很低，当最高的学术荣誉被那些不学无术或平庸的人占据，当三流的学者被推为学术楷模，当

伟大的中国工业革命——"发展政治经济学"一般原理批判纲要

微不足道的发现被吹捧为了不起的科学发明时,学术机构对社会的影响就得大打折扣……我们的国家科学院由来自全国的杰出科学家组成,但是它却没有办公楼和图书馆,而且除了发表一些对政府免费开放的信息以外不发表任何东西……它根本无法与英国皇家学会,或在巴黎、柏林、维也纳、圣彼得堡、慕尼黑,以及任何欧洲首都和大城市的科学院相比。……一个自诩为大学但在办公桌和图书馆书架上没有一本科学期刊的高等学府和研究机构,确实不是在为社会尽到它应尽的责任。……在美国的物理学领域,目前还没有发表或出版过或可能出版任何一本高于基础读物水平的书。(H. A. Rowland, 1883, *A Plea for Pure Science*)

因此,现代美国人对于20世纪80年代的中国似乎也可以说类似西德尼·史密斯当年对美国人说的那样的话:"中国人是勇敢、勤劳和敏锐的。但他们迄今为止都缺乏天才和英雄。他们的Thomas Edison(爱迪生)、Andrew Carnegie(卡内基)、Henry Ford(福特)、J. P. Morgan(摩根)、John D. Rockefeller(洛克菲勒)和Cornelius Vanderbilt(范德比尔特)在哪里?谁穿由中国制造的衣服?谁用中国人制造的工具建房子?"

仅仅10年之后,尤其当中国加入WTO之后,美国人再也不能这样诘问了。但如今他们可以这样说:"谁乘坐中国的火车?谁开中国造的汽车?而谁又会乘中国产的飞机?"也许不到10年之后对这些问题也会有一个明确的答案。①

类似地,尽管通过三十多年的财富积累和爆发式增长,中国的高等教育和基础科研水平仍然不能和美国同日而语。虽然自从完成第一次工业革命以后,中国的高等教育水平正在拉近与美国的距离,但是学术

---

① 事实上中国今天已经成为全球最大汽车生产国,并开始为美国生产具有自主知识产权的电瓶公交汽车和地铁机车,并帮波音公司组装飞机。其他实例可见探讨中国城市化和技术创新步伐的纪录片"How China Works?"探索频道地址:http://www.discoverychannelasia.com/shows/how-china-works/。

界仍然缺乏对学术研究的诚实态度与扎实学风,很多所谓一流高校滥竽充数和不务正业的"教授"仍然很多。但是,中国在20世纪90年代甚至今天的落后学术研究水平也丝毫不能说明中国高等教育和纯学术科研不能够在未来20~30年逼近美国,因为**科学的真正基础在工业**。如果工业强大了,科学的强大才有根基。正如前面提到的罗兰德在报告的结尾部分对美国1880年代科研现状和未来所写到的那样:

> 总结一下,并让我再一次重申,我绝不相信我们的国家(美国)会一直处于目前的状况。物理学,其在应用方面帮助我国实现商业财富的爆发式增长和荣耀以后,必然会升华,并让我们在世界同行面前受到尊重。这样一个信念和预言,对于一个还没有做足够的科研以支撑一本像样的物理学杂志的国家来说,也许显得过于草率和匆忙。但是我们知道这个国家发展的速度,我们看见城市和高楼瞬间拔地而起,还有各种各样的史无前例的经济奇迹。而且目前我们已经看到很多物理实验室处于建设中,也看到对训练有素的物理学家的巨大需求。……也许我们有一种感觉,和所有真正的美国人一样,觉得我们的国家正在崛起并面临一个光荣的未来,到那个时候我们将在知识领域引领世界,正如我们已经在财富创造方面做到的那样。①

罗兰德对美国科学的预言事实上在20世纪上半叶实现了。而以中国目前雄厚的科研基金和政府的投入,尤其是工业界对科学研究的日益增高

---

① 事实上,尽管罗兰德在19世纪80年代初对美国科学界富有激情的恳求,美国要等到第二次世界大战后才在纯科学研究上开始引领世界,那离美国成为世界工业霸主已经好几十年。比如从1851年到1900年,美、法、英、德四国取得的重大科学技术成果分别为33项(美)、75项(法)、106项(英)和202项(德);1901年到1920年间,这四个国家获诺贝尔自然科学奖的人数分别为2人(美)、8人(英)、11人(法)和20人(德)。(参见申漳《简明科学史话》,中国青年出版社1981年版)美国完成第二次工业革命后在科学方面的突飞猛进也得益于它的移民政策。比如,美国在火箭技术方面的突破在很大程度要归功于战后在德国引进的大批科学家(参见 https://en.wikipedia.org/wiki/List_of_German_rocket_scientists_in_the_United_States)。

伟大的中国工业革命——"发展政治经济学"一般原理批判纲要

的巨大需求,其高等教育和科学研究也会在 15～20 年之内有类似美国当年(19 世纪末 20 世纪初)的惊人突破,并可望在 30～40 年后赶上美国。①

所以,让我们回到本章开头的问题,为什么中国的崛起势不可当?这是由于中国已经成功引爆了第一次和第二次工业革命,整个国家已经为技术采纳和创新做好了准备。但更重要的是,历史上(甚至今天)几乎所有重大的技术进步和创新往往不是从纯科学或者一小部分天才那里来的,而是来自于广泛的工业实践和商业驱动,特别是广大草根实践者在日常制造过程中的实际操作经验和积累。从火药到指南针,从造纸术到印刷术,从珍妮纺纱机到瓦特蒸汽机,到爱迪生的众多发明,再到今天的无数工业技术都是如此。在新技术的采纳和发明过程中,"日常实践中的接触才是最好的学习"(诺奖获得者 Kenneth Arrow,1969,quoted in McCloskey,2010,p. 162)。

英国工业革命(如劳动分工、珍妮纺纱机、蒸汽机、炼铁技术和大工厂体系)并不是一场科学理论的革命,也不是对科学理论的应用。工业革命与哥白尼天文学革命、牛顿力学甚至热力学的创立无关。工业革命是关于工业组织、制造技巧、设备工艺以及生产要素如何在时空上循环、

---

① 参见袁岚峰 2015-12-14 刊登在"观察网"上的一篇文章:"从 2015 年国际物理学十大突破看中国的科技实力。"另外根据世界知识产权组织最新报告,中国通信设备产业巨头华为以 3442 件的申请数超越日本松下公司,成为 2014 年申请国际专利冠军。据不完全数据统计,在过去 10 年中,华为研发投入累计达到 1880 亿元人民币(约合 200 亿美元),2014 年研发投入为 395 亿～405 亿元人民币,在销售收入中占比高达 14.2%。同时,在华为 17 万员工中,研发人员占到 45%。如此巨大的人力、物力投入,必然会研发出更多创新性技术以及科技成果。事实上,中国目前已经在很多领域走到了世界前列,而且正在大阔步前进。比如在可控核聚变、石墨烯应用、量子通信、超级电池、智能机器人、生物生命科学等方面,中国已经成为赶超者。以中国的稳定体制、国家储蓄、政府支持,中国很有希望在 20～30 年后在主要科技领域超越美国,成为第三、四次工业革命的领头羊。中国工业革命的步伐在静悄悄的黎明中急速前行,如果人们只从中国当前的农村人口比例和落后的金融体制看中国,或只从西方制度经济学的角度看中国,就会一而再、再而三地误判中国。"虽然一时一事上中国经济发展会有波动,但长远看浩荡东风。"(习近平,参见 http://www.guancha.cn/politics/2016_03_04_352964.shtml)

生产、分配、交换和消费的实践知识的革命。这些突破和发现,以及制造业知识的积累只能由基于制造业活动本身的实践(即实际动手和生产制造的过程)所驱动。因此,只要踏上了工业革命的大道,成了世界工厂(或哪怕只是占有全球价值链的一部分),任何国家都能成为全球技术创新的领导者。因为技术知识和创新是从重复的实践、具体的工业建设、产品竞争以及满足市场需求和攫取市场份额的激励中来的。或者说,是从生产过程中来的。基于同样的理由,一个已经工业化的国家,一旦它放弃了制造业,就可能会完全丧失其技术优势和创新力,无论它的大学排名有多高,无论它有多少诺奖获得者。

几乎所有工业领域的知识,尤其是工艺和技术,是属于那种无法形式化或公式化的实践性知识。原因在于支配许多自然现象的规律属于"因果律"。而因果律不可能用形式逻辑从一堆先验的公理体系演绎出来,而只能从实践或实验中学习。因此,"干中学"和"实践中创新"的铁律已经不断被证明是人类技术发展史的最重要、最直接推动力。德国哲学家黑格尔早在他关于奴隶和主子(Herrschaft und Knechtschaft)的辩证关系中就提出了这一规律(Hegel,1807,*The Phenomenology of Spirit*)。真正的知识和创造的源泉属于实践者(奴隶或学徒)而不是领主们。"卑贱者最聪明,高贵者最愚蠢。"(毛泽东)①

中国的工业革命也服从同样的逻辑。在美国人看来,13亿中国人民自20世纪80年代以来直到现在都仅仅是为美国打工的蓝领工人,用10亿件衬衫换取一架波音飞机。由于巨大的农村人口、很低的人均收入水平(90年代仅为美国的1/20,2014年为1/8)以及更低的人均消费水平

---

① "技术知识很大程度上是属于不可言传,不能用公式表达的知识。而且往往需要人们在实践中领会。"(McCloskey,2010,p. 162)马克思主义的唯物主义辩证法也认为只有实践才能出真知。关于技术知识必须在干中学的一个例子,可参见中国国企沈阳机床集团如何刻苦攻关在高端i5数控机床上"逆袭"而获得重大突破的事例(http://www.guancha.cn/Science/2016_05_22_361225_s.shtml)。

伟大的中国工业革命——"发展政治经济学"一般原理批判纲要

(90年代为美国的1/30,2014年为1/12),尽管经过了数十年的超高速增长,中国仍然显得贫穷落后。直到今天,中国仍有约50%的人口居住在农村地区。但是,中国人已经成为了世界上最繁忙、最勤劳的制造业实践者,他们通过制造、组装、运输、打磨各种工业产品,夜以继日地发现着新的实践知识。① 例如,为了在昼夜温差极大的高原地区修建高速铁路,中国的工程师需要解决无数日本和德国同行所不会遇到的技术和实践上的问题。而且,为了与其他国际制造业巨头竞争并保持世界工厂的地位,中国工程师必须时时刻刻去解决各个领域的实际工程问题。十年之前,德国高科技公司曾允许中国工程师观看他们的技术蓝图(日本工程师则不行),并不担心其核心技术会泄露。今天这种景观已不复存在。② 通过"干中学",中国已经在电子、信息技术、通信、超级计算、半导体、精密仪器、材料科学(包括纳米技术)、造船、高速列车、隧道与运河开凿、发电和输电、空间科学与军事技术等诸多制造业领域赶上并走在了技术前沿。

这种"干中学"和"实践中创新"的过程一开始看起来也许是低档次的和不起眼的,但日积跬步,乃至千里。慢慢地,黑格尔的奴隶与主人的逻辑正在一步一步将中国推到世界技术的前沿,并将技术前沿不断向前推进,而且会最终超越美国。因为中国有全世界最大的制造业中心——这所最好的大学——来进行实践和创新。③

---

① 中国的专利制度于1985年建立,其专利申请在整个原始工业化阶段和第一次工业革命阶段增长缓慢。但是在1990年代末引爆第二次工业革命后,专利申请开始飙升。比如在1999年至2009年期间,专利申请以每年30%的速度增长。中国2013年递交的专利申请已占世界的1/3,超过欧洲、美国和日本。参见 Dang and Motohashi(2015);朱天(2013),"中国创新不足吗?"和 http://www.industryweek.com/global-economy/china-drives-growth-patent-applications-worldwide。

② 关于19世纪美国对英国技术的间谍活动的一些有趣历史,可见 Charles Morris (2012),"The Dawn of Innovation"。

③ 中国的工人和工程师们起点很低,20年前他们需要用10亿件T恤来换取一架波音737飞机。但今天,他们可以制造自己的第五代隐形战斗机——性能比肩洛克希德·马丁公司的F-22猛禽战斗机和F-35雷霆Ⅱ联合攻击战斗机。

第四章　为什么中国崛起势不可当？

一旦学会了制造和模仿,创造和创新的大门就打开了。如果不理解技术知识的"实践"属性,不了解人类工业革命的历史,以及"干中学"和"实践中创新"原理支配着各个国家的工业化进程,我们对知识创新的认识就会有极大偏差。难怪美国副总统拜登(Joe Biden)曾不断公开表达对中国制造业技术的蔑视和批评(就像西德尼·史密斯在1820年对美国表达的那样)。在2012年和2014年,他曾这样回应美国媒体对中国取代美国成为制造业中心的忧虑:

"我们有世界上最大的GDP。我们有最富创造精神的公司、最有生产力的工人、最好的研究型大学。我们的企业家精神没有任何国家可以匹敌。10年之内北美,而不是阿拉伯半岛,将会成为世界能源的中心。"而中国,相反地,还没有"一项有创造力的项目,一个创造性的改变,或一种原创性的产品。""我请问,你能够说出一个来自中国的原创的项目、变革或产品吗?"①

当然,我们无法从政治演讲中区分出个人信念。不过人们总是抗拒改变,无论是改变自身的状态还是改变对于世界是如何运行的观念。讽刺的是,就像美国在19世纪是英国最好的学生并最终超过了他们一样,就像美国当年的创造力隐藏在低质量、低附加值但动态更新的制造业,尚未在大规模创新和科学突破中展现它一样,就像美国当年熟练地学习、仿造、吸收,甚至"窃取"英国的先进技术一样,就像虽不引人注目,美国人当年却持续热情地投身于实践性的、小步骤的制造业技术创新和改制一样(如棉花收割和铁路建造)——中国今天也是美国最好的学生。最令人恐惧的事情其实并不在于中国有多致力于"窃取"美国技术,就像当年美国致力于"窃取"英国技术一样,而在于中国对制造业的热情和美国当年是多么相似。就像美国当年并没有牛津和剑桥那样的世界一流大学来为美国培养一流的科学家一样,中国也没有哈佛(Havard)和麻省

---

① 见 http://politicalticker.blogs.cnn.com/2014/05/28/biden-name-one-innovative-product-from-china/。

伟大的中国工业革命——"发展政治经济学"一般原理批判纲要

理工学院(MIT)这样的世界一流大学来训练一流的科学家队伍,却能在如此之短的时间内理解和吸收从最基本到最先进的工业技术。①为什么?因为中国有的是世界上最大的制造业"学院",在这里无数实践者可以反复操作、学习、练习、发现,并训练一代又一代年轻的工程师和潜在的创新者,正如没有牛津和剑桥三一学院(牛顿在此毕业并执教)的19世纪的美国却能理解、吸收和超越英国的前沿技术一样。

在整个19世纪甚至20世纪,美国没有产生康德和黑格尔那样的哲学大师,牛顿和达尔文那样的科学巨匠。但在完成第一次工业革命并开启了第二次工业革命之后,美国就产生了爱迪生这样的发明家和安德鲁·卡内基、亨利·福特、摩根、洛克菲勒和科尼利厄斯·范德比尔特(Cornelius Vanderbilt)这样的工业巨头。对美国而言,19世纪末和20世纪初是一个"需要巨人并能够产生巨人的时代"(恩格斯,《自然辩证法》,Friedrich Engels, Dialectics of Nature, Moscow, 1974, p. 20)。②

因此,19世纪的英国必须佩服美国学习和吸收英国技术的能力。在19世纪,中国和印度并不具有美国那样的能力去学习和模仿,甚至"窃取"英国的纺织业和铁路技术,更不用说加以改进和进行再创造了。与1860年后的日本不同,当时的中国和印度缺少一个重商主义政府和国家能力来支持商人们去开辟全球市场,调动其乡村劳动力来开启原始工业化和第一次工业革命。因而中国和印度缺少了强有力的市场需求来创造基于劳动分工的大规模供给。这样一来,"干中学"和"实践中创新"的制造业基础就不能存在于19世纪的中国和印度。而19世纪的美国却具有这样广袤而强有力的市场需求来引爆工业革命的"热核反应链",因此就处在了下一个潜在的超级大国的位置上。这要归功于美国国父之一亚历山大·汉密尔顿(Alexander Hamilton)的远见卓识:强力发展美

---

① 中国的一流高校与哈佛、MIT相比还相差甚远。平均而言,大概仍有80年的差距。
② 恩格斯当时指的是文艺复兴时期的巨匠列奥纳多·达芬奇。

国未来的战略性优势产业(纺织制造业)而不是它当时的静态比较优势产业(农业)。遵循汉密尔顿在《制造业报告》或《美国工业发展计划》中提出的发展策略,美国后来只花了60年时间(从19世纪20年代开始)就赶上了英国,挑战了其制造业和工业技术霸权。到19世纪80年代,特别是20世纪之交,美国已成为了世界工厂和工业技术的全球领袖。

在历史上有形资本(生产工具)的大规模生产(或大规模再生产)是在第二次工业革命中实现的。英国的第二次工业革命酝育于19世纪30年代,完成于19世纪末和20世纪初。美国的第二次工业革命发生于19世纪70年代,完成于20世纪30年代并超越英国。日本的第二次工业革命则是开始于20世纪20年代,完成于20世纪70年代("二战"打断了近10年)。中国则在20世纪90年代中后期进入了这一阶段。中国刚刚在2014年末成为一个资本净输出国。在下一个10年期间,中国预期输出1.25万亿美元来支持全球基础设施建设。

中国的工业扩张在全球开花结果。2014年12月,第一辆中国到西班牙的直达列车抵达了马德里。它从中国东部沿海城市义乌出发,途经哈萨克斯坦、俄罗斯、白俄罗斯、波兰、德国和法国,在21天行程里穿越了一万三千多公里(约8000英里)。这一史诗般的一万三千公里行程与传统的海运相比时间缩短了一半。① 这一最近投入运营的路线也是世界上最长的铁路线,非常类似两千年前从西安至地中海的丝绸之路。

受市场扩张带来的大规模运输原材料和制成品的需求驱动,英国在

---

① 截至2015年底中国共有8条客货两用铁路线通往欧洲。除了义乌—马德里线外,还有中国重庆—德国杜伊斯堡线(竣工于2011年,总长11 179千米,单程耗时16天)、中国成都—波兰罗兹线(竣工于2013年,总长9965千米,单程耗时14天)、中国郑州—德国汉堡线(竣工于2014年,总长10 214千米,单程耗时15天)、中国苏州—波兰华沙线(竣工于2014年,总长11 200千米,单程耗时14天)、中国武汉—捷克帕尔杜比采线(竣工于2012年,总长12 700千米,单程耗时15天)、中国长沙—德国杜伊斯堡线(竣工于2014年,总长11 808千米,单程耗时18天),以及中国合肥—欧洲线(2014年竣工,途经郑州、西安、兰州、乌鲁木齐、哈萨克斯坦、俄罗斯、白俄罗斯、波兰和德国)。不久的将来预计还会有更多线路投入运营,详情见 http://www.guancha.cn/economy/2015_04_19_316486_s.shtml。

伟大的中国工业革命——"发展政治经济学"一般原理批判纲要

19世纪修筑了当时世界上最大的海内外早期铁路网。而中国现在正在修筑世界上最大的现代铁路网和高铁网络,不仅在国内,也在海外。管理大规模生产和销售的总是供给方,而不是需求方。中国现在是世界工厂和全球制造业的中心,产品和机器的供给者。因此很自然地,中国需要一流的全球分销体系来运输其大规模生产的产品和机器,并从全世界各个角落吸收原材料。

自哥伦布以来,最廉价的全球贸易通道是海路运输。海运为英国的工业革命开辟了道路,也为中东和中亚地区的衰落埋下了伏笔。自那以来,老牌工业化国家都依赖太平洋、大西洋和印度洋进行全球贸易和通商通航,以及基于其上的文化和技术传播。但时过境迁,或者说,中国正试图对此做出历史性改变。凭借着低廉的成本和现代工程技术,中国正在通过现代高速铁路(比如一条从中国南部沿海城市深圳到荷兰鹿特丹的长达15 000公里的新线路和一系列不断建成通车的途经中亚的中欧铁路网,包括刚刚通车的从中国义乌到伊朗首都德黑兰的铁路线)从陆地上联结和整合南亚、中亚、中东、俄罗斯和欧洲。这即是中国的"一带一路"计划的一部分。[①] 与海运相比,铁路运输更快捷、准时和可控,更容易实现区域内产业分工和经济一体化,从而更能满足21世纪的全球工业化的需求。中国正在创造一个依靠陆路运输的全球贸易新时代。也许自大航海时代和英国工业革命以来,再没有什么其他经济事件比这条新丝绸之路更引人注目了。不过它也仅仅从一个特定的角度展示了中国崛起的力量,及其对21世纪全球经济和地缘政治结构的巨大影响。[②]

---

① "一带一路"是"丝绸之路经济带"和"21世纪海上丝绸之路"的简称。

② 中国在和平共处和双赢的全球贸易原则下对欧亚大陆贸易和基础设施现代化的努力,说明只有中国才有能力和气魄使得古老的非洲和中东地区重新焕发人类远古时代的力量。非洲和中东在被欧美资本主义列强奴役几百年后的崛起才终于成为可能。顺便提一句,经济发展才是解决中东地区各种政治问题和根除恐怖主义的关键。

第三节　市场创造者：有为的重商主义政府

中国崛起势不可当的第三个原因在于中国有一个有为的，权力高度集中而治理结构分散化的重商主义政府。这个政府既通过中央计划，也通过分散化的地方行政区域间相互竞争（如15～19世纪欧洲的国家间竞争一样）来组织、调度和管理国民经济，以促进增长，优化治理。它以不断改进的社会主义市场经济为指引，却有依托商业和制造业来持续发展和开放的钢铁意志。它能通过实验和微观制度创新从上至下地纠正重大的政策失误。[1] 这才是所谓"国家能力"的真正含义。[2] 依赖于稳定的以共产党为核心的政治制度，中国在改革开放后避免了许多由民主制度和世袭独裁制度在发展中国家带来的困局。通过精英式的领导选择模式（精英治理），中国政府也获得了源源不断的管理人才和草根阶层的支持。[3] 这样一个体制符合中国的国情，也是中国的政治比较优势，尽管不断变化的经济结构要求中国政府在治理方式上持续地学习、变革和转型。中国政府也了解资本主义的本质（它的善与它的恶）和西方的发展

---

[1]　关于中国1978年以来的政治结构、渐进主义改革和制度革新的一些纪录，可见 Ronald Coase and Ning Wang（2013），和 Jinglian Wu（吴敬琏, 2005）。

[2]　这种"国家能力"的缺乏（丧失）恰好是导致俄罗斯20世纪90年代改革失败的主要原因之一：当时民选的叶利钦总统彻底废除（取缔）了具有广泛官僚行政基础和执政能力的苏联共产党，从而自己"打断了这个新生国家的脊梁"（Chrystia Freeland, 2000, p. 20）。这样一种"国家能力"的缺失也是几乎所有无法顺利实现工业化的发展中国家的通病，尤其是那些远在工业化完成之前就过早地采纳了西式民主制的国家，比如阿富汗、埃及、伊拉克、利比亚、巴基斯坦、菲律宾、突尼斯、乌克兰；甚至包括那些已经进入中等收入国家行列的国家，比如阿根廷和希腊。

[3]　见张维为（Zhang Weiwei, 2012），The China Wave: Rise of a Civilizational State（World Century Publishing Corporation, 2012）；另可见李世默（Eric X. Li），"A tale of two systems"，http://blog.ted.com/2013/06/13/a-tale-of-two-systems-eric-x-li-at-tedglobal-2013/。

史(部分地归功于马克思的教导)。① 因此,在制定和实施发展战略的时候,中国政府能采用一种更长远的历史性的视角来看待人类社会的变迁(至少比民主选举的政客的眼光更长远,这些政客通常对管理经济无能,容易被利益集团操纵,并受制于选民短视的个人利益)。②

中国政府(终于)明白国民财富和国家实力来自于商业,来自于由民间商业推动和市场支撑的规模化生产。这种生产方式创造了富有竞争力的规模经济和商品繁荣,以及由此而来的中产阶级和 McCloskey 强调的"小资产阶级尊严"。

不像西方列强,清政府不懂得"谁控制了世界贸易,谁就控制了世界财富和这世界本身"(Sir Walter Raleigh, c. 1600)③这个重商主义的富国强兵道理。社会主义计划经济也不懂得这个道理。但改革开放后的中国明白了这个产生工业革命的秘密。

贸易创造市场,而市场刺激劳动分工和规模化生产。一个经济的商业越繁荣,市场就越大,生产规模就越大,产品价格就越低;由此就更进一步青睐更大的市场份额,从而去为产品创造更大的市场。所以资本主义经济天生就是外向的、革新的和扩张性的。看看中国今天,与18、19世纪甚至仅仅40年前的毛泽东时代(毛泽东不反对规模化生产,但反对商业和自由贸易)相比,开放和外向了多少倍!伴随着产品种类的不断丰富和产品价格的不断降低,规模化生产不仅意味着老百姓福利的极大提高,也意味着对发展中国家的落后农业国传统生产方式和文化的持续摧毁:

(资本主义)由于一切生产工具的迅速改进,由于交通的极其便利,

---

① 在20世纪50~70年代,中国用马克思主义来拒斥资本主义,希望通过中央计划,跳过资本主义阶段(以通过市场竞争和私人产权为基础的原始积累为特征)而实现工业化。

② 关于美国民主无效率的一个特别的视角,可以参见 Francis Fukuyama (2014), Political order and Political Decay (New York: Farrar, Straus and Giroux)。

③ 引自 Stephen R. Bown, 2010, p.1。

把一切民族甚至最野蛮的民族都卷到文明中来了。它的商品的低廉价格,是它用来摧毁一切万里长城、征服野蛮人最顽强的仇外心理的重炮。它迫使一切民族——如果它们不想灭亡的话——采用资产阶级的生产方式;它迫使它们在自己那里推行所谓文明,即变成资产者。一句话,它按照自己的面貌为自己创造出一个世界。(Karl Marx and Friedrich Engels,《共产党宣言》,第一章)

曾经,面对英国的工业技术和强大海军,中国清朝政府拒绝开放贸易,也不愿改变其重农主义意识形态和封建主义统治方式。但今天的中国却拥抱变革,并积极融入全球竞争和贸易。由于拥抱了以市场扩张为基础的资本主义,今天的中国享有着英国在175年前鸦片战争期间享有的力量与骄傲(却以一种和平的方式)。①

资本主义难以隐藏或保护其技术机密。规模化的机械生产能力加上规模经济效应,会激励利润驱动的资本家大规模出口这种机器和生产方式,尽管本国政府为了保持技术优势可能禁止这样做。② 这样就把工业革命的果实带到了世界的每一个角落。这种传播不断发生:从英国到欧洲、美国和印度,从欧洲到非洲、拉丁美洲和日本,从日本到韩国和其他亚洲地区,从美国到整个战后世界。

尽管存在这种从发达经济体向发展中国家的技术"泄漏""外溢"和转移,许多发展中国家仍然保持着贫困状态,无力吸收和采用现代生产技术。国际组织(如国际货币基金组织、世界银行和联合国)在战后为消除贫困付出的努力也收效甚微。因而,农业国仍然维持原貌,资源国却

---

① 2015年1月12日,三艘军舰组成的中国海军舰艇编队抵达英国朴次茅斯进行正式访问。这是历史上中国海军对英国最大规模的访问。朴次茅斯海军基地指挥官Jeremy Rigby告诉记者:"中国和我们一样,依靠海上贸易创造了繁荣。"见 https://www.navynews.co.uk/archive/news/item/12225。

② 关于英国政府禁止技术出口的历史,可见Charles Morris(2012),*The Dawn of Innovation*。

仍然贫穷，靠卖资源为生。究竟是什么阻止了这些国家成功实现工业化，尽管许多现代生产技术是轻而易得的？或者说，是什么阻止了资本主义在非洲和拉丁美洲按照自己的面貌复制自己？

制度学派认为这种技术传播的失败要归罪于这些国家的攫取性制度。华盛顿共识认为这是由于这些发展中国家政府扭曲了自由市场，阻碍了资本自由流动。因而，他们的药方要么是通过政治革命实现民主化（如"阿拉伯之春"），要么是结构调整和休克疗法：建立全方位的自由市场，实现资本自由流动和浮动汇率，私有化国有银行和打破国家对自然资源的垄断。尽管是出于好意，这些改革策略却往往搞砸，导致了更多的混乱和失控。

对许多发展中国家来说，发展的根本性障碍并不是没有印刷和购买莎士比亚著作的自由，因而使百姓对英国文学无知；并不是缺乏私有财产保护，因而使私人企业不能在乡村和城市涌现；而是言论自由并未能导致科学技术的传播，私有产权并未能引来企业的兴盛发展。许多发展中国家对外国资本敞开了大门，放松了对银行和金融市场的管制，并拥抱了民主（就像1911年辛亥革命之后的中华民国一样），但它们的经济和国家能力却垮掉了，失灵了，瘫痪和腐败了，而不是文明化、工业化和现代化了。为什么会这样？许多东欧的原社会主义国家转向了自由市场（其政治领导人也乐于如此），却最终陷入了政治危机和经济停滞。民主与大规模私有化并没有为这些国家创造大规模的消费品市场（除了毒品、色情和卖淫以外）。截然相反地，在所谓"错误"和"攫取性"制度下的中国，拒绝采纳华盛顿共识和休克疗法或制度学派的主张，却成功地创造了世界上最大的商业和贸易市场。[1] 为什么会这样？

---

[1] 目前，世界前十大集装箱港口里有八个在中国。世界上最大最繁忙的港口上海港，在2013年处理了3360万标准箱货物，创造了新的历史纪录。预计到2017年，单是上海港的装运能力就要超过美国所有港口的总和。

历史已经给出答案。使工业革命在英国、美国、法国、德国、日本、韩国、新加坡以及许多其他地方成为可能的,并不是民主制度和放任自流,而是一个强大的商业导向的政府,以及在商业和贸易政策指导下的政府主导的国家建设;并不是自由资本流动和浮动汇率下基于静态比较优势的"李嘉图"贸易,而是重商主义发展战略下的着眼于未来制造业动态比较优势(或竞争优势)的"李斯特"贸易;并不是纯粹的自上而下的颠覆性制度变革,来支持现代金融体系,而是自下而上的改良性政策调整,来通过"原始积累"支持原始工业萌芽和轻工业,并借由政府高度集中的统一权力和钢铁意志来支持全球商业市场的创造和与外国制造业的竞争(一开始是在劳动密集型产业里)。

与藏富于民、靠商致富、劳动分工、原始积累、全球贸易及政治与社会稳定的发展战略一致,历史上的英国政府通过逐步的海内外市场创造和工业化进行了几百年的长期的国家建设与财富积累。[①] 普选民主和法制仅仅是这一全民皆商和鼓励制造业出口的重商主义工业化过程的结果和副产品,而不是它的原因。试图通过模仿结果而不是原因来开启工业化进程是一个注定失败的方案。

使英国强大的一个事实是自伊丽莎白以来,各方面在鼓励商业的必要性上达成了一致。一个刚刚将国王斩首的议会却可以同时忙于海外贸易据点的建立,就好像什么都没有发生过一样。查理一世的鲜血还冒着热气,这个由狂热重商主义分子组成的议会就通过了1650年的臭名昭著的《航海条例》。(Voltaire, 1963, 引自 David Landes 1999, p.234)

类似地,使中国强大且势不可当的一个事实是自邓小平以来,中国共产党内对发展商业和对外贸易("改革开放")的必要性达成了共识。

[①] 国家建设同时也培育了社会信任和社区精神。

伟大的中国工业革命——"发展政治经济学"一般原理批判纲要

无论在什么样的政治制度(君主制或议会制)、法律体系(普通法或大陆法)或宗教信仰(新教或儒教)下,一个与平民和商人利益一致(使大家都变得富有)的强大的重商主义政府对经济发展都是至关重要的。因为工业化最初和最重要的任务是市场创造和国家能力的建设。而这一任务涉及地区自治市场在国家层面的统一,以及整个国家资源和劳动力从头到脚的重新组织、定位、调度和协调。在1776年,亚当·斯密假设支撑劳动分工的规模化市场是给定的或天然存在的,因而在"看不见的手"引导下自利个体间的互动就能解决社会的分工协调和工业组织问题。但是,基于劳动分工原理和规模生产方式的大范围供需平衡是需要付出巨大的中介协调成本的。而在一个由无数分散的无政府的自给自足的农民和工匠组成的落后农业社会,由于协调成本高昂,大规模市场难以产生。没有一个大规模市场以及相配套的基础设施、商业网络和分销系统,则不会有专业化分工和规模化生产的企业。①

制度学派过分强调了诸如现代法律规则和产权保护等正式制度在工业化初期的作用,把它们作为工业化的先决条件。但这种观点与经济史所揭示的并不一致。首先,法律规则和私人产权作为一种古老制度在工业革命之前已经存在了好几千年。② 其次,随着不断演化的社会经济结构和生产方式,这些制度的具体形态也不断演变,因为"犯罪"和"权利"的形式和内涵也是随时间不断演变的,因而资本主义的法律规则和产权保护制度是资本主义演化的内生结果而非原因。就像经济史学家莫基尔(Mokyr)指出的,在工业革命前夕,"英国社会几乎没有什么法律和秩序来保护工业财产和人权,而是充斥着大量的抢劫和偷盗,以及由

---

① 当年许多国家计划经济体制的产生就是为了在市场缺乏的情况下由政府协调组建大企业。事实证明这是可以做到的,但是也正因为缺乏市场,这样的企业是不盈利的。从而导致了社会主义工业化运动的失败。

② 事实上,土地的私有产权和市场在中国清朝和民国时期比前工业时代的欧洲更加发达(见K. Pomeranz,2001;and Taisu Zhang,2011)。然而中国直到社会主义时期才建立起重工业基础。

经济或政治上的民怨引起的地方暴动。汉诺威的英国并没有 1830 年之后(即第一次工业革命之后)的警察队那样的专业警力,法庭系统也笨拙而昂贵,并充满了不确定性和不公。因为没有官方正式的法律执行机制,整个英国依赖着民间残酷惩罚的威慑效应维持治安。惩罚大多是私人性的,犯罪预防大多是民间自己实施的,超过八成的犯罪惩罚是由被害人私下实施执行的。"(Mokyr,2008,p.10)

因此,在英国工业革命之前和期间,对促进资本积累和正当的商业行为真正重要的力量并不是正式的法律规则和现代产权观念,而是政府的鼓励和商人们私下维护和实施的残酷惩罚;不是民主制度,而是政府倡导的重商主义社会价值观(包括公平买卖、社会信任、道德、宗教和对由商人和商业团体私人建立的社会秩序的支持)。

亚当·斯密没有强调在他所处的时代,贸易秩序是由欧洲商人阶层的垄断势力和国家政府的军事力量维持的。就像著名的荷兰商人和军官 Jan Pieterszoon Coen 给王室所指出的那样:

> 陛下应该可以根据经验知道,亚洲贸易必须由您自己的强大武力来维持和保护,而这武力本身又必须用贸易获得的利润来支付;以至于我们无法不用战争来进行贸易,也无法不用贸易来支付战争。(见 Stephen R. Bown, Merchant Kings: When Companies Ruled the World, 1600-1900. Macmillan,2010,p.7)

根据 Stephen Brown 的记述:"自 1600 年代早期到 1800 年代晚期,军事化的垄断贸易公司就一直是欧洲殖民扩张的马前卒和工具。它们占领和控制广大的土地和当地人民,在其商业的成功和暴利背后体现的是各种各样的国家军事和政府的功能和威力。对于这些欧洲国家来说,赋予这些商人和公司对殖民贸易的垄断权力是支付国家天文数字的殖民开拓和战争赤字的廉价方式……在每一个这样的私人公司发迹的过程中,它们首先是获得优于所有欧洲人的海外雇佣权,然后把这个特权延伸到统治殖民地的人民身上。在实现它们的政治目标中,这些垄断贸易公司拥有它们自己的警察力量,甚至军队,并且控制殖民地政府或干脆自己变成殖民地唯一合法的政府。"(Stephen R. Bown,2010,pp. 1-2)

除了解决市场缺失和市场协调问题,政府负担着另一个关键性的任务:只有政府才能完全内部化工商业对整个国民经济的巨大外部性。对于能源、动力、金融和基础设施等攸关发展和安全的行业这一点尤其成立。①

正是由于缺乏国家支持和政府培育的重商主义(出口制造业导向)发展战略,佛兰德斯和爱尔兰这些地区未能在18世纪下半叶持续地创造全球(纺织品)市场、供应链和商品分销体系。这是它们未能开启工业革命的关键因素,尽管和英格兰一样,在工业革命前夕,它们也拥有繁荣和极其富于竞争力的原始纺织工业,它一点也不亚于英国的纺织业。②

正如经济史学家 Sven Beckert 在他关于世界各国棉纺产业兴衰史的新著里精辟指出的那样:"如果没有一个强大的国家政权使其有能力在法律、行政管理、基础设施和军事方面所向披靡、穿透它所想波及的领地,工业化简直就是根本不可想象的。……的确,培育国内纺织业的国家能力被证明是区分那些当年成功实现工业化和工业化失败国家的唯一要素,以至于今天的现代国家在世界地图上的分布与当年实现棉纺工业化的地区完美相关。"(Sven Beckert,2015,pp. 155-156)

难怪即使在毛泽东时代由国家建立的大规模重工业和科研机构在

---

① 这实际上就是 Friedrich List(1841)的核心观点。即使在像美国这样的发达国家中,我们仍能看到诸如美国能源部这样的机构,以及它和美国对外政策的密切联系。相对照的是19世纪的印度,当时它拥有英国殖民者修筑的全亚洲最先进的铁路系统,却没有对印度经济产生多少外溢效应(见 Pomeranz and Topik,2013)。原因正在于那时的印度统治阶层不能去内部化这些外部效应。

② 关于佛兰德斯原始纺织业兴衰的详情,参见 Franklin F. Mendels(1981)。Kriedte, Medick, and Schlumbohm(1977)and Sheilagh C. Ogilvie and Markus Cerman(1996)提供了爱尔兰和欧洲其他国家纺织业兴衰的探讨。

第四章 为什么中国崛起势不可当?

后来也极大地促进了中国的第二次工业革命(开始于20世纪90年代中后期)。① 这些重工业和昂贵的科研机构曾经非常"无效率"(亏损),成了中国巨大的财政和金融负担。但在90年代,当中国完成了原始工业化和第一次工业革命,并采取了利润——成本驱动模式(择优竞争奖励机制)来管理这些重工业(科研机构)之后,这一切发生了改观。② 与俄罗斯在休克疗法中所实践的不同,在70年代末到90年代早期,中国(明智地)没有选择通过市场化和私有化摧毁其"无效率"的重工业(和共产党的领导以及政府的基层行政网络)。相反地,中国通过"双轨制"保留了这些国有企业(以及党和政府对国有企业的绝对领导),把对它们的改革延迟到了90年代末期,即完成了原始工业化和第一次工业革命之后。③ 这个时候,经历过改革后的80年代和90年代工业化阶段,中国已成为了世

---

① 中国直到1997—1998年才开始着手大规模改革其国有企业(SOE),那时中国已完成了第一次工业革命起飞。由于中国的国有企业大多分布在城市地区,这一审慎的发展战略使得国有企业能在中国的转型和工业化过程中发挥两项重要的功能:一是在农村原始工业化和第一次工业革命期间稳定城市就业;二是向农村工业输出较为高级的生产技术(农村工业大多从附近城市的国有企业获得技术和装备)。但1990年代末农村工业逐渐赶上了国有轻工业企业的技术前沿,并且中国完成了基于劳动密集型轻工业品大规模生产的第一次工业革命之后,中国的中小型国有企业的历史使命就大致完成了。它们应逐渐让位于新兴的有更好治理结构和更高生产力的民营企业和集体企业。在国有企业改革的头两年(1998—2000年),约有2140万国有企业工人下岗,他们大多集中在纺织、采掘、军工和机械领域。然而,由于组建大规模民营重工业的技术和资金门槛很高,在"抓大放小"方针的指导下,中国保留了市场发育还不充分的大型国有重工业。但这并不意味着对大型国有企业不进行任何改革。政府迫使剩下的大型国有企业改革治理结构,升级生产技术,并在国内和国际市场上与其他企业竞争。中国负责高速铁路建设的国有企业集团,就是这种审慎而有针对性的国企改革的例子。

② 知识专利保护制度从来不像制度学派声称的那样,对于技术和科学的进步极端重要。这一点即使在英国工业革命期间也是如此。(见,e.g., Boldrin and Levine, 2008; and Mokyr, 2008)。事实上,Boldrin and Levine(2008)通过历史证据(比如瓦特和他的蒸汽机)表明,在历史进程中严格的知识产权保护制度可能阻碍而不是刺激了技术创新和经济发展。

③ 见Lau, Qian, and Roland (2000), China's Dual-Track Approach to Transition。同时见对中国1997年以来重工业领域"抓大放小"改革策略的文献评论(http://en.wikipedia.org/wiki/Grasping_the_large,_letting_go_of_the_small)。

伟大的中国工业革命——"发展政治经济学"一般原理批判纲要

界上对基础设施和重工业产品（如化学、原材料、能源、钢铁、交通、通信和各种机械设备）需求最大的市场。这样一个巨大的市场就能够支撑一个庞大的重工业部门，使得对重工业的市场化改革和转型与70年代末、80年代甚至90年代早期相比更容易进行。因此，虽然俄罗斯的重工业大部分在90年代的休克疗法中被所谓的"市场"力量废弃和摧毁了，中国的重工业却在很大程度上成功实现了转型和复兴——这多亏了从1978年到90年代中期逐渐兴起的对能源、动力、运输、材料、化工、通信等重工业品和耐用消费品的巨大需求市场。① 这一市场的出现并不是由于中国的人口突然增加了、国土面积突然增大了，或资本利率突然降低了，而是由于中国成功建立了庞大的轻工业基础，增强了国民购买力，来有效支撑这些大规模的重工业。这同样解释了90年代中期以来来自发达经济体资本密集型FDI（外国直接投资）的爆发式增长以及重工业技术的快速进步（如远距离输电和高质炼钢技术、高铁系统和太空项目，这

---

① 例如，在20世纪90年代早期中国的一些生产枪支和坦克的军工企业转变成了生产摩托车和汽车等耐用消费品的企业。目前的高铁企业（南车和北车）也是基于当年极度亏损的铁道国企发展而来。这些企业在50～80年代是生产和修理蒸汽机和各种铁路机车的亏损户。具体说来，北车（中国北方机车车辆工业集团公司）和南车（中国南方机车车辆工业集团公司）是由同一"母体"——中国铁路机车车辆工业总公司（以下简称"中车公司"）——演变而来，并且又在2014年12月30日重新合并。中车公司成立于1989年9月，由铁道部直属公司铁道部机车车辆工业总公司改制而成，是铁道部领导下的国营企业。中华人民共和国成立后，铁道部成立了厂务局管理铁路工厂业务，后来在1952年又分设机车车辆修理局和机车车辆制造局分别管理修理工厂和制造工厂。1958年，机车车辆制造局和修理局合并，成立了铁道部机车车辆工厂管理总局，负责统管机车车辆修理工厂和制造工厂；1966年改组为铁道部工厂总局；1975年改组为铁道部工业局。1978年1月1日起，铁道部工业局改组为铁道部工业总局。1979年5月1日起，铁道部决定对工业总局实行"一个机构，两块牌子"，对外名称为中国铁路技术装备总公司（1982年10月改称中国铁路机车车辆工业总公司）。1989年，根据国家机构编制委员会批准的《铁道部"三定"方案》，铁道部决定自1989年9月1日起将铁道部机车车辆工业总公司的名称更改为中车公司。旗下的中国中车大同电力机车有限责任公司（同车公司，前身为大同机车厂）是国内唯一一家生产过蒸汽、内燃、电力全部三大系列机车产品的制造企业。曾是亚洲最大的蒸汽机车研制基地，承担了全国铁路75%以上的客货运牵引任务。1988年12月21日，大同机车厂送走最后一台蒸汽机车，与时俱进地走上电力机车之路。

些都是国有的)。①

中国市场化改革的一条重要经验就是在国有企业(尤其是牵扯国计民生的国有企业)民营化的问题上应该非常慎重。在市场条件成熟之前,不应盲目而不加区别地民营化所有产业。民营化的步骤应该按照市场发育顺序。民营化每一个特定的行业都要考虑到如下因素:(1)其产品市场要广阔到能够支持同类型的民营企业的程度。(2)该行业中的民营企业在国内和国际市场上有足够的竞争力(包括在融资、管理和技术创新上)。(3)民营化不应损害国家安全。事关国家安全的关键领域应该只允许并购和混合制,而不是完全的民营化。(4)与国计民生攸关的福利性产业(比如医疗、教育)和自然资源(比如土地、森林、稀有金属),必须长期坚持公共价格体系和国有化的合理比重。永远记住,企业所有制与效率没有必然联系,关键是企业内部的管理方式和是否迫使其参与市场竞争并严格实行优胜劣汰。中国很多集体所有制企业的成功就是证明。②

---

① 自从 2008 年第一条高铁线投入运营以来,中国已有 28 个省纳入了这一全球最大最长的高速铁路网(长达 1 万英里,超过全世界运力的一半)。北京—上海线在 2014 年记录正的利润,这时它投入运营仅 3 年。到 2015 年 2 月,其他一些线路也在运营 1~2 年后开始盈利,包括北京—天津线、上海—宁波线、上海—杭州线、杭州—深圳线和广州—深圳线。而同时,在诸如中国台湾和法国这些发达经济体中,私人拥有和运营的高铁系统却常年亏损。这表明市场规模和管理能力才是真正重要的,而不是所有制形式。由于同样的原因,在美国许多公立学校(大学)并不比私立学校表现差。形成鲜明对照的是一些非洲和拉丁美洲私有化的重工业,尽管它们是私有的,却极其缺乏效率。俄罗斯 20 世纪 90 年代的大规模私有化并没有提高其重工业的生产和盈利能力,因为休克疗法收缩而不是扩大了俄罗斯的国内和国际市场(比如东欧市场)。俄罗斯为其冒进的自由主义的经济改革付出了沉重的代价,但这一失败并非如制度学派经济学家声称的那样是由既得利益集团导致的。真正的原因是其国家能力的崩溃和规模化市场的永久丧失。

② 以这个标准来判断,因为在 20 世纪 90 年代市场条件已经充分发育,中国那时对于劳动密集型中小国有企业的改革是非常成功的。但中国利润导向的教育和医疗系统改革却损失惨重,这是由于当时市场条件还完全不具备(这些市场条件今天也还没有具备)。回头来看,在这些部门引入利润导向的改革之前,中国应该等到私立医院和诊所(以及私立学校)发育足够充分并与公共教育医疗部门相比具有竞争力,然后再考虑引进利润导向的改革。因此教育医疗改革应该继续等待并坚持采纳与国企改革类似的双轨制。在这一段等待时间里也同时使得政府有时间制定(转下页)

伟大的中国工业革命——"发展政治经济学"一般原理批判纲要

对一个国家的市场深度和规模的衡量不仅要考虑其人口规模和下游的购买力,也要考虑基础设施和分销物流网络的发达程度。中国在城市供水、电力、交通和通信领域的公共资本形成是世界上增长最快的。从 1978 年到 2014 年,中国的基础设施资本存量(以不变价格计)年均增长 12%,比真实 GDP 增长高出两个百分点。过去 35 年以来,灌溉系统、城市下水管道、街道与高速公路网络、航空和铁路运输、电力输电网、石油和天然气管道、学校、医院等都有了巨大的改善。例如,中国的公路总里程达到了 423 万公里(约 264 万英里),其中包括 10 万公里高速公路,超过美国成为了高速公路里程最长的国家。[①] 超过 95% 的村庄现在都由柏油路连接。因而现在中国在世界银行物流绩效指数(LPI)上位居高位。中国是为数不多的几个在 LPI 指数(包括各分项:国际递送、基础设施、客户服务、物流能力、追踪体系、及时性)上达到高收入国家水平的

(接上页脚注②)和研究必要的法规,以在这些重要的公共福利敏感部门避免大规模的商业欺诈。因此,在目前正在进行第二次工业革命的时期,中国应足够小心,采取审慎的、双轨制和试验性的策略来进行金融改革。休克疗法导致俄罗斯式崩溃的风险在今天的中国仍然存在。同时,并没有完备的经济学理论支持国有部门一定没有私有部门有效率。在合同理论的框架下,Jiang and Wang (2015)证明了并不存在一组一般的条件,使得某一种所有制比另一种更优。他们同时给出了如下的文献和实证证据来支撑他们的结论。例如,Caves and Christensen (1980)比较了加拿大在不同所有制形式下运营的两条主要铁路线,他们并未发现国有制比私有制更无效率。Vernon-Wortzel and Wortzel (1989)则发现在他们的数据集里国有企业比私有企业表现更好。Martin and Parker (1995)检验了 11 个在 20 世纪 80 年代私有化的英国企业,他们也没有发现私有企业必定比国有企业更有效率。Chang and Singh (1997)认为国有企业和大型私有企业都面临同样的官僚主义弊病。由于私有企业在公司治理上并没有天生的优势,因而并不能保证私有企业一定更有效率。Kole and Mulherin (1997)研究了一个美国公司的数据集,他也发现在同一个行业中,国有企业和私有企业的绩效没有显著差异。以上文献可以在 Jiang and Wang (2015, p.4)找到。所以企业是否盈利的关键不在于所有制,而在于管理和是否面对市场竞争。而且我相信如果在他们的合约模型中一旦加入企业生产的外部性,在相同的管理和市场竞争条件下,国企或集体所有制企业的效率就会明显大过私企。但这并非是说政府不应当考虑用征税的方式来克服民企的外部性问题。相反,政府改革的一个重要内容就是不断探索和设计更好的税收体制来帮助解决市场机制和民营企业的外部性问题。

① 2013 年,美国的高速公路总长为 47 856 公里。

发展中国家之一。2014年中国的LPI总分为3.53,位居全球28位,紧跟葡萄牙,并高于土耳其、波兰和匈牙利。在基础设施这一项,中国在160个国家和地区中名列第22位,高于美国(26位),加拿大(23位)和韩国(28位)(见 World Bank,"Connecting to Compete 2014：Trade Logistics in the Global Economy")。另外,中国的国内和国际基础设施建设热潮仍在以罕见的速度继续。这一引人瞩目的基础设施追赶浪潮毫无疑问将会极大地促进中国制造业市场的形成,并使中国为下一个十年间的增长做好准备。①

---

① 中国2014年的人均GDP是6800美元,作为对照,葡萄牙为21 000美元,波兰为13 400美元,匈牙利为12 600美元,土耳其为10 900美元。因而中国准备好了十年内在人均GDP上超过波兰、匈牙利和土耳其,迈入中等偏上收入国家的行列。

第五章 华盛顿共识与制度学派的谬误

第五章 华盛顿共识与制度学派的谬误

第一节 一点理论：福利经济学基本定理

华盛顿共识及其背后的新自由主义意识形态（或芝加哥学派）是基于福利经济学的两个基本定理（这两个定理同时也是新古典经济学的基石）。基于这些定理不仅在经济学的理想状态下成立，而且某种程度上在现实中也成立的信念，很多学者认为任何基于福利经济学基本定理的经济政策或经济分析也应该适用于现实世界。然而，这种想法是错误而危险的。

福利经济学第一定理声称任何完备竞争性市场所达到的均衡都是帕累托最优的资源配置。[①] 福利经济学第二定理则声称，相对应地，任何一个有效率的资源配置都能被一个完备竞争性均衡所支持。[②]

这两个定理通常被视作亚当·斯密"看不见的手"假说的分析性证明和对非干预主义意识形态的支持：放手让市场工作，自然会导致最有

[①] 帕累托有效分配是指这样一种收入分配方式，即如果不损害某些人的利益，就无法使任何人的收益有所改进。但在同等资源条件下，帕累托分配可能有多个，而其中可能没有一个是所有人都接受的。

[②] 关于福利经济学基本定理的简单说明和证明，可见 http://en.wikipedia.org/wiki/Fundamental_theorems_of_welfare_economics；更加专业的读者可参见 Mas-Colell, Andreu, Michael Dennis Whinston, and Jerry R. Green. Microeconomic Theory. New York: Oxford university press, 1995。

效率的经济结果。①

福利经济学基本定理的推导和证明基于以下一系列在现实中非常难以满足的条件(或假设):

(1)完备(完全)市场。即所有商品、服务、资产和状态依存的金融合约的市场是存在且完备的。而且任何交易都是允许的。所有市场参与者无限存活,拥有完全理性和智商,且不存在借贷约束等金融摩擦。或在有限生命周期的情形下,父母对子女完全无私。市场参与者对任何特有风险存在一套完备的金融工具来制订状态依赖的计划,进行跨期和跨状态的保险。

(2)完备(完全)信息。即所有的市场参与者对市场结构、价格信号、产品质量、外生冲击和经济发展的运动规律以及其他参与者的行动有完全信息。

(3)价格接受行为。即市场参与者足够多以至于不存在任何对市场价格的垄断力量,并且进入和退出市场都是无成本的。

(4)无外部性。即任何个人行为不会对其他人的生产力、效用或处理信息的能力产生直接的损益,而且市场也不依赖对生产和交换至关重要的公共产品,例如基础设施等。

(5)效用函数、生产函数和市场结构的非凸性。即在劳动分工、消费和生产的数量和质量上都没有规模报酬递增效应。组织企业和创造市场也没有任何成本。

但可以利用同一套数学工具严格证明,当这些理想化条件中任何一个或一部分不被满足时,市场就不会达到资源有效配置,反而可能引发市场失灵和缺失、贫困陷阱、投机泡沫、混沌无序、金融危机、自我实现的

---

① 但注意,在政府是无私的并对经济拥有完美信息(就像市场参与者那样)的条件下,福利经济学基本定理同样可以用来支持中央计划经济。

经济周期、劣质产品、商业欺诈、失业、垄断、寡头甚至经济体的自我毁灭等。①

原因很简单。第一,福利经济学基本定理忽视了市场良好运作所需要的社会与政治环境。新古典经济学家们忽略了自由市场的两块最重要的基石:政治稳定和社会信任。两者都需要国家力量来建设、保护、培育和强化,但这正是落后农业国家所欠缺的。这种存在于政治稳定和有序市场活动之间的深层联系解释了为什么将民主体制直接施加于不成熟的发展中国家(如阿富汗、埃及、伊拉克、利比亚、巴基斯坦、突尼斯、乌克兰以及东欧的其他国家),往往不能像制度学派学者和西方政客们希望的那样带来经济繁荣。相反,民主体制给这些国家带来了无政府主义、社会混乱甚至是无尽的内战。没有政治稳定和社会信任,市场不会自动出现。但一个和平、安全和统一的国内市场又是劳动分工、工业组织、规模生产和远距离贸易以及金融合约的绝对前提。

第二,福利经济学基本定理忽视了创建市场需要付出高昂的社会—经济成本。即使在长期的政治稳定下,市场创造也很不容易:

> 因而是在沿海和可通航的河岸,各类贸易和产业才自然而然地繁荣和逐渐分化,而且要等很久很久以后这些经济活动才延伸到国家的内陆

---

① 关于市场竞争反而导致资源分配无效率或不合意的一些例子和论证,参见 Karl Polanyi, "The Great Transformation: The Political and Economic Origins of Our Time"(卡尔·波兰尼《巨变:当代政治经济的起源》)和约瑟夫·斯蒂格里茨(Joseph Stiglitz)的开创性的工作,包括对不完美信息的经典分析(http://scholar.google.com/scholar?q=stiglitz&hl=en&as_sdt=0&as_vis=1&oi=scholart&sa=X&ei=OFiEV ePLBdOC yQSSoa3QDg&sqi=2&ved=0CBsQgQMwAA)。对各种市场失灵及其导致的经济波动和危机的动态随机一般均衡分析,参见 Azariadis, Kaas, and Wen (2015), "Self-fulfilling Credit Cycles"; Benhabib, Wang, and Wen (2014), "Sentiments and Aggregate Demand Fluctuations"; Coury and Wen (2009), "Global Indeterminacy in Locally Determinate Real Business Cycle Models"; Pintus and Wen (2013), "Leveraged Borrowing and Boom-Bust Cycles"; Wen (1998), "Capacity Utilization under Increasing Returns to Scale";以及 Wu and Wen (2014), "Withstanding the Great Recession like China";及其中的参考文献和其他许多相关文章。

地区。而这时几乎还不可能有任何全球性的远距离贸易……这就是为什么水运具有如此优势,以至于人类自古为市场交换而生产的各种工艺品是出于那些靠水的交通方便的流域,然后才慢慢延伸到内陆。因此自古以来不靠河流的内陆总是贸易和生产交换最不发达的地方,而沿海或靠河的地区却相反。所以,自古以来一个地区的经济繁荣和人口增长总是和其市场的大小成正比,由此推理,这个地区的进一步经济增长要靠其市场的进一步扩大。(亚当·斯密,《国富论》,第三章)①

如果地理上的隔绝和距离对市场形成造成了如此大的阻碍,那么再想想社会隔绝和社会距离:在20世纪70年代,巴布亚新几内亚生活的250万人口说着700种不同的地方性语言,像Abaga等一些语言,甚至仅仅只有5个人在使用!

第三,人类行为并不总是经济学上"定义良好的"。满足消费需求和创造财富的最快捷手段不是艰苦劳动,而是欺诈、共谋、窃取或直接抢夺他人的劳动果实。② 因此市场参与者随时随地都会通过各种手段暗里或公开地抢劫、欺骗、合谋、撒谎和盗窃。正因为这些行为的普遍性和与生俱来,人类自古以来所有宗教的首要教义才都是"不要偷窃和说谎!"法律可以被用来惩治这些情形,但法律规则如果不是可执行的,就将变成一纸空文。执行本身是需要成本的,而且往往成为腐败的温床。人可以对他人施加创造性的力量,也可以施加毁灭性的力量,而后者往往对社会带来致命的伤害。有时拯救他人和毁灭他人都不需要付出太高的成本,所以市场力量并不是单维度的,而是兼具创造性或毁灭性的。因此,

---

① 斯密也提及了进行市场交易的其他成本,如防止抢劫和海盗行为。的确,强大的英国海军的一项重要职责就是保护其海上贸易。没有一个强大的国家和相应的海军投射能力,大规模国际贸易是不可能实现的,即使在今天的"和平"时期也是如此。

② "大家知道,在真正的历史上,征服、奴役、劫掠、杀戮,总之,暴力起着巨大作用。但是在温和的政治经济学中,从来就是田园诗占统治地位。"(马克思:《资本论》,第1卷,人民出版社1975年版,第790页)

只有在充分的监管之下,市场才能良好地发挥其创造性的作用。但是管制和监管的成本十分高昂,通常只有工业化的国家才拥有这些技术并负担得起这些费用。

讽刺的是,实践中的华盛顿共识却往往不加区别地强调放松管制,即使是在复杂的市场规制和政府规制尚不成熟的发展中国家。中国的许多环境问题和公共安全事件,例如20世纪90年代河南农村的艾滋病传播和2008年的奶制品丑闻,都是由缺乏管制的市场的逐利性导致的。这就是为什么在非洲和东欧的发展中国家,以快速私有化和无差别放松管制为指导的市场导向改革往往带来不合意的甚至灾难性的后果。与此相反,中国则采取了一系列渐进性的、试验性的和自下而上的改革,如家庭联产承包责任制和价格双轨制。尽管总体上遵循审慎的原则,在某些领域(如医疗和教育),中国也犯下了一些一揽子市场化和去监管化的错误。幸运的是,在经济发展的早期阶段,中国顶住了西方压力,拒绝了自由派经济学家和国际组织的建议,选择了避免进行激进的金融改革和资本市场自由化,以及对大型国有企业私有化。坚持华盛顿共识的改革者往往选择对发展中国家的银行、能源、冶炼和电信行业放松管制,毕竟这些常常是仅剩的存在公有制的行业。然而,他们忽视了这些贫穷国家的农村工业或原始工业化极其缺乏(尽管一般农村土地是私有的,也不存在严格的政府管制)。但就像中国所展现的一样,无论是晚清时期还是民国时期,正是缺乏大规模原始工业化抑制了中国的经济增长。这一开启工业化的关键环节长期以来为华盛顿共识所忽视,因为这种共识认为发展中国家的农村地区不存在很多公有制企业,因此就不是问题所在。相反,他们认为这些国家仅有的几个国有企业和缺乏民主政治是这些国家贫困的根源。

事实上,即便在发达的工业化国家,管制无处不在,在美国更是如此。"透过与贸易、银行、教育、法律、危险品和健康标准等相关的法律法规,国家管理着一切:生产什么、如何生产、谁将获益以及如何获益。例如,美国的社会管理费用从 1997 年的 800 亿美元飙升到 2000 年的 2670 亿美元。而管制总成本更达 5420 亿美元(以 1991 年价格计占 GDP 的 9%),其中 1890 亿美元花在相关的文书和实施上。"(Seema Hafeez, 2003, pp. 1-3)经济史学家 Marc Law 和 Sukkoo Kim(2011, p. 113)也写到:"尽管美国号称是世界上最大的自由市场经济体,政府管制仍是经济活动的重要特征。一切都在管制之下,无论是美国人吃什么食物、开什么车、怎么看医生,还是决定从哪里借钱,又贷款给谁的金融体系。"然而讽刺的是,新古典经济学数学模型和制度学派理论里没有管制,即使有些模型里存在管制,那也只是一种负面约束,对经济增长和发展有负面作用。如果真是如此,那如何解释发达工业化国家的名目繁多的管制?

因此,一个理想的市场经济,是一个市场上每一笔交易都能够受到监管、登记和事后责任追究的经济①,而不是芝加哥学派和华盛顿共识鼓吹的自由放任的经济。一个好的经济制度,是一个能够建立和实施严密市场监管的制度,而不是新制度经济学派鼓吹的缺乏内涵的抽象的"一切市场皆可为"的"包容性"制度。然而恰好是鼓吹"市场原教旨主义"的华盛顿共识和"民主原教旨主义"的新制度经济学让发展中国家在不懂得市场监管,甚至被迫放弃市场监管的情况下从事所谓的"市场化""私有化""资本开放"和"民主化"运动,直接导致了俄罗斯休克疗法的失败。

第四,人类的体力和智力都是有限的。我们只有两只脚来转动风车水轮,只有两只手来纺纱织线,更重要的,我们只有有限的脑细胞来学习和处理信息。因此我们才需要人与人的合作来完成很多商业和生产任务,而且才在以亚当·斯密劳动分工原理为基础的市场活动中变得更有竞争力。然而合作是要付出巨大成本的,而且市场原则通常不适用于合作下的行为。比如任何现代企业内部,市场是不存在的,而是被一种金字塔式的权力管理结构所垄断。这种结构在资本主义的市场和工业组

---

① 尤其是对化工、医药、建筑和金融等能够大面积危害人身和社会整体安全的市场而言。

织出现之前就已经存在了数千年。在企业内部,就像现在的军队一样,价格机制、市场讨价还价和民主选举是少见的。几乎没有任何团队合作里面的行动是通过讨价还价和即时交易建立的,也没有任何CEO和将军是通过民主选举产生的。换句话说,**至少在企业内部,资源配置不是靠市场机制,而是靠管理。**

第五,体力和智商在人群中的分布是不均等的。因此,以"赢者通吃"这一市场竞争原则为信条的资本主义会导致贫困、不均甚至社会动乱,而不是自由主义学派认为的繁荣昌盛。

第六,实际生活中的经济—社会结构的发展和演化是很难预测的。别说结构性变革,就连短期经济危机或金融危机都很难预测。而在福利经济学的理想环境里面,经济—社会结构是永恒不变的,比如不会出现古代四大文明体系、黑暗的中世纪、文艺复兴、航海大发现、路德宗教改革、工业革命、法国大革命和两次世界大战。唯一的变化来自于一种抽象的、可预测的、外生的"技术"力量(即所谓全要素生产力)。在这个技术力量的推动下,作为生产要素的劳动—资本比可以内生地变化,但仅此而已。

鉴于这一系列被福利经济学基本定理假设掉和抽象掉的问题在现实生活中的普遍性存在(尤其对于落后国家而言),基于福利经济学定理的现代西方经济学理论只能作为对已经完成工业革命和进入福利社会的国家进行经济学分析的一种参考,而对于落后国家如何变成这样的发达国家而言是缺乏起码的指导意义的。何况即便在已经完成工业化的国家,市场也只能被作为一种配置资源、促进竞争和激励创新的不完美的工具,同时必须通过非市场力量对其进行补充。[①] 因此,组织、公司、

[①] "市场"其实是一种古老的制度,不是工业革命或"光荣革命"的产物。但即使在市场大规模扩张的工业化国家,大部分经济关系和活动仍然发生在企业内部而并非发生在市场上,而企业内部正是市场缺位或失灵的地方。(Ronald Coase,1937,"The Nature of the Firm")

社区精神、团队协作、道德规范、信任、宗教、理想、意识形态、文化、国家和其他（市场之外的）各种形式的协调合作与集体行为对资源配置和经济发展都是至关重要的。

市场（尤其是规模化市场）提供了一种非人格化的竞争模式和创造性毁灭，一种达尔文式的"适者生存"的"自然选择"机制。然而，由于人类在体力、理性程度、信息处理能力和智力水平上的局限，市场竞争的赢家不会是自给自足的个体或小作坊，而是组织良好、依据非市场原则组建的大公司和大企业。这些非市场原则包括劳动分工、专业化、协作、承诺、友谊、伦理、忠诚、信誉和信任等。

因此，市场与组织密不可分，有形之手与无形之手密不可分，私人利益与集体利益密不可分，私人产权和公共产权也密不可分。由于忽视甚至否定社会协调、政府力量、信念、意识形态和集体精神在市场经济（市场创造、技术革新、工业组织和贸易网络形成）中的关键性作用，以自由放任主义、新自由主义、新制度经济学或新古典经济学为指导的经济学改革和发展注定会遭到失败。

第二节 一个例子：市场如何失灵

不幸的是，个体间自由合作、形成组织的社会成本是巨大的，对于自给自足、贫穷落后的农业社会而言更是如此。因此，就像发展经济学家 Michael Lipton（1977）和 Joe Studwell（2013）所指出的那样，尽管存在良好的土地私有产权制度和保护买卖土地合约的机制，许多农业国在工业化（甚至原始工业化）方面仍然存在巨大的整体性的市场失灵，无法产生工业化所需要的大量的中小企业。在这种市场失灵的均衡中，尽管土地是私人拥有的，契约是可以转让出售的（就像在中国清朝和民国时期一样），但强大的达尔文选择力量使得土地往往集中在少数地主手中，而

第五章 华盛顿共识与制度学派的谬误

大部分人则成为佃农。① Joe Studwell（2003）认为，在这样一个均衡中，由于人口增长，土地变得越来越稀缺。地主因而可以收取越来越高的地租，他们也可以承担贷款人的角色以非常高的利率放贷（即"高利贷"）。而佃农的土地承租权没有任何保障，又要面临高昂的租金和利率，因此就没有动力对提高土地产出率进行必要投资（例如施肥或建立灌溉设施）。地主也没有动力进行这些投资，因为他们可以通过高昂的租金和利率来更容易地获利。当贷款无法被偿还时，地主可以简单地没收土地和抵押物，再转租给别人。因此，土地的高回报率使得地主阶级没有动机和兴趣来发展农村工业和制造业。

处于这种市场失灵的均衡状态的国家难以抗拒即使是非常小的自然灾害（如涝灾和旱灾），引致了农业国家长期而持续的饥荒现象。例如1839—1851年（英国工业革命的鼎盛时期），Évariste Reégis Huc（1813—1860年）作为法国天主教随军牧师游历中国。他在《中华帝国见闻》(A Journey through the Chinese Empire) 一书中记述了他目睹的悲惨景象：

> 毫无疑问，再也没有一个国家像这个泱泱天朝上国一样，深陷于如此多灾多难周而复始的贫困。没有哪一年，这个国家不会出现大规模的饥荒。朝不保夕的人们不可计数。只要来一场使一个省粮食歉收的旱灾、洪灾或其他什么灾害，整个人口的2/3会立马挨饿。你会常常看见乞讨的大军，其中有男人、女人和小孩，他们一起行进，只为在什么村镇找到一点点给养。他们中的许多人在抵达可能获救的目的地之前就昏倒在路旁死去了。你会看到他们的尸体躺在田野和路边，而你经过他们时大概都不会加以注意，毕竟这一恐怖的悽惨景象在这里实在是太平常而熟悉。（引自

---

① 例如，"在20世纪20年代的中国，85%的中国人生活在农村，而农村居民的期望寿命只有20～25年。75%的农民家庭的自有耕地小于1公顷，而大约1/10的人口拥有了全国7/10的可耕种土地。"(Joe Studwell, 2003, p.17)

David S. Landes, *The Wealth and Poverty of Nations*, 1999, p. 346)

1911年的辛亥革命没能改变中国农村和农业的悲惨景象。革命在高层引进了多元化的政治体制，而在底层仍继承了清朝的私有土地产权制度。20世纪20年代末到访过中国的英国经济史学家R. H. Tawney，在法国牧师Évariste Reégis Huc游历中国70年后，再一次描绘了中国农民的悲惨处境："在许多地方，农民就像是一群水淹到脖子上的人，只要再起一点涟漪就足够淹死他们了。在山西，最近几年有300多万人因饥饿致死，同时有约40万妇女和儿童被人贩子买卖。"（引自Joe Studwell，2013，p.17）

美国作家韩丁（William Hinton）在研究了中国山西20世纪40年代的状况之后也写到："每年粮食储备耗尽之后的春季饥荒，就会大量出现奴隶（通常是女性），地主暴力，内战，地方性黑手党式的秘密组织，以及其他各种各样的兽行，这些就是中国世俗日常生活的真相。"（Joe Studwell，2013，p.18）

这些只是许多前工业社会所面临问题的一个缩影。它们同时也是共产主义兴起和毛泽东在中国发动的激进土地改革的社会经济基础和时代背景。讽刺的是，被共产党打败而逃往台湾的国民党，在台湾也实行了和大陆相似的土地改革：从地主手中拿走土地，平均地分发给农民。这种土地改革促成了台湾的经济起飞。① 1978年邓小平治下的农业增长的奇迹同样也与毛泽东时代的土地改革密切相关。②

---

① 见Joe Studwell（2013）。
② 这是否说明制度变化是经济发展的先决条件？并非如此。它们仅仅表明制度建设是用来服务于经济发展战略的。毛泽东用土地公有制来促成基于农业集体化的"大跃进"运动，而邓小平则用家庭联产承包责任制来实现所谓小康社会的渐进式发展目标。这一渐进战略意图在保持现有政治制度（如以共产党为核心的政治体制和土地公有制）的前提下，通过利润驱动的小规模家庭农业生产来使广大农民阶层致富。

第三节 华盛顿共识：进口替代战略的对立面

在实践上，20 世纪 80 年代提出的华盛顿共识是对"进口替代工业化（Import Substitution Industrialization，ISI）战略"失败的一个回应。ISI 在 50 年代到 70 年代尤为流行，并被许多农业国和前殖民地国家在"二战"独立后用来启动工业化进程。ISI 的显著特征是在自力更生和自给自足的哲学指导下，由强政府来引导全方位的工业"大推进"：从现代农业到资本密集的重工业。中国在毛泽东时代也尝试了这一方案但很快失败了。这一失败并不仅仅是由于中国的共产主义的意识形态，因为许多其他采用这一方案的国家（如 50~70 年代的印度、埃及和许多拉美国家）也遭到了同样悲惨的失败。这一失败的关键在于没有认识到现代工业和大规模生产实现的条件和劳动分工受市场规模限制的亚当·斯密（第一）原则。

如果作为一种重商主义的具体实现形式，ISI 可以通过自下而上的方式取得成功（就像 18 世纪末到 19 世纪初的英国，19 世纪早期到中期的美国，19 世纪末到 20 世纪初的日本和 20 世纪末到 21 世纪初的中国）。但在自上而下的方式下作为"自给自足"哲学的体现，ISI 注定会失败（就像 20 世纪 50~80 年代的拉美和一些东南亚国家）。在上述的自上而下的自给自足方式下，发展中国家忽略了全球市场开拓，建立了太多先进的重工业企业（包括汽车工业甚至是航天工业），以及相应的中间品生产设施（如钢铁和化学工业）。这些工业本该属于第二次工业革命的内容。它们需要巨大的金融和人力资本投入、复杂的劳动分工、先进的分销体系和原材料与零部件的供应链系统以及巨大的全球市场。而当时，这些国家并没有充分注意到培育农村原始工业的必要性。因此，这些国家未能成功开启以轻工产品规模化生产为特征的第一次工业革命来为第二次工业革命创造起码的市场和资金条件。在高昂的投资、资本、管理和日常运营成本条件下，在没有一个相应的大规模国内和国际市场来使得这些大型企业的生产盈利的情况下，这些雄心勃勃的企业只能够成为国家的财政负担而不是现金流。最后，虽然很多发展中国家在ISI战略下的确建立了"自给自足"的工业基础，但它们也付出了沉重代价：这些工业基础往往极不平衡、没有盈利能力、生产力低下且毫无国际竞争力。这种重工业ISI体系违背了工业化的历史逻辑（顺序）——即由市场大小决定分工的程度和生产规模的逻辑，从而制造了一种财政入不敷出、收入极不平等的城乡二元经济：大部分人口聚集在农村或成为城市无业人员。①

因为不愿意通过国际贸易和专业化嵌入国际价值链体系，ISI自给自足的哲学同时意味着放弃国际市场以及这个市场对本国工业的升级支持、竞争压力和生产技术输入机会。导致的结果就是本国市场规模的进一步萎缩和国外先进技术"外溢"的终止，还有市场竞争压力的消失。最后，在ISI下包括机械和零部件在内的许多工业品和中间产品，其实都不是真正规模化生产的，因而生产能力并没有充分利用。最后，就像林毅夫（1996，2003）敏锐指出的，ISI方案也完全违背了发展中国家的比较优势——他们富裕的廉价劳动力。②

通过自上而下的方式进行ISI的另一个经济后果就是大范围的价格扭曲、政府赤字和公共债务。就像经营一个企业一样，如果一个国家的经济结构缺乏盈利能力和国际竞争力，那么这个国家就很难偿还其债务。

由此可见，20世纪80年代由国际贷款组织（世界银行和国际货币基金组织）提出的华盛顿共识是对失败的ISI发展战略的自然反应。华盛顿共识基于新自由主义和芝加哥学派的经济理论，推崇另一个亚当·斯密教

---

① 见Joe Studwell（2003）对于一些东南亚国家ISI项目失败的分析，如印尼、马来西亚和泰国的工业化。

② ISI也主张通过货币升值来帮助工业企业进口资本品（重型机械），并对外国直接投资持负面态度。这些政策压制了本国劳动密集型产品的出口市场，也阻止了外国直接投资中隐含的技术和管理输入。因此，ISI并不鼓励出口，也实际上违背了创造市场的重商主义精神。

条(斯密第二原则),即自由放任主义,彻底反对任何形式的政府干预。

华盛顿共识的核心可以被概括为放松管制、私有化、市场化和自由化。① 在20世纪80年代末期和90年代初期,著名的"休克疗法"将这些原则应用于俄罗斯和前东欧社会主义国家的经济改革。"休克疗法"试图实行一种彻底的、一劳永逸的、一刀切的经济转型方案:去除所有现存的政府管制,对所有或大多数现有的国有企业和国有资产进行私有化,对所有或大多数部门立即引进市场机制,放开价格和资本管制,实行浮动汇率,降低政府赤字、补贴和公共债务。

这种华盛顿共识方案从一个极端跳到了另一个极端,"把婴儿同洗澡水一起泼掉了",却没有抓住ISI失败的根本原因。

这种新自由主义发展战略背后是对福利经济学基本定理和"看不见的手"的魔力的迷信与误读。新自由主义的芝加哥学派经济学家(以米尔顿·弗里德曼为代表)没有理解以下这一点:在落后国家创造一个使"看不见的手"能够起作用的市场的成本是非常高昂的。即使当年拥有通过奴隶贩卖、殖民主义、帝国主义和国家能力引导的通过重商主义积累的巨大财富,欧洲列强(如英国、法国、西班牙、美国)仍然花费了数个世纪来培育工业革命需要的巨大的市场和商业分销网络;何况今天的发展中国家呢?

因此毫不奇怪,目前学术界如果还有什么共识的话,那就是"华盛顿共识"是失败的。② 这一失败的根源仍在于它未能真正理解亚当·斯密

---

① 更具体地,华盛顿共识往往包含着如下发展项目:完全贸易自由化,国有企业的完全私有化,完全移除对食品的补贴和其他类型的政府支出,完全金融和汇率自由化。这些项目被美国领导的国际贷款机构如IMF和世界银行用来作为对发展中国家发放贷款的条件。这些项目也被称为"结构调整项目",目的在于降低政府赤字,触发私人部门的增长——但这些并没有发生。(见Harrigan,2011)

② 见 Ha-Joon Chang (2003), "Kicking Away the Ladder," Dani Rodrik (2006), "Goodbye Washington Consensus, Hello Washington Confusion?" 以及 Joseph Stiglitz (2002), "Challenging the Washington Consensus — An Interview with Lindsey Schoenfelder," New York: The Brown Journal of World Affairs, Winter/Spring 2003, Vol IX, Issue 2 pp. 33-40。

"市场大小决定分工程度"的基本原理,从而无法为发展中国家创造出预想中天然存在的市场本身。没有市场,看不见的手去哪里指点江山呢?市场与政府、去监管与再监管、分散与集中,以及自由和控制本就是不可分割的对立统一体。自由放任主义不是大英帝国在17～19世纪创造出全球最大纺织品市场的秘密,也不是中国在20～21世纪为自己的制造业创造出巨大的全球消费品市场的原因。在采纳华盛顿共识的拉美,尽管涌入了大量私人资本,投资和出口也得到了一定提振,但十多年间GDP年增长率只有1.5%,低于80年代"失去的十年"期间2%的增长,更低于六七十年代ISI战略下5%的年均增长率(见Luciana Diíaz Frers,2014)。"在(新自由主义)改革之后失业上升了,贫困依旧普遍,而不公平和失望的情绪滋长。犯罪和暴力活动则急剧攀升。"[①]

这一波(紧跟着ISI的)由华盛顿共识和相应的休克疗法导致的失败,自然激起了经济学家一场新的反思,从而直接诱发了对"国家为何失败"(Acemoglu and Robinson)这一发展经济学根本问题的制度性解释:是政治!

具体地,按照Acemoglu和Robinson的新制度经济学,政治家(和精英阶层)和他们建立的保护他们既得利益的制度才是问题的关键,而不是自由放任主义(或华盛顿共识和休克疗法)本身。制度学派经济学家认为限制政府权力的私人产权制度、法律规则和多元政治结构是英国工业革命的秘密(先决条件),因而也是发展中国家实现快速工业化和(华盛顿共识所预见的)高速增长的前提。

道理似乎很简单:如果资本可能会被掠夺性体制和精英阶层随意没收,那么谁还会去积累资本和技术呢?没有资本和技术积累,(按照新古典经济学增长模型)哪来经济增长呢?因此,制度学派经济学家认为,不

---

① 参见Luciana Di′az Frers(2014),"Why did the Washington Consensus Policies Fail?" Center for International Private Enterprise。

应试图从经济政策上去寻求贫困和工业化失败的根源,相反,他们赞成通过民主化和政治变革实现经济发展,例如通过"阿拉伯之春"运动。"根本上讲,这种政治转型对于一个贫穷国家实现富裕是必需的。"(Acemoglu and Robinson,2012,p.5)

然而,"阿拉伯之春"运动(即使在被认为是成功范例的突尼斯)到目前为止并未带来经济繁荣,而是遭遇了和华盛顿共识一样悲惨的失败。①

为什么会这样?因为所有自上而下的经济发展纲要,无论是格申克龙(1962)的"跳跃式"发展理论、ISI、华盛顿共识、休克疗法,还是制度学派倡导的"茉莉花革命"、民主化运动和政治变革,都是属于同一意识形态的萨伊定律的遗产——认为供给(产品、技术或制度)自动地创造对应的需求。② 但萨伊定律只有在福利经济学基本定理成立的无"摩擦力"的世界里才有效。现代西方政治法律体制实际上只能开花在已经工业化的土壤上。

因此,自上而下的经济发展方案不仅在经济上误人子弟,同时在政治上也是幼稚的。

第四节 这些理论的经济误导性

首先,因为忽视了市场创造的巨大成本,这些供给方面的理论在经济上误人子弟。它们没有恰当地考虑金融稳定和国家安全(如粮食安全)的问题。它们把粮食、汽车和股票当成完全可替代产品,天真地以为汽车和股票可以当饭吃,以为只要政府停止干预经济,粮食、汽车和股票

---

① 见《经济学家》(July 5th, 2014), "Tethered by History", http://www.economist.com/news/briefing/21606286-failures-arab-spring-were-long-time-making-tethered-history。

② 社会主义计划经济实际上也是企图对萨伊定律的实践:认为供给能够自动创造与之相应的需求。

伟大的中国工业革命——"发展政治经济学"一般原理批判纲要

市场就都会自动地繁荣。① 它们同样天真地认为投机性的金融资本流动可以导致更好的资源配置,而完全的私有产权可以提供更好的工作激励。但它们忽视了流动性金融资本只追逐短期的利润商机,而不会顾及发展中国家长期的经济发展利益。它们仅仅声称私人产权为私人带来了更高的经济租金,却否认不可再生性资产(如自然资源和土地)在公有制下会带来更为平等的收入分配和更加稳定的资产价格。② 它们没有考虑金融资本主义是建立在规模化生产(特别是有形资产的规模化生产)之上的这一事实。因此,如果缺乏规模化生产的能力,那么货币、金银、股票、证券、政府债券和其他各种债务和金融资产都没有真正的价值和力量。没有可再生性的有形资产,金融资本就是无根之木、无源之水。而金融资本的过度供给并不会"完善"金融借贷市场,反而会摧毁这一市场(就像次级按揭贷款证券化引起的 2007 年全球金融危机一样,同时也是在历史上反复得到证明)。这些理论没有充分意识到不可再生性资本(比如土地)是从事商业活动的一项固定成本,自由资本流入和国际热钱造成的泡沫和资产升值会极大提高日常经济活动的交易成本,从而可能阻断一个国家的发展。它们同样没有意识到工业组织的效率来自管理和分配而不是所有权。③ 它们赞誉私有产权是至关重要的,却没有理解土地和自然资源的私有化往往导致私人垄断和寡头,这可能比国有的情

---

① 一个反例就是中国在医疗和教育领域的失败,这与其在渐进式的自下而上的农业和工业领域的改革成功形成了鲜明对照。中国 20 世纪 90 年代以来医疗和教育行业的市场化摧毁了其向基层大众提供基本公费医疗和教育服务的能力。医院和学校的商业化逐利行为大大降低了医疗和教育体系的服务质量和可达性,并使基本医疗和初等教育的私人成本提高到了普通民众收入难以承受的地步。由于不对称信息、自然垄断和外部性,医疗和教育行业的市场失灵最为突出,因而更加需要政府干预、公共监督和公共财政补贴。

② 关于中国土地私有化的争论,见华生(Hua Sheng,2014)。

③ 西方经济学家们异常努力地工作来争取圈内的名望,但他们并不拥有他们为之工作的大学和机构;现代西方公司(比如医药企业)中的科学家甚至不能拥有他们科学发明的知识产权;而社会主义公有制下的苏联,在生物、化学、材料、数学和物理界同样产生了诸多 20 世纪世界顶尖的科学家。因此请问,产权和激励的关系在哪里?

形更糟(就像在墨西哥和俄罗斯那样)。① 金融自由化被认为是实现资源配置效率的一条坦途,然而内部交易、公司舞弊、资产泡沫和价格扭曲却没有得到深刻的理解。对自由市场的益处的认识也是一样,它们认为它能自动引致创新和繁荣,而没有考虑到协作失灵、欺诈、私人垄断和由于市场扭曲和失灵引起的经济停滞,更没有意识到市场监管的必要性和复杂性。这些由学者在象牙塔里拍脑袋提出的激进政策逐渐破坏了国家管理国民经济和资源的能力,更使得这些贫穷国家(尤其是其自然资源、土地和其他资产)成了自利、短视和利润驱动的外国资本和金融巨头的廉价猎物。

金融工具(如债券、信用违约掉期、权证、信用、债务、权益、期货、证券和股票等)以及相应的执行这些金融合约和债券支付的能力,应该是大规模商业和贸易需求的内生产物,而不应该是为金融而金融的政策诱导下的产物。发展中国家的金融自由化(放松监管)放大了风险,却没有能刺激贸易增长和实体经济市场规模的扩大。② 这就是为什么采纳华盛顿共识和休克疗法之后进行了(不成熟的)金融自由化改革的拉丁美洲

---

① 许多私有产权的鼓吹者未能区分两类性质完全不同的资本:自然禀赋资本和可再生性产业资本。土地和自然资源属于第一类资本,虽然可以委托私人部门进行管理或使用,但最终应该为全体公民所拥有,以保证公平的租金收入分配。可再生性产业资本则应该由创造它们的生产者所拥有,因此可以出卖所有权。所有权和使用权是完全不同的概念。同时,产权和剩余索取权在现代公司治理中也是可以分离的。

② 按照世界银行和 Sam Ro (http://www.businessinsider.com/156-trillion-global-financial-assets-2014-3)提供的数据,2014 年的全球名义 GDP 为 77.8 万亿美元(其中占世界人口绝大多数的低收入国家只贡献了不到 4000 亿美元,而占世界人口不到 10% 的发达国家却占了近 53 万亿美元,其余的 25 万亿美元来自于中等收入国家)。而全球流动性金融资产却高达 200 万亿美元,约为全球 GDP 的三倍,而这还不包括接近 700 万亿美元的直接柜台交易(over-the-counter)金融衍生品。实物 GDP 的流动性很差,但是金融资产的流动性很高。金融资本自从诞生(即从实体经济脱胎而出)起就开始按照自身("投机逐利")的逻辑行事,就开始了自身的独立于实体经济的生命。设想如果全球天量的金融流动性能够瞬间流向世界任何角落套利,别说一个小国,就是全球发展中国家加起来也敌不过一个发达国家喷出其千分之一的金融流动性的冲击。一场投机性的金融海啸可以在瞬间将一个发展中国家辛苦几十甚至上百年的经济成果毁于一旦。

和俄罗斯,与"金融抑制"和"资本管制"的中国相比,更容易发生金融危机和经济停滞。我们必须重申,(这些金融产品和制度的)供给并不能自动地创造对它们的有效需求。①

即使对于强大和繁荣的美国来说,也仍然需要复杂和强力的金融与银行业监管和审计,并且美国在这些制度建设方面仍然欠账不少。② 那么,一个无论在国家治理能力和在对其银行和金融市场进行监管的信息基础设施建设方面都极其薄弱的发展中国家,如何能抵挡和防范金融自由化和开放资本市场所带来的巨大风险?③

创造市场的成本高昂,而创造市场监管体制来规范市场行为的成本更高。没有恰当的监管,市场失灵不可避免,市场力量将摧毁作为市场运行基础的社会信任本身。④ 市场本身除了对赤裸裸的私人利益外别无尊重。然而,华盛顿共识和制度经济学理论却没有对发展中国家如何建立有效市场监管体制来防范或减轻市场的破坏力量对于经济的冲击给予任何建设性指导。

---

① 这也是为什么世界银行推崇的流行的微观金融项目(micro finance program)并没有如预期一般,在刺激发展中国家农村工业化方面取得有效成果。这些微观金融项目仅仅试图解决供给端创立中小企业的融资问题,却没有直接解决需求端的消费品市场创造问题。即使对一个小的乡镇企业来说,很大一部分劳动力和信贷资源也必须投入到创造销售的活动中去,以至于销售人员的工资成本占整体企业工资支出的主流,除非国家已经具有充分发展的商业网络和贸易系统,能够为企业提供及时的批发和零售服务。

② 例如《多德-弗兰克华尔街改革和消费者保护法》,2010 年 7 月 21 日才由总统贝拉克·奥巴马于华盛顿特区签署生效。

③ 关于美国和其他发达国家的金融欺诈丑闻,可见 https://en.wikipedia.org/wiki/List_of_corporate_collapses_and_scandals, http://list25.com/25-biggest-corporate-scandals-ever/以及 http://www.accounting-degree.org/scandals/。其中每一案例涉及的金额都足以摧毁一个弱小发展中国家的国民经济和金融体系。

④ 全球投资家巴菲特曾在 2002 年对美国缺乏监管的大规模金融创新说过这样的话:金融衍生品将成为"经济领域的大规模杀伤性武器"。2007 年爆发的全球金融危机证实了他的判断。

第五节 这些理论的政治幼稚性

这种自上而下的发展经济学理论和政策同时在政治上也是幼稚的,尤其是 Acemoglu 和 Robinson 倡导的新制度经济学理论。他们没有充分意识到政治稳定和社会秩序(作为市场的最基本要素)的重要性,也没有弄清在不同的环境下什么改革才是最合适的。他们把对已经工业化的发达国家有益的改革直接应用到尚未完成工业化的发展中国家。[①] 然而,发达国家对小政府和放松监管的要求并不以同样的方式适用于发展中国家。对发展中国家而言,可能政治集中和基于良好治理的国家建设才是需要的。[②] 他们使用了一个对人性的假定,即绝对的自由一定会导致绝对的创造力和繁荣,却忽略了潜在的无视权威的欺诈和无政府主

[①] 新制度理论(例如 Acemoglu and Robinson,2005 and 2012)还没有给"制度"一个清晰而精确的定义,也没有说清楚究竟何谓"包容性"制度,何谓"攫取性"制度。中国乡镇企业的集体所有制是包容性的还是攫取性的?与英国 19 世纪的血汗工厂和清王朝土地的私有制相比,趋向于更好的还是更坏的政治权利?20%的税率比 4%的税率更具有攫取性吗?如果是的话,那么清政府比 19 世纪的英国政府要"包容"得多,毕竟前者的税率只有后者的 1/5 不到。与被 Acemoglu and Robinson(2012,pp. 1-5)描绘为迈向政治包容的"阿拉伯之春"不同,光荣革命并未使英国更"包容",而仅仅使其在课税和施加贸易限制上更加强权(见 Acemoglu and Robinson,2012,pp. 191-202)。另外,Acemoglu 和 Robinson 称 19 世纪保有奴隶制的美国政治体系为"包容性"的,却称女性享有平等的政治和经济权利的 20 世纪中国社会主义制度是"攫取性"的。可见,基于简单化的政治权力和既得利益的观念,这些制度学派理论倾向于任意混淆制度的多种维度和层面,以至于他们称现在中国实施的重商主义贸易限制是"攫取性"的,却又称 18 世纪光荣革命后实施的类似举措是"包容性"的。(见 Acemoglu and Robinson,2012,p. 437 and p. 200)

[②] 人类历史上重大的经济改革从来不是依赖民主实现的,相反,往往依赖的是集中的政治力量和意志。伟大的政治家(就像伟大的学者一样),关心的是他们对社会的影响和给历史的遗产,而不是他们的个人消费。即使是普通人,也会为了信仰和荣誉献身,而不是仅仅为了食物和现世的物质财富。训练人们把物质财富与社会地位和荣誉等价的,正是资本主义本身。这些受过训练的人群反过来成为了新古典理论和制度学派理论的理想研究对象。但是,这些经济理论没有意识到他们模型里效用函数的背后是意识形态——"元效用函数"。在这个意义上,资本主义不仅是一种新的生产方式,而且也是一种新的意识形态。

义的暴力行为。这些理论也忽视了在现代资本主义文明里民主的经济基础。在未工业化的国家建立的不成熟的民主,注定会崩溃或变质。

全民投票权和政治权力的开放是工业革命的果实而非原因。对于 19 世纪(也许甚至今天)的资本主义国家而言,政治权力一直都根基于资本财富,不成比例地集中在财富阶层(商人和资本家)而不是平民和普通工人的手中。而且在民主化和社会流动大幅提高以后仍是如此。① 在 1830 年英国第一次工业革命临近结束之时,只有 2% 的人口能够投票。1832 年,《改革法案》将这一比例提高到了 3.5%。1867 年,第一次工业革命早已结束而第二次工业革命业已如日中天,这一比例变成了 7.7%。直到 1928 年,在大英帝国彻底完成工业化并成为地球上最大最富裕的工业帝国许久之后,全民投票权才被给予所有的男性和女性居民。但即使在现代工业化民主社会(更不用说那些尚未工业化的国家)里,投票仍然可以收买,卖官鬻爵并不罕见,而媒体常常被金钱和财富所操纵。

订立合同,建立企业,进行交易和成立组织的自由,与欺诈、违法、抢劫、偷窃、垄断和暴力的自由一脉相承。因此自由和民主的界限只能与政府执行法律规则和管理民众的能力同步增长。

现代西方民主建立在现代工业化国家能力之上,这些工业国远比任何农业国更强大和有组织。但现代工业化国家只是当年殖民主义、帝国主义、奴隶贩卖和重商主义的产物和副产品,是重商主义的果实。工业化国家强大的军事力量和前所未有的行政能力,尤其是对整个社会无孔不入的监视和入侵能力是任何农业国和未完全工业化的国家

---

① 即使在工业化国家里,民主并非完全履行了它"民有、民治、民享"的诺言。所谓的"一人一票"原则在操作中往往变成了"一钱一票"。法律规则往往意味着(只有富人才负担得起的)律师规则。

不能比拟的。

现代工业化国家是一个基于所有社会阶层大规模分工和协调的巨大而统一的组织。每一个居民（及他的货币价值）要么拥抱这个工业化体系，要么就会被它无情地抛弃。这就是为什么大规模有组织的犯罪、地下反叛组织和军事政变是未工业化国家的常态（尤其是那些在工业化之前就接纳了民主的国家，如埃及、墨西哥、巴基斯坦、菲律宾、泰国和许多其他非洲和南美国家），但在工业化国家里却几乎绝迹或得到控制（例如大多数 OECD 国家）。

工业化使得政府获得了前所未有的管理庞大人口的能力。政府能有效地从居民那里获得信息并做过滤处理，政府能凭借快速的信息传递和基础设施实行及时的军力和警力输送来对暴力和叛乱做出反应，他们当然也能在需要的时候入侵居民的隐私。人们在工业化社会里能自由地迁徙，只不过是因为政府有力量和能力通过复杂的社保、税收和移民体系来对人口进行注册并追踪他们的活动。"监视是国家管理的必要条件，不论这种力量指向的是什么。除非建立了一套对其人口细致完善的监察体系，否则福利的提供是难以组织起来的，不论这是不是真的福利。"（S. E. Finer，1999，p. 1624，*The History of Government* Ⅲ：*Empires, Monarchies, and the Modern State*）

法律规则的执行、罚款、征税以及惩罚逃税的能力都依赖于这种能力。在1851年，政治经济学家和哲学家蒲鲁东（Proudhon）生动地描述了当时工业化国家政府的这种建立在工业革命带来的资源和技术基础上的管理社会和公民的超级能力：

（在工业社会里）被管理就意味着被监视、审查、指导、伏法、登记、注册、控制、督查、评估、普查、命令……被管理就意味着个人在每一笔交易、买卖、工作、入学、领取酬薪和市场行为中被关注、注册、记录、征税、盖章、测度、评价、颁发执照、授权、录取、阻止、妨碍、改造、惩罚……然后,(当碰到警察时)如稍有反抗和微词,就意味着可能被起诉、罚款、镇压、骚扰、逮捕、通缉、欺负、拷打、缴械、捆绑、入狱、审判、谴责、枪击。(S. E. Finer, 1999, pp. 1610-1611, *The History of Government* Ⅲ: *Empires, Monarchies, and the Modern State*)①

但运营和维持任何这样一个强大的监察系统和执法能力都是成本高昂的。② 作为一个例子,让我们看看工业国官僚系统的膨胀。1821 年美国的官僚或者公共服务人员为 8 000 人(占总人口的 0.083%)。在 1881 年完成第一次工业革命之后,这一数字达到了 10.7 万人(占总人口的 0.21%)。而到了 1985 年,这一数字增加到了近 380 万人(占总人口的 1.6%)。官僚体制内人员的平均增长率高达 3.8% 以上,高于其在黄金时期的实际 GDP 增长率。类似地,在英国公共服务人员从 1821 年的 2.7 万人(占总人口的 0.26%)增长到了 1985 年的 105.7 万人(占总人口的 2.25%)。一个尖锐的对照则是,尽管比美国和英国的人口多得多,在 19 世纪中国清王朝的公共服务人员却只有 3 万人(占总人口的 0.015%)。③ 换句话说,尽管当时的中国以其庞大的官僚体系著称世界,但就官僚占总人口的比例而言,19 世纪的中国只有英国 1821 年水平的 6% 和美国 1881 年水平的 8%。是的,在刚刚完成工业化的英国和美国面前,中国的官僚体系实在相形见绌。现在,美国每年花费超过 4 000 亿美元在执法、官司和诉讼服务上,达到了每年人均 1 500 美元的水平。同时,美国每年还花费超过 8 000 亿美元(人均 2 500 美元)用于国防建设。

---

① 遗憾的是,这种事情在一两百年后的今天仍然在美国频频发生,这听起来难道不像 2014 年 8 月 9 日发生在密苏里弗格森的布朗(Michael Brown)枪击案?

② 所谓"法无禁止即可为"是建立在法律健全、有法必依、执法必严、违法必究的理想化假设条件下的。如果在不具备这一理想的法冶环境和支付其高昂成本的能力的情况下便承诺"法无禁止即可为",就一定会出现无法无天和胡作非为的混乱社会和经济局面。

③ 见 S. E. Finer (1999, pp. 1613 and pp. 1623-1624), *The History of Government* Ⅲ: *Empires, Monarchies, and the Modern State*。

即使贫穷国家把所有的 GDP 都投入到警察和国防上,也远远不能与之相比。

正是在这样强大的警察力量和法律执行能力下,言论和表达自由(包括散布谣言和炮制虚假信息的自由)才被容忍。正是在这样强大的政府权力和控制下,全民投票的选举民主才能有效地实行。正是在这样强大的监察和监督能力下,人权(包括犯罪者和囚犯的权利)才被尊重。也正是在这样强大的注册、登记、追踪和征税能力下,完全的劳动力流动才被鼓励、保护,才能促进生产力的提高。①

这种"自由"和"控制"之间的辩证关系意味着,建议发展中国家去采纳西方的民主、自由和完全金融开放作为经济发展的前提在政治上是幼稚的(如果不是蓄意为之的话)。②不管这些建议和鼓励背后是什么动机,它实质上都打开了腐败和无效行政的潘多拉盒子,因此引起了动荡、暴力、不稳定和无政府主义。发展中国家猖獗的腐败不是因为缺乏法律规则,而恰恰是因为缺少执行它的资源和国家能力。一个国家民主和自由的程度与其军事和安全力量成正比,这一发现应该不会使得制度学派经

---

① 由爱德华·斯诺登(Edward Snowden)揭露出的美国国家安全局运行的"全球监控计划"其实不应使得任何人感到吃惊。因为正是工业革命以来国家政府积累起来的这种监控和科技实力使得美国等发达国家与发展中国家相比,对言论自由、人权、民主以及它们可能带来的负面社会后果有更大的选择性容忍能力和精准识别能力。

② 一个曾在香港殖民政府任要职的英国官员,John Walden(华乐庭),把英国政府企图在香港回归之前在香港推行民主的计划称为"巨大的阴谋"。据说他在 1985 年的一次讲话中说道:"如果我私下对英国这样一种突然的对于香港民主政治的热忱感到不可信的话,那是因为我过去从政三十年来,即从 1951 年到 1981 年,'民主'一直是个肮脏的字眼。其实官员们相信在香港引入民主是摧毁香港经济和制造社会混乱的最迅速和有效的手段。"(原话为:"If I personally find it difficult to believe in the sincerity of this sudden and unexpected official enthusiasm for democratic politics it is because throughout the 30 years I was an official myself, from 1951 to 1981, 'democracy' was a dirty word. Officials were convinced that the introduction of democratic politics into Hong Kong would be the quickest and surest way to ruin Hong Kong's economy and create social and political instability."参见"Hong Kong Democracy and Independence", *Financial Times*, October 14, 2014, ft.com> Comment)

伟大的中国工业革命——"发展政治经济学"一般原理批判纲要

济学家们感到惊讶。①

自由并不是免费的。自由也不总是有意义的。就像在开放的农田里设置交通法规没有意义一样。同时,除非交通法规得到警方严格执行,否则司机也会对交通法规和限速视而不见。② 但执行法律是需要巨大成本的。

而且执行本身也是腐败的根源之一。腐败发生在任何社会,包括工业化国家,而执行和监管领域正是腐败的高发领域。但这并不是因为法律规则的缺失本身。如果我们不希望落后社会的人们以自由的名义进

---

① 工业化蕴含着(也即是说,带来了)国家能力这一事实不仅在19世纪的殖民主义世界得到体现,也展现在战后世界秩序中。即使在21世纪,民主和人权仍然建立在国家利益和民族主义之上,唯一一个可以在国际场合公开声称其外交政策的唯一导向和指南就是本国的国家利益的,正是作为世界头号超级大国的美国。可能除了苏联以外,没有其他任何一个国家,能够仅仅以狭隘的本国利益来为其外交政策和行动辩护,"一个国家要么跟我们走,要么就是敌人",希拉里(Hillary Clinton)和前总统布什(George W. Bush)都曾这样说过。因此,正如晚清外事大臣李鸿章在19世纪面对西方殖民强权时曾悲哀表示的那样,"弱国无外交"。可以这样说,自从大航海时代,特别是英国工业革命以来,工业化最强大的驱动力就是国家建设和民族主义。平民阶层的福利改善只是工业化的副产品。讽刺的是,工业化最终必须依靠国家能力建设才能实现,因为它涉及整个国家各个阶层的协调合作,它所涉及和产生的大量的正外部性和外溢效应以及社会福利,只有国家才能有效将其内部化。30年前,当国际危机事件发生时,中国还完全不能在他国国土上保护和撤离本国国民,但今天已经完全不同了。在利比亚和叙利亚的战争爆发后,中国是第一个出动飞机和军舰发动长途撤离行动的国家。因此,不仅重商主义是一种经济民族主义,工业化也是。纵观人类历史,没有一个试图进行工业化的国家不以某种方式诉诸民族主义。一个例子就是美国总统西奥多·罗斯福(Theodore Roosevelt)在1899年4月10日(美国此时正在崛起为全球力量和超级大国)所作的那篇著名演讲"艰辛的人生"。在那篇演讲中,罗斯福声称艰辛的人生不仅对个人有益,也对整个国家有益。但是,他却鼓吹美国全球扩张的帝国主义也是艰辛人生的延伸。另外一个例子是肯尼迪的名言:"不要问国家能够为你做什么,而要问你能够为国家做什么。"对于民族主义和工业化(资本主义)关系的富有洞察的分析,可见 Liah Greenfeld, *Nationalism: Five Roads to Modernity* (Harvard University Press, 1992),以及 *The Spirit of Capitalism: Nationalism and Economic Growth* (Harvard University Press, 2009)。

② 作为一个例子,虽然美国《独立宣言》声称"我们认为以下真理是不言自明的,那就是人人生而平等",但美国在宣言签署的200年后仍然没有完全执行这一宣言。1866年《国民权利法案》是美国历史上第一部关于国民权利的法案。1968年4月4日,美国最著名的人权运动领袖马丁·路德·金遭到暗杀,此时距1776年7月4日美国大陆议会签署《独立宣言》已经过去了近200年。

行屠杀、恐吓、劫掠和暴乱,那么像现代美国一样建立半军事化的警察力量就是必由之路。如果我们希望发展中国家的人们在神圣的人权庇护下,在庭审中获得公正的对待,我们也许需要像美国一样,花费巨大的资源来建立复杂烦琐的法律体系和监狱系统,培养众多的律师。

民主是一种政治福利,然而生存权比投票权更重要。世界上第一个工业帝国英国,直到 1928 年完成第一次和第二次工业革命并进入丰裕社会很长时间后,才建立全面的普选制度。而非洲裔美国人直到 20 世纪 60 年代,美国成为世界上最大的制造业巨头和最富裕的国家之后,还在为人权而斗争。美国的《妇女遭受暴力防治法案》是在 1994 年签署的,是仅仅 20 年前而不是 225 年前《美国宪章》诞生的时刻。为什么?资本主义政府和工业巨头们在 20 世纪上半叶发起了两次血腥而残酷的世界大战,然后才在他们自己之间达成了和平——与 8000 年的人类文明相比这简直是一分钟之前的事。因此,现代工业国政府、金融巨头和制度学派经济学家们建言贫穷国家,说民主才是经济发展的前提,而不去考虑民主和普选究竟能给这些国家(及其大量的未受教育人口)带来什么,是非常幼稚的,如果不是别有用心的话。它能带来一个具有强大行政能力的政府来管理社会,消除贫困,遏制欺诈、劫掠、混乱和暴力吗?①

没有强大政府和国家机器做后盾的民主无法良好运行,也不会有工业化。② 优先的就是优先。

就像制度经济学家诺斯和托马斯在《西方世界的崛起》一书中承认的那样,制度的创建和运行都需要成本。特定的制度只有在收益超过成

---

① 即使是发达国家希腊,尚不能通过投票建立一个有为的政府来解决其债务危机和经济停滞问题,欠发达国家又如何可以?

② "阿拉伯之春"运动及其导致的社会混乱的政治经济后果,可以作为一个新近的证据。没有一个强大的政府,中国在 10 年之间建成世界最大的高铁系统是不可想象的。然而,一个强大的政府并非工业化成功的充分条件,成功的工业化也必须依赖正确的发展战略。

伟大的中国工业革命 ——"发展政治经济学"一般原理批判纲要

本时才会出现。① 这一逻辑既适用于经济制度也适用于政治制度。"在贸易规模受限于有限的人口规模、低收入和高运输成本时,贸易只能是分散和不系统的。但当贸易量上升,创造相应便利贸易的制度的激励就提高了。"(Gregory Clark,2007)只有在自由贸易的收益超过了成本时,大英帝国才在1860年完全拥抱了"自由贸易"的理念和制度,这时英国已完成了工业革命,实现了规模化生产,成为了世界的制造业中心,并在轻工业和重工业领域都出现了过剩产能。② 中国现在成为了自由贸易的积极拥护者,完全是由于相同的原因。

越是根本性的制度,就越是难创立、变革和维护,因此就越需要等待更长的时间让足够的经济发展程度来支持。只有在劳动,而不是土地和资本,成为了稀缺资源的工业化国家中,才更有可能发展人权、民主和普选。因为这时才有了足够大的劳动生产力、经济收益和足够多的资源来保护劳动者的经济和政治利益。贫穷国家有的是劳动力,但资金和技术昂贵,因此相对于资本来说劳动力不值钱。在发展中国家,一个人可能仅为一片面包而抢劫、杀人、被判刑;但在发达国家,人们可能只愿为百万美金以上的巨额回报而铤而走险。一个国家人寿保险的市值衡量了其人权的程度和价值。对于发达工业国和落后农业国,这一市值差可以达数百万倍,就如同其人权价值一样。但因果关系是前者导致了后者,而不是反过来。因此,从工业国向落后国家施加或移植而来的政治制

---

① 也许正是由于政府管制的成本与收益的消长,才使得美国在19世纪末到20世纪初第二次工业革命的起飞阶段建成了一个各方面监管体系高度复杂的国家。

② 1651年的《航海条例》禁止外国船舰在英国从事沿海贸易,并规定从欧洲进口货物只能用英国船只或原属国船只运输。英国与其殖民地的贸易也只能用英国或该殖民地的船只运送。1663年修订案则进一步规定所有殖民地对欧洲的货物出口必须从英国港口中转。直到1860年英国才废除了最后一丝重商主义时代的遗迹,垄断和关税被移除,移民和机器出口也得到了允许。

度,不仅不是经济发展的前提,反而可能成为经济发展的障碍。①②

民主不能自动产生看不见的手,而看不见的手不能自动创造"规范、有序"的大市场。如果没有一个大规模市场来支撑规模化生产,谁能够喂饱阿富汗、埃及、伊拉克、利比亚、叙利亚和乌克兰千千万万的贫穷失业人口?

邓小平在 20 世纪 80 年代似乎就明白这个道理,现在的中国领导人也是一样。这意味着世界不能指望中国按照西方的方式和步调来建设民主制度,因为建立、运行和执行它的成本超过了其收益。当然,这并不意味着中国会因为缺乏民主普选而无法建立法规规则和产权制度。日本、韩国、中国台湾、中国香港和新加坡的成功发展经验提供了在实现真正民主之前成功建立法律规则、产权制度和政府官员问责制度的大量实例。先经济后政治让这些国家和地区在工业化期间享受到了政治和社会秩序稳定的种种好处。

更重要的是,国家层面的民主与微观组织中和社区管理中的行政民主有着根本的区别。企业管理生产和人力资源的方式可以从根本上与国家运行政治体系的方式区别和分离。而正是这种基层行政和管理能力,而不是宏观的选举民主,才是对生产力、国家建设和经济发展(或者说企业和市场的形成)而言重要的。许多在宏观层面上选择(不成熟的)民主政体的发展中国家往往不能使之有效运行,并为之后的政治和社会失序付出了沉重的代价。这与社会基层政治和组织的基础设施建设以

---

① 再想想埃及和乌克兰吧。民主在那些地方只引起了社会治理的崩溃,正是因为缺乏实施和固化这些机制所需要的经济基础和国家能力。

② 制度和游戏规则当然对塑造经济激励有重要的作用。但关键是它们往往是国家长远发展战略的内生性选择。国家工业化失败往往应归咎于错误的发展战略,而不是为实施这些战略所建立的制度本身。换言之,制度并不带来发展战略,但发展战略却需要相应的制度保障。中国发展的成功经验展现了 1978 年改革之后,新的重商主义制度是如何逐渐得以建立起来响应渐进式的、自下而上的重商主义发展战略。而中国在毛泽东时代的工业化失败则展现了"人民公社"中央计划体制是如何被建立来实现"大跃进"的超英赶美战略目标的。

伟大的中国工业革命——"发展政治经济学"一般原理批判纲要

及社会稳定和信任资源的缺乏是分不开的。普选式民主属于工业化以后的福利国家,然而一个甚至不能喂饱其人口的农业国如何能享受福利国家的好处?①

因为交易风险和信任是市场(以及建立其上的劳动分工)的最根本特征,经济发展和工业化必须以政治稳定和社会秩序作为绝对的先决条件。没有秩序、安全、稳定和信任,市场上什么也不会发生。而通过革命将现代政治民主施加于原始农业国家头上,不太可能提供这种政治稳定和社会秩序。这种不成熟的民主只产生没有实质内容的空洞口号。由于没有足够的经济资源和行政能力来运行民主,自由选举往往变成了贿选和腐败。而中国的快速工业化并不是基于政治普选民主,而是基于恰当的治理、正确的发展战略和政府官员筛选机制来维持政治稳定和社会秩序,同时从根本上不断调整其经济政策并建立有效的基层和微观经济组织。中国正确的发展战略不是像之前一样,通过流血革命推翻现有政治体制。这种由上至下的依靠政治制度革命引导的经济发展策略在1978年前的120年里多次重复,但每次都迅速陷入了血腥的权力斗争、暗杀、内战、政变以及无穷无尽的打着意识形态口号的党派斗争。在混乱中,中国也成为了帝国主义和外国金融工业巨头以自由贸易为名和"分而治之"为手段的廉价猎物。

---

① 2014年中国对乌干达提供了一笔新的贷款,用以修筑两个水电站(600MW 的 Karuma 和 188MW 的 Isimba dams)和一条从乌干达首都坎帕拉到肯尼亚、南苏丹和石油资源丰富的刚果民主共和国边界西尼罗河地区的铁路。在接受《金融时报》采访时,乌干达总统 Yoweri Museveni 对此评论道:"当我与世界银行(的代表)接洽时总觉得有点尴尬。他们总在谈论结构调整一类的东西,但没有抓住问题的根本。连供电都没有如何进行结构调整?"根据 Museveni 先生的说法,中国抓住了根本。中国在乌干达的基础设施投资受到欢迎,不仅仅因为其提供资金的能力,而且因为中国坚持不干预他国内政的主张。Museveni 谴责了西方对乌干达同性恋权利施加干预的做法。"他们肯定不是认真的……他们在开玩笑。他们是混乱制造者。你不能把中产阶级价值观强加到前工业社会头上。你怎么强迫让农民拥有中产阶级价值观呢? 他们还是农民。你怎样才能让他们拥抱现代资本主义的自由主义生活方式?"(FT, October 21, 2014, 6:43 pm)

第五章　华盛顿共识与制度学派的谬误

只有组织起来才能够竞争，也只有通过竞争才能形成更优良的组织。这一点不仅适用于企业，也适用于国家。东欧前社会主义国家和俄罗斯在引进民主和休克疗法后的经济崩溃，恰恰是因为它们摧毁了对工业化和市场创造至关重要的有组织的政党和社会基层组织。而中国1978年的改革却维持了毛泽东时代建立的政党和社会基层组织，并利用了它们来进行全国统一市场的建设、社会治安的维持和保证劳动力全国流动的有序性。①

制度经济学家（例如 Acemoglu and Robinson，2005 and 2012）试图制造一个巨大的神话——即民主、私人产权和法律规则是16～19世纪西方列强经济崛起的根本原因，特别是英国产生工业革命的前提。这一神话又是建立在另一个神话之上，即自由放任和自由贸易是18世纪末期英国成功引爆工业革命的终极秘密。一旦有了民主、法律和对私有财产的保护，"看不见的手"就能够通过市场机制在贫穷积弱的农业社会创造工业革命的奇迹。这绝不是真相。事实是，私人产权、法律规则和自由贸易都是人类社会古老的概念，但它并没有为古埃及、古希腊、古中国或古印度自动地带来工业革命。而普选制民主则是工业革命和资本主

---

① 战后日本和德国在民主体制下实现经济复苏的情况有着根本的不同。这两个国家不仅在战前就已经在参与全球殖民和市场体系下完全（或接近于完全）实现了工业化，而且它们的政府和企业家们对于在私有产权环境下的生产组织和市场创造也是经验丰富，游刃有余。战争摧毁了有形资产，但不会摧毁无形的组织性资产（organizational capital）。形成鲜明对照的是前社会主义国家：在半个世纪的中央计划之后，前社会主义国家普遍完全丧失了其市场创造和组织性资本。一旦建立了高度专业化和中央计划性的工业体系，这个体系就在短期内成为不可取代的。因为在缺乏政府介入和恰当发展战略的情况下，一个能够支撑规模化生产体系的大市场需要花费数十年甚至几个世纪的时间来发酵和催生。而如果没有这样一个有组织的大市场，这些国家的工业体系不可能运转。而这个工业体系一旦坍塌，整个国民经济就陷入瘫痪，比资本主义国家在20世纪初经历的"大萧条"还要严重和难以自愈。因此，对于20世纪八九十年代的东欧国家而言，最好的改革和发展战略可能正是中国在相同时期采纳的双轨制（见 Lau，Qian，and Roland，2000，"China's Dual-Track Approach to Transition"）。然而，只有在一个有远见、有耐心而又权力集中、行政高效的中央政府体制下，才能够抵抗华盛顿共识和休克疗法的诱惑，成功推行双轨制。而这个稳健的发展战略很难在民主体制下被采纳。

伟大的中国工业革命——"发展政治经济学"一般原理批判纲要

义的产物。事实上,没有任何一个欧美资本主义国家曾在缺乏国家和政府强力介入的情况下,在缺乏重商主义式的国家竞争和军事化的全球市场开辟的情况下成功完成了工业革命。①

---

① 我忍不住要引用经济史学家 McCloskey 对此的评论:"往小了说,Acemoglu 对历史的每个重要的细节都令人遗憾地搞错了,往大了说则是整个(理论)都是谬误。"(D. McCloskey, 2010, p. 322)首先,直到普遍完成了第二次工业革命很长时间之后,普选权才在今天的发达国家中真正得到落实。具体地,各国实现普选的时间分别为:澳大利亚 1962 年,比利时 1948 年,加拿大 1970 年,法国 1946 年,德国 1946 年,意大利 1946 年,日本 1952 年,葡萄牙 1970 年,瑞士 1971 年,英国 1928 年,美国 1965 年。即使在这些国家实现正式民主之后,贿选和其他选举丑闻也屡见不鲜。其次,今天的发达国家在工业化的早期阶段及更早之前,产权保护并没有实质性的进步。他们那时产权保护的力度还比不上今天的好多发展中国家。例如,英国圈地运动侵犯了原有土地的公共产权。土地先占权的确认对美国西部的发展至关重要,然而却侵犯了原住民的产权。1868 年宾州高级法院推翻了地主们要求洁净水源的权利,而支持了煤炭产业的发展。类似地,韩国和日本在战后的土地改革也侵犯了原地主阶级的产权。"对经济发展来说,重要的并不是无差别地保护所有产权,而是在什么条件下保护哪种产权。"(Ha-Joon Chang, 2003, p. 83)正因为这个原因,工业革命在私人财产过于安全的法国拖延了几十年:"在法国,有利可图的灌溉项目无法开展,正是因为法国没有像英国那样的议会——可以践踏那些反对派地主们的权益,圈占他们的土地,或在他们的土地上建设煤矿和公路。"(Robert Allen, 2009, p. 5)最后,在完成工业革命之前,如今的发达国家在同样的法律规则方面(包括合同法、公司法、破产法、竞争法、遗产继承法、税法、土地法、知识产权法、金融审计与披露法等)要么根本不存在,要么很不完善,即使有,也没有得到很好的实施。对于其中的很多国家而言,直到 20 世纪早期完成或接近完成各自的第二次工业革命时,对于一系列法律的严格实施还是一个很大的问题。(参见 Ha-Joon Change, 2013, pp. 71-123)

案例分析：贫困村如何成为现代化钢铁城

第六章

本章提供一个特别的村庄市场发育案例来说明中国经济转型中体现的"胚胎发育"式的产业升级原理,以及乡村工业发育是如何赖以在政府创造的社会信任基础上和大市场条件下实现的。因此在阐述细节之前,值得再次强调"胚胎发育"发展经济学理论在中国特有制度条件下体现出来的几个一般性特点。

首先,20世纪80年代中国农村乡镇企业对于引爆中国工业革命的意义,等同于16~18世纪英国原始工业化对于引爆英国工业革命的意义。特别地,这个原始工业化阶段(无论在中国、英国或其他国家)是激活后续工业革命,使分散小农经济向大规模劳动密集型产业经济过渡的关键一步。这一阶段对克服落后农业国在实现工业化时必须面临的两个最基本困难是绝对必要的,即:(1)克服粮食安全的诅咒与马尔萨斯陷阱;(2)克服构建以劳动分工和专业化为基础的规模化企业所面临的高昂社会协作(交易)成本。

换句话说,尽管现代中国与16~18世纪英国在政治体制上存在明显差异,两个经济体都需要原始工业化阶段来执行几项重要功能:(1)通过刺激以商业(商品交换)为基础的农业生产与原始农业分工来提高农业生产力,提高土地利用率和生产率,以及农业剩余劳动力的生产率和利用率(例如,充分利用周末、晚上和农闲季节,还有妇女和儿童从事适宜的工作)。最重要的是由此提高农民收入而同时保障粮食安全。(2)它

第六章 案例分析：贫困村如何成为现代化钢铁城

使农民得到训练，转化为组织起来的原始工业化劳动力，为即将到来的工业革命准备好"后备军"(在中国表现为 20 世纪 90 年代至今的"农民工"大军)。(3)它为即将在全国采用的工厂系统创造并深化市场(包括草根阶层或普通大众的购买力和小商品流通渠道)。(4)它大大降低了草根大众进入制造业(即建立企业)的金融与技术门槛，因为农村就地建厂可以获取廉价土地、避免劳动迁移成本、利用原始机械工具降低投资成本，从而大大促进原始资本积累。(5)它利用每个乡村的地方资源比较优势，促进基于区域专业化的国内、国际贸易，拓展国内外市场。(6)它为发明或进口更先进的技术设备积累宝贵的市场经验、信用资本、人力资本、金融资本(储蓄和外汇储备)。(7)它为地方基础设施建设贡献政府税收。(8)基于"干中学"和"创造性破坏"的原理，它通过激烈的市场竞争，优胜劣汰，培养了企业家、工程师和其他熟练劳动力，还有草根大众组织工业和开辟市场的能力。(9)总之，原始工业化阶段为形成和深化全国统一市场、商业流通系统、供应链和产业集群创造条件，从而为迎接全国性规模化生产时代，即第一次工业革命的到来，助跑并做好起飞准备。①

---

① 中国的计划生育("一胎")政策使得中国农民摆脱马尔萨斯陷阱变得极为顺利，因为人口增长的高峰期往往是在原始工业化末期和整个工业革命时期，尤其是在第一次工业革命期间。这不仅是因为农民收入大大提高，从而可以负担更多的小孩，而且由于在第一次工业革命期间企业对劳动力的需求上升得十分迅猛，而妇女又还没有完全走出家庭进入工业社会(这要到第二次工业革命高峰甚至基本结束才有可能)，因此农村家庭十分愿意靠多生多育来急剧提高家庭总收入。但是由于中国在改革开始(1979 年)就果断地预见性地采纳了一胎政策，中国的人口到 2015 年年底(一胎政策正式结束年)，少增加了至少 6 亿，使得人均收入大幅提高，土地、就业和社会治安压力大为减少。比如英国人口提速是在 1800 年前后，特别地，在 1801 年为 1100 万，1831 年为 2400 万，1871 年为 3150 万。所以英国工业革命期间的总人口刚开始是每 20 年翻一番，后来递减为每 30 年增加 50%左右。美国与英国类似，在 1790 年到 1860 年的原始工业化末期和整个第一次工业革命期间，人口平均每十年增长 35%；然后在接下来的第二次工业革命期间(1860—1910 年)，平均每十年增长 25%；接下来增长速度减为每十年 15%(1910—1970 年)，最后为每十年增长 11%(1970—现在)。因此如果不搞计划生育，按照英国的人口增长速度，中国如果在 1980 年为 10 亿人，那么到 2010 年就应该是 20 亿，2050 年为 30 亿。按照美国的速度，中国如果在 1980 年为 10 亿，那么 1990 年(转下页)

伟大的中国工业革命——"发展政治经济学"一般原理批判纲要

其次,中国的原始工业化远比当年英国的原始工业化迅猛得多,主要由于在邓小平改革之前,毛泽东执政时期已经在中国广大的农村地区建立起显著水平的社区精神、合作化意愿、社会信任、集体自治和组织能力以及农村基础设施(供水、发电、修路等),以至于中国的乡镇企业能够在改革开放后(即实行商品交换后),以前所未有的速度和规模爆发。因此在改革开放的1978年,中国农民已经非常熟悉如何自我组织与从事社区合作,如何成立企业和建立工厂,从而很容易在市场条件具备的情况下迅速摆脱小农经济时代以家庭为基础的手工制造业生产活动,迅速利用市场条件转变成组织起来的、初具规模的、跨越家庭的、集体投资与分配的乡镇企业。而这个"组织化"("细胞分裂")过程在英国花了200多年。① 如果没有毛泽东时代在农村地区和全国通过土地改革和合作化运动积累起来的巨大的自组织能力和社会信任(即社会资本,social capital),包括公社社员相互间和政府与农民相互间的社会信任,辽阔中国大地上全国范围的原始工业化和远距离贸易不会迅速发生(想想当年欧洲在私人武装和国家军队保护下的"武装贸易",和新中国成立前随时随地可见的土匪抢劫和农民的人人自危)。这种"社会组织与信任"资本建立在公共(集体)所有制度上,包括土地改革、集体土地所有权,基础医疗与教育,地方灌溉系统与道路网络等公共品供给,以及形成集中而高度自治的村(队)级、乡(社)级、镇级政府行政网络(或地方行政能力)。

(接上页脚注①)应该为13.5亿,2000年应该为18.2亿,2010年应该为23亿。这个人口压力是中国的国情无法承受的。当然这个人口政策有副作用,就是人口提前老龄化。但是这个付出是值得的。因为目前中国已经顺利进入第二次工业革命高峰期,意味着劳动密集型产业已经属于夕阳产业(虽然对解决就业仍然重要),但已经不是中国的主打技术产业。因此只要能够在未来10~15年或15~20年完成第二次工业革命,进入福利社会,中国就会像发达资本主义国家那样不需要子女来供养父母和老人,而是靠社会。而社会的劳动生产力在工业革命完成之后,靠的主要是资本和技术。所以人口提前老龄化给中国的压力,不外是从2016年开始,需要加速实现制造业的完全机械化、智能化,加速投入工业机器人的生产。这个挑战比起至少多出6亿~7亿的贫困人口来说,是小巫见大巫。

① 永远不能忘记,乡镇企业的前身是毛泽东时代的社队企业,那是"大跃进"时期的产物。因此中国的原始工业化时期严格讲可以从全国土地改革时期和农村合作化运动算起。

它还起到维持社会稳定、保护人身安全和农民基本权利、控制个人犯罪和黑社会组织的巨大作用。农村信用社和以超越家庭圈和邻村亲缘关系为基础的联合生产(集体出工、集体分配)正是对这种集体合作精神的体现和训练。这些"社会资源"和组织化生产的"软要素"都是建立现代企业和公司所必需的,然而也恰好是在分散的、自给自足的小农经济社会十分稀缺的(读者只需想想非洲贫穷农村的状况,甚至拉美贫穷地区和当今美国黑人社区的状况,那里人人自危,缺乏起码的社会信任和社会秩序,无法积累个人储蓄,何谈组织起来形成企业!)。事实上,尽管晚清政府与国民政府时期具备完善的土地私有产权与土地契约买卖市场,有效的社会信任与社区精神的缺失(以及国家能力的缺失)正是这两个时代无法在中国辽阔大地上全面开启全国性乡村原始工业化的关键原因。而没有原始工业化,就不可能发生工业革命。

最后,在邓小平的卓越领导下,中央与地方政府发现了"有序市场"的重要性,并为推进从计划经济向"有序市场"经济的转型发挥了关键作用。中国工业化特别依赖于政府的能力(所谓国家能力)去创造一个统一的国内市场,并以独立民族国家的形式和资格进入国际市场(包括成品与原材料市场),同时确保金融和社会稳定,避免让市场的破坏性力量(比如国内外有组织的商业欺诈、金融欺诈和寡头垄断)阻碍中国有序的市场化进程。其实当年大英帝国的工业化(以及所有成功国家的工业化),何尝不是如此。[①] 中国政府在克服各种国内和国际政治挑战中发挥了关键作用,这些挑战与中国幅员辽阔、贫穷、国际孤立以及从明末清初以来就长期缺乏国家安全、政治稳定、一个愿意和中央政府合作的强大

---

① 作为反面教材,读者可以参见《世纪大拍卖》(*Sales of The Century*)一书中记录的苏联20世纪90年代的市场化改革,以及这个工业大国是如何在政府退出(不作为)的情况下被无情、原始、贪婪的市场力量所摧毁的。

爱国商人阶层相关。① 事实上,在 1978 年改革后,许多第一代乡镇企业家来自于社队基层干部(而不是像英国工业化时期那样来自大商人阶层)。这种从社队和乡镇地方政府官员到企业组织者和企业家的发展也是我们案例分析的一个显著特点。

这个案例分析的对象是永联村,它曾经是中国东海岸长江流域最贫穷的村庄之一。② 选择这个村庄基于以下原因:(1)典型性。尽管永联村的发展速度高于全国平均水平,永联村与整个中国经历了相同的发展历程。这个村庄在 1978—2000 年约 20 年的时间内,完成了整个工业化进程。它依次经历了原始工业化、第一次工业革命与第二次工业革命,并在 2000 年进入"福利社会"阶段。(2)连续性。整个村庄本身就是一个持续发展的大型合作(集体所有制)企业。由于剧烈的创造性破坏,很多乡镇企业没有经历同样的持续性,而是以飞快的速率被替换。特别地,在中国第一次与第二次工业革命阶段出现的企业多数不再是早期的原始工业化阶段的企业。在 20 世纪 80 年代繁荣的村庄可能在 90 年代停滞、萧条了,在早期乡镇企业工作的农民可能成为了大城市规模化企业的农民工。但永联不一样,它顽强地生存了下来而且发展壮大为没有改变原有集体所有制性质的现代企业城。尽管它的关键产业不是轻工(比如纺织)业,而是钢铁,永联的转变仍然是具有普遍性的。(3)超前性。因为这个村庄的发展已经超越了中国经济平均水平的发展,它为中国接下来几十年的城镇化发展指明了一个有意义的方向。

永联,意味着"永久联合",它位于中国东海岸长江口江苏省苏州市

---

① 关于早期英国、美国、日本等资本主义国家在原始工业化和工业革命时期,政府如何依赖和打造一大批爱国商人阶层的历史,可参见 Greenfeld(1992,2009)。

② 永联村的成功故事一直以来都备受中国国家新闻媒体关注,报道并被写在很多书里。本书中的素材主要参考新望(2004),《村庄发育、村庄工业的发生与发展——永联村记事(1970—2002)》。

行政管辖区。① 永联村于 1970 年,"文化大革命"中期,在一场全国范围的土地开荒和围海造田运动中建立。在地方乡镇政府的帮助下,成千上万的农民集体合作,将沼泽地与季节性淹没的湿地通过排水转变为农田,用原始灌溉系统建立了永联村。土地围垦完成后,来自附近农村的 255 个家庭迁移并定居在这里,在 1971 年形成了这个有 692 人口的新村庄。

对于"一穷二白""人多地少"的农村地区来说,围垦造田是一个巨大的投资项目与工程挑战。由于没有现代技术,围垦造田在 20 世纪 70 年代的中国更加困难。在只有原始手工工具的情形下,这个项目要求数千农村家庭大规模协作努力才能完成。在经过半年紧锣密鼓的强体力劳动后(主要利用冬季农闲时),平均每天苦干 9 小时,农民们围垦开辟了 1022 亩土地(大约 168 英亩或 67 公顷)。②

恶劣的自然条件与频繁的洪灾使永联在改革前的 7 年短暂历史中极度贫困。永联村人均耕地只有 1 亩左右,而且土质很差。与之相比,在 1980 年中国其余地区人均耕地 1.2 亩,美国人均耕地大于 12 亩。在永联村,没有家庭拥有砖房,都是土坯茅草房。在某些困难时期,村民每天只能吃两顿饭,而且是没有任何新鲜蔬菜或肉类的稀饭。在丰年,可能在春节时吃一次猪肉。作为当地最贫穷、最小的村庄之一,永联村在 1971—1978 年,人均年收入只有 60~70 元。尽管那时水稻产量平稳增长,但是人口也按相近速度增长(约每年 2.6%),由 1971 年的 692 人增

---

① 江苏是一个面积小但人口密集的省份,北靠山东,西接安徽,南邻上海、浙江,东临黄海,海岸线长 620 英里。永联村位于长江流经的南岸。

② 1 亩是 0.165 英亩,1 英亩约等于 0.4 公顷。在海滩、河滩围垦造田涉及很多技术环节。比如在永联,"围圩一般经过勘测、箍埂、筑堤、兴修圩内水利和道路等几道程序。勘测有目测、仪器测量两种。一般滩高 3~4 米即可。太低属嫩滩,太高则阻塞水道,造成内涝;箍埂是筑外堤;主体工程是筑大堤,挑土垒高,夯打结实,'摇钎'铺草皮。堤高 7~7.5 米,顶宽 4 米,底宽 24 米,内坡 1∶2,外坡 1∶3,断面土方约 56 立方米;圩内水利有挂脚沟,大圩有中心河,宽 4~5 米。引、排水设置木、石涵洞;圩内道路筑有住宅中心路、机耕路、宽 3 米,人行道 1 米。"(新望,2004,p.56)

长到 1977 年的 809 人。因此，人均收入几乎一直没变。

消除贫困是共产主义的承诺，是毛泽东"农村合作化"运动的主要目标。然而，自 1949 年起，中国农村地区显著改变的并不是家庭经济收入，而是人口规模、预期寿命以及低技术灌溉系统和连接大队、公社和乡镇的地方道路网。每年农闲时期，社队和村镇政府便组织农民兴建道路、大坝、水电站、运河和其他基础设施。尽管这些设施的技术原始、质量低，它们却帮助改善了农村生产条件和提高了农业生产力。

但是，尽管付出这些巨大的社会协作努力，农民的私人生活水平在 1949—1978 年几乎没有提高，仍然是勒紧裤腰带种田，日无三分饱，一辈子面朝黄土背朝天。说好的农业现代化在哪里？什么地方出错了？社会主义政府在使人们摆脱贫穷和马尔萨斯陷阱的巨大努力中，究竟缺少了什么？仅仅是制度经济学认为的腐败与政府既得利益吗？还是因为政府与精英阶层的"榨取"阻止了努力工作的农民摆脱贫困陷阱？或是缺少私有产权和保护它的法律制度？

基于详细的历史纪录、档案文件以及在 20 世纪 90 年代研究者们对永联村民的访谈资料（新望，2004），以上的假说都不成立。首先，在 1970 年主动迁移到永联的农民是由政府补助的：移民获得约半年收入的补偿以支付迁移成本，以及相当于一年收入的其他形式的社会福利补贴，还有免费由生产队帮助建好的房子。

第二，在 1970—1978 年整个时期，由于众所周知的低生产率与农田低产量，永联村各种公共建筑项目从当地银行获得了比其他村子更优惠的贷款，同时几乎所有村民获得了食品与其他补贴。因此，到 1978 年永联村欠下了六万元银行债务，大约是永联村人均年收入的 1000 倍，永联村年总产值的 2 倍。因此，永联村很大程度上由政府补贴，而不是被课以重税或"榨取"。

第三，村干部或者由民主选举产生或者由上级政府指派，而且多为村民们推崇的榜样和优秀干部。村志或采访显示，自 1970 年起，大部分的永联村干部拥有工作能力,道德水平较高,擅长交流和做群众工作。尽管收入相同,这些干部还比其他任何村民工作更努力、工作时间更长。①

第四,缺乏私有土地产权也不是永联村陷入贫困陷阱的必然原因。②这一章将会详细说明,永联村无法摆脱贫困陷阱是由中央政府一些错误的经济政策造成的,是缺乏市场要素(即,以满足市场需求为基础的、竞争性的商业、生产与贸易)的结果。在中央计划经济环境下,在生产的目的不直接与市场需求挂钩的情况下,整个村庄和所有个体家庭缺乏必要的自由和责任做"风险自负""盈亏自负"的经济决策,不会追求利润或把利润作为衡量生产力或效率的正确指标。

市场利润是衡量企业或社会合作效率的较为客观和"科学"的方式。虽然这个指标并不完美,因为利润可以通过非法或不道德的途径获得,并经常被价格波动和投机所扭曲。但是如果一个生产过程是不盈利的,应该可以被认为是无效率的,因为投入的成本超过了产出的价值。即使是公共产品,如果(恰当)测量的社会成本超过社会收益,生产也是无效率的。因此,如果生产决策从来不以利润或市场回报的测量为基础,就不可能清楚这项活动(比如养猪、围垦、修路)是否具有效率,无论其公益性如何。

当市场及市场价格缺失时,包含高额固定成本的经济组织和投资项目很容易被误导,经济增长变得不可持续。这是苏联工业王国在20世纪80年代最终崩塌的主要原因。由于中央计划在没有市场的情况下完

---

① 比如永联村的第一任党支部书记商茂坤,也是永联村建设的筹集人和组建人,是一位非常朴实的农村基层干部,受到所有村民尊重。即便年纪大了退休之后,他也几乎每天下田劳动或找些公益事情做做(新望,2002,p. 58)。

② 永联村所处的南丰镇在新中国成立前就一直贫穷,土地占有极不均衡,主要集中在大地主手里,比如家住南丰的大地主兼当地县长王坤山一人就有2000余亩,张渐陆、杨仁柯各有1000余亩(新望,2004,p. 55)。

伟大的中国工业革命——"发展政治经济学"一般原理批判纲要

全忽略了盈利能力,以供给决定需求的整个苏维埃式工业组织的国家体系几十年里都是亏损的。这也是中国即使在 1949 年后已经建立了广泛的工业基础,它的经济在 1978 年改革之前仍"处于崩溃边缘"的主要原因。

因此,毛泽东没能真正使中国实现工业化。按照当年的路子走下去,中国经济即便不崩溃,也永远不可能实现工业化。"大跃进运动"就是一个不计较利润和市场效率的典型经济灾难。毛泽东在 1949—1976 年许多激进的社会实验一再证明,如果没有市场机制和面向需求的基层决策自由,大规模农村组织与合作单位是无法盈利和积累资金的。因为供给不可能自动创造对它的需求。①

但是注意,市场不等于私有产权。私有产权也不等于激励。换句话说,公共产权也可以面向市场竞争,公有制也可以有激励。②

然而对于"大跃进"失败的思考和总结并没有结束。事实上至今也不见得形成了统一的看法。比如有的经济学家认为它是在公有制下农民消极怠工的结果,有的认为是由于大食堂随便吃造成浪费和地方政府谎报产量的结果,有的认为是过多劳动力被抽去大炼钢铁的结果。但是有一点是清楚的,"大跃进"失败后毛泽东并没有放弃"大跃进"中产生的人民公社和农村办工业的理想。事实上,在 20 世纪 60 年代中期,"文化大革命"开始后,特别是 70 年代初,毛泽东再次强调在农村搞小型工厂对于中国工业化的重要性。比如毛泽东在 60 年代中期发表的"五·七"指示里指出,要用工农商学兵相结合的方式办工业、农业、军队和学校,

---

① 事实上,与苏联相比,毛泽东给予中国基层大得多的决策自由,甚至允许集体所有制实行单独经济核算,和主张让农村大队的收益分配经过社员民主讨论决定。但是他即便在"大跃进"失败后仍坚决反对"自由市场"和"商品交换"的存在。而恰好这一点是致命的。

② 比如在美国的很多企业,员工并不拥有企业,甚至不拥有自己的知识产权(所有的技术创新和科研发明归企业所有),但是激励机制仍然存在。这在军队里表现得尤其明显:军队是国家的,也不上(股)市,但士兵不因为不拥有军队(比如自己所在师团的股票)就缺乏激励和斗志。所以,把私有产权、市场、激励混为一谈是个严重错误。

第六章 案例分析：贫困村如何成为现代化钢铁城

要在农村保留一部分农村手工业和社队企业，但前提是：(1)必须集体搞，由所有村民集体所有；(2)直接为农业服务，以发展农业生产力为目的，而不是为赚钱或获取利润；(3)服从"就地"原则，反映当地比较优势与自然禀赋条件——就地取材，就地加工，就地销售（新望，2004，p.100）。①

从此，尤其从1970年开始到"文化大革命"末期，中国乡镇（社队）企业的数量又开始在农村地区激增，从1970年的47 400家增长到1975年的77 400家，年均增长10%。同一时期，乡镇企业的总产值（很不幸，没有增加值数据）估计由67.6亿元增加到234亿元，在几乎没有通胀的情况下年均增长28%。②

尽管增长惊人，如前面提到的，在家庭衣食住行的基本生活满足方面，农民的生活条件几乎没变。事实证明那些社队企业与1958年的"大跃进"时期一样，仍然是亏损的，或不盈利的。③

如果当时的生产活动是以市场利润为目标，以此作为衡量与淘汰的标准，许多社队工厂或者会迅速发展壮大，或者被淘汰，或者会随市场的

---

① 1966年5月7日，毛泽东给林彪写了一封信，这封信后来被称为"五·七指示"。在这个指示中，毛泽东要求全国各行各业都要办成一个大学校，学政治、学军事、学文化，又能从事农副业生产，又能办一些中小工厂，生产自己需要的若干产品和与国家等价交换的产品，同时也要批判资产阶级（自由市场商品交换原则）。在这封信里，毛泽东自1962年以来，第一次公开说农民可以办工业。"五·七"指示也成为"文化大革命"中办学的方针（即校办工厂和校办农场）。

② 参见张毅和张颂颂(2001)，《中国乡镇企业简史》，p.246。

③ 注意，这些社队企业并非资金或资本密集型的，也不是用来大炼钢铁的，而是简陋和劳动密集型的，用来生产满足村里基本生活需求产品的，因此是符合中国农村"比较优势"的。问题的关键在于"市场缺失"，在于生产不以营利为目的，而不是因为违反"比较优势"。不以营利为目的的生产，其管理自然不精、规模效应（利用率）自然不达、产品选择自然不准、劳动积极性自然不高，"优胜劣汰"试错原则自然不灵。因而与英国原始工业化之前和新中国成立前的自给自足的手工作坊没有本质区别，只是规模可能更大而已（而且重复建设和剩余产能很严重，因为缺乏统一市场）。这种生产方式的利润本来就薄，如果不以大市场为背景、靠薄利多销为手段，很难赚到具有实际意义的钱并以此进行原始积累。因此，当时乡镇企业总产值的高速增长应该主要是投入增长拉动的，而不是增加值增长或利润提高造成的。

伟大的中国工业革命——"发展政治经济学"一般原理批判纲要

发展和变化而不断调整所选择的产品类型和企业运营规模。那么就会形成蓬勃的产业生态圈。但是如果没有市场贸易,因为本村农民需求和外地及城市需求是两码事,不同村的企业与企业之间就无法靠分工实现专业化,就会出现重复建设,只能在小范围内生产同种单一产品。

毫不奇怪,早期的集体劳动也被偷懒、磨洋工、缺乏个体创新与主动性所阻碍。但这些并非问题的本质,因为所有资本主义国家的大公司里都是集体劳动,而且工人并不都持有公司股票。关键在于缺乏"按劳分配"的激励机制,而是采纳"同工同酬"的"公平机制",出力大小都一样。因为缺乏"私有"劳动时间,农民把业余时间、农作物生长季节的空闲时间与其他空闲季节的全部时间都投入到建立公共灌溉系统中。经过1950年以来20年的密集建造之后,已经完全达到了收益递减点。因此,农民的时间没有花在(甚至部分地花在)商业化副业生产与个人创收上。简单地说,农民(被迫)追求的仅仅是生产公共产品的集体目标,而不是生产"私有"产品的个人目标;因此也不会去利用农闲时间和剩余劳力去做任何利于经济增长的事情。

问题是,土地私有制是克服(解决)以上这些问题的答案吗?私有产权表面看是一个有效补救(解决)方式,因为它被认为可以激励土地所有者创新,并提高农村劳动生产效率。但我们会看到,这些产权制度安排并不是永联成功的原因。①

在1978年年末,全国范围的经济改革大潮波及了永联村。乡镇政府任命吴栋材,一位42岁具有创新精神的抗美援朝转业军人,担任永联

---

① 清朝(1644—1911年)与民国时期(1911—1949年)都有私人产权(包括私有土地所有权和可转让的土地合同),但农民仍然很穷。一方面,作为自给自足的个体,农民在清朝与民国时期无法自发组织起来修建足够的灌溉系统,以抵御自然灾害;因此,他们的劳动也没有效率,完全依赖大自然的怜悯和老天爷的眷顾。他们只能在干旱时祈雨,在洪灾时祷告天晴,在地震、疾病时磕头跪拜,祈求神灵的保佑和仁慈。总之,几千年来,尽管拥有私有产权,中国农民一直逃脱不掉洪水、干旱、饥饿、逃荒、要饭,还有地主剥削和高利贷的厄运。参见第五章第二节的描述。

村党支部书记。地方官员希望他能改变这个本县最穷的村庄。吴栋材后来被证明是这项任务的绝佳人选。在吴书记的领导下,永联村开始了历史性的转变,最终成为全县、全省乃至全国农村发展致富的模范。

永联的历史性转变包含如下关键步骤:(1)农产品多样化与商业化;(2)通过乡镇企业实现原生工业化;(3)通过产业升级进入第一次工业革命;(4)通过自主技术创新进入第二次工业革命,并让所有村民进入福利社会。

第一节 农业多样化与商业化

如前面所言,受地理位置影响,永联村土地稀缺、质量差,而且频繁受到洪水等自然灾害威胁。然而,因为永联村靠水,村民们决定把一些围圩造田来的土地转变为鱼塘。由于需求高,鱼在当地市场十分畅销。同时,鱼成为补充村民简单饮食的高蛋白来源。此外,不像猪或牛,鱼繁殖周期短(一年内成熟),大大降低了商业风险。这项工作很大程度上要求 255 个移民家庭的集体决策和大量有组织的劳动,吴栋材书记成功说服了整个村子冒险把 80 亩(约 13 英亩或 0.5 公顷)洼地改为了鱼塘。

根据新望(2004)的记载,吴栋材亲自带领 300 位村民开展整个项目:于 1979 年晚冬在深泥里工作了整整 60 天,使用的大多是原始工具,没有任何现代机械。这项渔业投资非常成功。初始投资是来自当地社区银行的 5000 元贷款(用来购买鱼苗),以及每个村民家庭贡献的集体劳动和土地。在第一年年末,鱼的销售额不仅足够偿还初始贷款,还有一笔 600 元的利润。在 1980 年,他们又增加了 3 个鱼塘,收获了 1000 公斤鱼,销售额达到 20 000 元,净利润 8000 元。其中,6000 多元作为红利分给了村民("股东")们。此外,永联村的每个家庭获得了 2.5 公斤鲜鱼,以补充低蛋白的饮食。很快,渔业成为永联村的大买卖,并成为其他投资的关键资金来源。永联村民终于有希望逃脱马尔萨斯陷阱与粮食安全诅咒，看到生活水平的改善。人均现金红利收入由1978年的68元，上升到1979年的98元，1980年的119元和1981年的126元，在最初四年平均每年增长16%。全村总的生产性利润由1977年的区区700元，上升到1978年的1800元，1979年的5600元，1980年的35 800元和1981年的42 300元，年均增长57%。大多数利润被用于再投资，而不是消费。

不久，更快的增长与革命性改变发生在永联。但在我们继续讲述永联村的故事之前，需要注意以下几点：这样一个看似自然的、基于具体的自然资源比较优势（如低洼地）的、以市场为基础的渔业生产专业化决策，仍然要求深层次的社区合作精神、政府的政策与融资支持，还有土地的集体所有制。这些因素是中国农村经济成功至关重要的成分。

无论在清朝与民国时期，还是在20世纪70年代的中国，任何普通个体农民家庭都无法独自获得这样显著的进展。靠家庭有限的资金、土地和劳动资源建设、经营80亩鱼塘（相当于80个村民的土地总和，并在来年扩大了四倍）以及用5000元（相当于80户人家一年总收入）购买鱼苗几乎是不可能的，除非获得外部资金与专业知识的支持。在16~18世纪的英国以及荷兰等其他欧洲国家，商人阶层与银行家提供资金与企业家精神，在外包加工制下，基于商人提供的信贷、原材料与农民提供的劳动进行投资，并由商人提供营销渠道和承担经营失败风险。从而使农民劳动力价格被压到最低（导致马克思的剩余价值理论）。在永联村这个案例中，吴栋材与其他村领导承担了将成百上千个农民家庭组织起来的责任；当地国有社区银行提供贷款并承担资金回收风险。因此，与英国、荷兰类似，融资与企业家精神在永联发挥了重要作用，但资金与企业家精神的来源大为不同。政府的基金和社队领导的企业家精神使永联村实现了经济转变。

更重要的是,如果市场不存在,永联村的这个投资决定可能威胁整个村民的粮食安全。鱼并不是村民饮食的完全替代品;投资的主要目的是市场交换,而不是自身消费。由于大量劳动力与耕地由粮食生产转投到渔业生产中,如果失败,许多家庭可能挨饿。因此第一,集体所有制的存在决定了渔业投资的粮食安全风险由全体村民家庭分担,不至于使投资个体倾家荡产。第二,这项投资依赖于一个极大的和安全的鱼市的存在,以保障销售的成功或是降低产品卖不出去和被抢劫偷盗欺诈的风险。因此,如果没有20世纪70年代末全国范围(或至少区域内)整个城乡商业贸易的推广,永联村不可能获得最初的商业成功。

值得注意的是,当地社区银行提供的5000元初始贷款,不可能在私有产权制度下通过集中80户以上村民家庭的储蓄获得,除非金融银行业已经相当发达(想想目前非洲农村和印度农村的情景就可知道,这在中国20世纪70~80年代不可能)。此外,由于永联村没有任何抵押品,这项没有担保的贷款是有风险的。基于社区银行对吴栋材个人声誉的信任与政府的扶贫政策,永联村才能获得这项贷款。有商业头脑的商业银行可能不会这样做,更可能把稀有资金投向城市的房地产或股市或黄金或流向发达国家的债券市场。

换句话说,集体土地所有制显著降低了社会交易成本和组织成本,从而不仅降低了企业进入门槛而且增加了成功的可能性。村民不必私人购买土地或与多个土地所有者签订合同。因此,私有土地产权和私有企业产权不仅不必要,还可能妨碍中国当时的经济发展。[①]

最后再提醒一下,关键的因素(甚至比政府直接支持企业更重要)是"有序市场"的建立。在"有序市场"上,村民们先购买鱼卵或鱼苗作为投

[①] 很多经济史学家认为16~18世纪的法国比同时代的英国拥有更好的私有土地产权,因而大大延缓了法国的工业革命。参见 Robert Allen (2009),Ha-Joon Chang (2003),Gregory Clark (2007),Deirdre McCloskey (2010),and Kenneth Pomeranz (2001),among many others。

伟大的中国工业革命——"发展政治经济学"一般原理批判纲要

资,再销售成熟后的肥鱼。分散孤立的农户和村庄,在没有安全的公路和水路连接,战乱、欺诈、偷盗和抢劫盛行的情况下,不可能建立起这样的联系。①

除了这些创业努力,永联村积极进行农作物多样化种植,建立乡村小工厂。基于地理比较优势的农作物多样化和基于市场的种植计划与商业交换大大提高了永联村的土地效率与收入。这种席卷中国农村的革命性过程极大提高了农业生产力,并使中国的食品短缺局面在20世纪80年代中期得以终结,为中国在此后十年中的产业革命创造了条件。

其实在毛泽东时期也强调农村多搞副业和多种经营,但是由于没有市场交换来支撑产业分工和规模效应,这种多种经营对提高农村收入效果不佳。比如在1978年邓小平改革之前,永联村尝试过很多方法帮助农民脱贫致富,比如搞乡村工厂和农产品多样化。但这些方法并不以市场利润为目标,不允许通过把剩余产品送去外地交换来赚钱。例如,自1973年起,永联村建立了生产各种轻工业产品的小厂来满足当地村民的需要,如土布厂、羊毛衫厂、草编厂、手套厂、方钉厂等。但这些都不盈

---

① 有必要再次引用古典政治经济学鼻祖亚当·斯密来回敬某些一味强调私有产权和民主制度是落后国家经济发展绝对前提和首要条件的制度经济学家:"像分散在广袤无边的苏格兰高地的孤独农舍和微小村庄这样的地方,每一农夫都必须在家庭中自己充当既是屠夫和面包师,又是酿酒师的角色。在这种自给自足的农业经济里我们甚至不能指望在20英里范围内发现一个专业的锁匠和木匠。这些相距至少8~10英里远的家庭必须学会很多种琐碎的技能,而这些技能在人口密集一点的城市是由专职师傅提供的……在这样分散的地区不可能有任何贸易和劳动分工产生。什么样的商品才能抵消伦敦和加尔各答之间的长途马车运输费用?即便有如此珍贵的货物值得这个运费,又能用什么方式保障免遭遥远路途上穿过如此多野蛮落后地区时的土匪抢劫和绑架?"(亚当·斯密,《国富论》,第三章)像墨西哥这样的拉美国家,人均收入虽然是中国目前的好几倍,但是长期被市场原教旨主义和民主原教旨主义误导,国内色情、暴力、毒品泛滥,黑社会猖獗,工业化长期停滞不前。政客无能为力,因为西方经济学能够开出的工业化药方墨西哥都试过了,还拥有一大批芝加哥大学毕业的经济学博士毕业回国从政。类似地,据统计,阿根廷人是在美国从事宏观经济学研究最为出色的外国人群体,他们占据了美国几乎所有排名前20的顶尖经济系教职(终身正教授)。而这个国家的宏观管理调控能力却是世界上最糟糕的之一。这个"成就",德国人没有做到,日本人没有做到,中国人更(幸亏)没有做到。

利,最后都基本破产了。

在16~18世纪,英国同样发生了类似的农业生产力变革(如,作物多样化、商业化养殖、从维持生计型农业转向商业化的专业农业和毛纺生产,把土地转化为围栏养羊牧场,实行土地流转、土地排水和开垦,形成原始基础设施与国家毛纺市场)。① 但英国农业革命经过数世纪才完成。它极大地促进了圈地运动的发生(使之成为可能),使生产力最高的土地(一度是公共地)为少数人所有,失地农民被迫进入城市成为雇佣劳动力。这种全国性土地改造由全国对羊毛作为纺织业基本原材料的需求快速上升所催化和推动,并受到富有商人和大地主资助。因此,那些商人和地主是农业革命与土地转化(圈地运动)的直接受益者,而普通农民并不是。值得强调的是,这个革命性过程与1688年光荣革命无关。

第二节 通过乡镇企业实现原始工业化

原始的农业革命开始解决永联的贫困问题并提高农民的收入。特别是,农业土地和劳动生产率的提高也在包括永联在内的整个中国农村创造了大量的"剩余"劳动力。但是,在20世纪80年代初中国的城市和城镇地区并没有做好吸纳这些天量剩余劳动力的准备。吸纳天量剩余劳动力需要首先建立劳动密集型的大规模工厂,从事面向大众市场的大规模销售。因此,对于永联而言下一个关键步骤是通过就地建立自己的原始工业来充分雇用当地现有的剩余劳动力,即使这些工业只能获得原始的生产技术和十分有限的"自融"资金支持。

如前面所言,在毛泽东时代,自20世纪70年代初期起,永联的村民

---

① 长距离商业交换受到政府引领的道路和内陆航道扩张的帮助。从1500年至1700年,英格兰的道路运输能力提高了3倍到4倍。例如,参见 https://en.wikipedia.org/wiki/British_Agricultural_Revolution。

曾尝试经营多种类型的农村工厂,生产亚麻和羊毛纺织品、手套、家用器皿、钉子、别针等。但是,由于缺乏市场和利润激励,所有这些尝试都是无利可图,而且大多数破产。当吴栋材在1978年来到永联时,永联只剩下(勉强维持)三家社队企业:一个简陋粮食加工厂、一家简陋织布厂,以及一个小小杂货代销店,三者都是集体所有,仅用于满足当地村民的消费需求。

在养鱼和其他多种经营的农副业都取得初步成功后,吴栋材重新评估了永联村的条件,并认识到,每年有几百名农民无所事事,这些人可以将他们的"富余"劳动力投入其他地方。在某些情况下,这些农民也是熟练的技工。吴栋材将他们组织起来,送他们出村到附近城市的工厂工作,其中包括一家大型水泥预制厂。在这些工人获得了生产水泥预制板的经验之后,吴栋材组织这些工人在永联自己的水泥预制厂工作,并使水泥厂获得盈利。该水泥厂一度雇用了来自永联的300名村民。1983年,他们卖掉了水泥厂,用利润积累建立了其他更赚钱的小工厂,生产工具、农户用品以及电扇,并销往附近的城市市场。到1985年前后,永联村已经办过各种各样的工厂,街道上堆满了原材料、工具和其他设备,在村里的大部分地方村民们每天都能听到工厂传出来的生产噪声和金属敲打声,就像一首"工业交响曲"。村民们听到这些嘈杂的声音时非常高兴和满足,因为它象征和标志着原始工业化带来的繁荣和兴旺。永联村生产过的一些产品包括柳条编织、水泥地板、水磨石、浴缸、刺绣枕套、草纸、花砖、沙发、家具、汽车坐垫靠垫、玉石工艺品、汽车底盘简单加工、光学镜片、镀锌电化、控压机组装、电风扇等等。这些商品主要销往附近的大城镇和城市,如无锡、苏州和上海。经营这些工厂实际上是有风险的,因为销售没有保障,而且竞争变得激烈。对此,吴栋材的策略是保持灵活,响应市场需求,有能力迅速启动以便在新市场获得优势,并以同样快的速度关闭以便为下一个有利可图的机会恢复生产。吴栋材努力确保最低规模的存货和机械设备,以便关停不会产生浪费,也不给村里造成财务负担。从 1979 年到 1984 年,永联试验了大约一二十个不同类型的工厂,生产过大约 50 种不同的轻工商品。

这些小规模"公有制"乡镇企业如此迅速的"毁灭性创造"和随市场条件变通的能力,是市场竞争条件下原始工业化的特征。就像地球早期的生物进化一样,新的物种不断地被创造,又不断地被毁灭,直到对周围食物链形成强大适应力或垄断力为止。计划经济下的社队企业不可能有这样顽强和灵活机动的生命力,因此死气沉沉,根本无法进化。这是世界上所有计划经济国家寿终正寝(纵然有苏联强大的工业化为楷模),和少部分市场经济国家(主要是欧美)能够长期进化的根本原因。

通过这些村办工厂,永联的公有资本迅速积累,在短短的几年里从人民币几千元增至数千万元,在 4 年中实现了远超几百倍的惊人增长!仅到 1983 年,永联村村民的生活水平已经大大提高了,有足够的食品(包括肉类)和存款,家庭能够负担许多非必需品的采购和消费,比如手表、收音机、缝纫机、高档服装,等等。① 村民甚至有能力建造砖瓦房。在 1978 年经济改革之前,这些变化和发财致富是难以想象的,即便在民国时代或清朝的私有体制下也很难想象。这种遍布中国的农村和城市地区的经济繁荣重复了工业革命之前从 16 世纪到 19 世纪初在欧洲发生的情形。然而,中国的速度是史无前例的,而且是在没有从事殖民主义、帝国主义或奴隶雇佣与贩卖的情况下实现的。

此外,20 世纪 80 年代中期到后期,在吴栋材的领导下,永联成功地建立了一些现代化的基础设施:(1)通过建设现代化的灌溉渠克服在涨潮时的洪水问题;(2)通上了高压电,使得所有家庭能够获得电力供应;(3)打造了深水井、建了水净化厂提供清洁饮用水;(4)铺设了连接每个生产队的砂石路;(5)开设了医疗诊所并为所有的村民提供财产保险、养

---

① 注意,其他的村办企业或在城市里的国有工厂也生产这些消费品,但在毛泽东时代,很少能提供这样的商品,人们也负担不起。

老金、小孩上学助学金和奖学金。1985年,永联位列所在县的生产总值(GDP)已经达到1000万元的十强村榜单。当地新闻媒体和地方政府将永联列为脱贫致富的示范村之一。①

第三节 演化成现代工业

到20世纪80年代初,永联村已经积累了资本,并通过其小规模的原始工业获得了市场经验。为了谋划更长期的发展,吴栋材决定利用这些初步的成功实施一个更雄心勃勃的计划:在1984年,他开始筹划建立一个更加现代、更具规模的轧钢厂,以让永联村实现更大规模的经济增长和真正意义上的工业化。为此,永联村与乡镇供销社建立了合作伙伴关系。这个项目是这个村庄建立以来所实施过的最大胆的、风险最大的项目,必须应对许多挑战,包括如何运营和获得必需的技术?有经验的轧钢技术人员和管理人员从何而来?谁将是客户?如何确保可行的市场、原材料供应链和分销网络?

事实上,吴栋材从一开始就已经在应对这其中的一些挑战:吴栋材早就意识到小打小闹、低技术的原始工业本身将不会是永联村收入的长期主要来源和经济发展的目标,而只是过渡性的学习阶段。因此他一直注重乡镇企业管理人员和工人的培训及其素质的提高,并关注资源(资金、人力资本、土地等)往技术性强的方面分配和倾斜,以为未来的机会

---

① 在1985年,中国有1222万个乡镇企业,江苏省有很多村庄在收入水平和增长上类似于永联村。它们彻底结束了计划经济下凭票供应的"短缺经济"。假设平均每个企业雇用8~10个农民,那就是1亿左右的农村工业劳动大军!毛泽东在1958年的"大跃进"中希望见到的就是这种情景和规模。可惜方法错了,一个是用供给决定需求,一个是用需求决定供给,结果就是天壤之别。"喜看稻菽千重浪,遍地英雄下夕烟"的画卷,没有在"大跃进"中实现,但是在邓小平改革开放几年后就实现了。而毛泽东急于看到的"一桥飞架南北,天堑变通途。更立西江石壁,截断巫山云雨,高峡出平湖。神女应无恙,当惊世界殊"的宏图更是要等到开启第二次工业革命后的高铁时代才能真正实现。

做准备。吴栋材在永联村发起了一场促进学习的社会运动,特别对村领导班子和管理人员提出要求。总的来说,这些活动涉及工作业务培训,包括专门学习如何在外地销售本村制造的产品、创造新的业务、吸收新知识和生产技术、识别新的工业项目和原料的来源、建立供应链和销售网络、吸引外来投资,等等。他要求所有的村干部培养敏锐的商业直觉,并迅速采取行动,把握商机。对吴栋材本人而言,他保证将资金、人员和设备快速提供给新的业务项目。他选择最有能力的村民作为销售人员,让他们前往其他地区营销和销售永联产品,获得商业信息,建立客户关系和销售网络。

尽管吴栋材没有受过专业训练,没有 MBA 或 EMBA 学位,也没有任何企业头衔,但是他实际发挥的是永联村的首席执行官的作用,他对所有村民实行了一套严格的规则和操作纪律。他清楚当地人口是他能利用的主要劳动力和人力资本来源,他便使劲开发了这些村民的潜力。他还以身作则,尽管吴栋材没有很高的工资报酬,但是他自己几乎每天工作 14~16 小时,每周工作 7 天,因而他陪伴妻儿的时间很少。事实上,他最初的工资与其他村干部是一样的。尽管吴栋材没有创业的榜样,他从来没有听说过安德鲁·卡内基、亨利·福特、J. P. 摩根、约翰·D. 洛克菲勒或科尼利厄斯·范德比尔特这些美国大企业家,但是他自己成为了村民们的榜样。他依靠的是在部队服役期间培养的职业道德和组织能力,还有天生的商业头脑。吴栋材在永联的努力和成功事实上反映出中国工业化的努力和成功,它不依赖于任何一个西方经济公式或模型。吴栋材将他自己的努力投入务实的项目,这些项目可以充分利用现有的融资、地方政府的支持以及村里的比较优势。同样重要的是吴栋材深入了解如何满足从中国工业化中涌现出来的不断增长的市场需求。在当时,这些新的需求中的一项就是对钢材的需求。

永联村的经历与中国其他许多地方不同,特别是在其所处的特定的产业化阶段方面。其他农村地区从原始的农业革命进展到原始工业化,到第一阶段的工业化（第一次工业革命），然后达到第二阶段的工业化（第二次工业革命）。在达到第二次工业革命之前，永联村没有经历明显的第一次工业革命的阶段。第一次工业革命通常涉及大规模生产轻工业产品（如纺织品），第二次工业革命涉及重工业产品生产。永联将这两个阶段合二为一，从原始工业阶段直接发展到重工业阶段，即一个炼钢企业。然而，永联钢厂的发展仍然有渐进的工业化的特色，这非常类似于中国整体的工业化：从劳动密集型产业向资本密集型产业，从低技术含量向高科技工艺，从小到大，从地区市场到国内外大市场。

1984年，中国全国的原始农业革命和正在进行的农村原始工业化在发挥充分的威力。农民的收入迅速上升。吴栋材感觉，不论在农村还是城市地区，对更好的住房、办公楼和各类小型工业楼宇的需求也将迅速上升。由于中国的小型建筑所需要的主要中间产品是水泥和钢筋（钢筋用于加固混凝土结构），对建筑需求的增加将意味着对螺纹钢需求的增加。然而，大型国有钢铁企业不大可能大量提供这些小规模的中间产品。因此，吴栋材说服其他村干部设立一个小型轧钢厂生产螺纹钢。为了保证他们的螺纹钢有足够大的潜在市场，吴栋材和他的同事们花了几个月前往附近的城市，亲自进行市场调研，并收集关于如何建立和运营螺纹钢厂以及如何销售产品的技术信息。

一旦最终决定建立一家螺纹钢厂，遇到的第一个问题是如何筹集对设备和厂房的初始投资资金。在1984年建设这家螺纹钢厂的投资总费用估计约为60万元。但即使在出售了其两家现有的工厂之后，永联村也只能提供这笔初始投资中的一半。吴栋材需要找到外部资金，他找到了当地的乡镇供销合作社（供销社）。

供销社是国有和国营的遍布全国的分销合作机构网络，在中央计划体制下负责协调商品和原材料在全中国的供应和分销。供销社的地方分支机构也往往起到地方社区银行的作用，为当地村庄的公共项目提供信贷。在1983年，地方的供销社分支机构从国家所有制变成了集体所有制,并被鼓励提供金融和商业支持以促进地方农村产业发展。与村级政府一起,中国乡镇一级的供销社实体发挥了类似于第一次工业革命时期英国大商人阶层在18世纪和19世纪发挥的作用。

永联村和南丰镇供销社签署了一份商业合同,双方共同出资、拥有和运营计划中的螺纹钢厂。各方同意提供30万元作为这家合资公司的初始投资。永联的30万元用于获得土地和厂房,南丰供销社的投资主要是购买设备和提供初始营运资金。

下面是永联村和南丰镇供销社办事处之间的合同基本内容,反映在"联办轧钢厂协议书"里:

合作伙伴A(甲方):南丰镇永联村

合作伙伴B(乙方):南丰镇供销社

按照"资源互利,投资各半,利润分成,风险共担"的原则,联办小型轧钢厂。具体协议如下:

1. 名称。暂定为"永联轧钢厂"。轧钢厂单独建账,独立核算,自负盈亏。

2. 经营规模。以200热轧机为主体,拥有3个车间,即金工、热轧和冷轧,估计每年轧钢能力为2500吨左右。

3. 资金来源。工厂的产能需要配置360V发电机组和车床,热、冷轧机等一整套生产设备,其成本约60万元,甲乙各投资30万元。流动资金的主要来源是南丰供销社的银行贷款。永联村将提供所需的土地和厂房,这可以算作甲方的投资资金的一部分。

4. 利润分配。利润实行四六开,甲方获取总利润的60%,乙方获取40%。年终决算一次,利润分配以税后净利润为准。如发生亏本,甲乙双方各承担50%。

5. 组织领导。(1)建立由6人组成的董事会,双方各出3人。甲方为吴栋材、王德明、陈金融;乙方为陆杨涛、王文龙和陈龙达。董事会全权负责该企业的主要决策,包括财务、设备、工厂经营规模、与外部企业的业务关系、对其管理层(厂长和副厂长)的选择。(2)建立一个6人管理层,负责日常业务运营,包括会计。

6. 乙方有10%的产品处理权。

7. 企业中的乙方人员的基本工资和医疗保险由乙方负责,但永联轧钢厂负责他们的奖金收入和业务费用报销。

8. 合作的时限暂定为一年,从1984年4月1日至1985年3月31日。董事会在未来决定合作关系是否继续。协议在执行中如有修改补充,需经董事会商讨。

该合同是经沙洲县政府、工商管理局和当地农业银行批准的。这里反映几个问题。第一,商业合同的监督执行是靠沙洲县政府来提供,它负责解决任何的法律纠纷问题。因此,这份合同的法律严谨性虽不能与法制健全的发达国家相比,但在当时情况下,由政府提供的服务(权威)在中国的工业化早期阶段发挥了很好的法律作用。建立严格并可以层层监督的法律制度在发展中国家根本不可能也不现实,因为执行成本过于高昂,而且需要很好的信息追踪基础设施。因此真正现代严格意义上的、公平的、超越统治阶层利益的法律,即便在发达西方资本主义国家,也是在第二次工业革命完成或接近完成后才有可能,而在这之前不过徒有虚名、是个摆设而已。第二,因为解决法律纠纷的成本很高,商业合同的效力也由社会信任的程度决定。永联村与南丰供销社之间存在的社会信任因此也是个关键因素。第三,从合同可以看出,供销社主要是出资方,类似于金融银行,"贷款利息"主要靠利润分红获取。40%的利润分红是很高的贷款回报,但主要是因为乙方承担了巨大的投资风险。永联村主要是项目发现和执行方,虽然没有信贷抵押,但是有"首付",贡献土地和厂房,还有人力资源。这虽然与英国工业革命早期的大商人和资本家对企业和技术发明从事的风险投资很不一样,但是起到的经济促进作用是一样的。

另外为了解决流动资金、营运资金和招工等问题,为了增加设备和应对资金周转可能出现的困难,合同双方还决定向永联全村社员集资入股,由乙方(供销社)出面向村民集资,再把集到的资金交给甲方(永联轧钢厂)使用,避免利益冲突。为此还特定如下协议:

1. 乙方将社员股金10万借给甲方,定期一年(1986.4.1—1987.3.31),到期甲方如数将本金10万归还给乙方。

2. 股金分红标准为年息15%,总计利息1.5万元,必须在1986年12月底之前全部交付乙方。

3. 本协议有效期一年,如需续订,由甲乙双方重新商定。

由于初始资金缺乏,这种通过公共集资筹款的方式在中国各行各业相当普遍,包括后来的房地产行业——不像发达国家是先建好再出售,而是先出售(集资)再建设。这样做的风险(相当于100%首付)是由消费者承担,但是克服了因金融系统不发达而造成的融资难问题。关键是,对于永联村这个投资项目来说,由村民自愿共同集资入股,是一条共同富裕的道路。

吴栋材成为这家公司董事会的董事长。在20世纪80年代的中国,董事长实际上是首席执行官。他的第一批指令之一是派村里几名有技术的聪慧的工匠到附近的钢铁企业学习生产技术。他还自己学会了钢铁生产的基本知识。吴栋材聘请了来自苏州市一家国有钢铁厂的高级工程师担任兼职技术顾问,这位工程师被称为"星期天工程师",因为他只有星期天才有空去永联。①

螺纹钢厂只用了不到4个月就建成并投入运营。永联村民通过选拔成为厂里的工人,而机器是从附近的国有钢铁厂购买的二手轧钢机。

工厂立刻实现盈利,截至运营第一年的年底积累了10万元的利润。

---

① 由于利益冲突,他拥有第二职业实际上是非法的。

第二年该厂的总销售额达到 1000 万元,净利润 156 万元——年增长率 156%。这最初的成功令村民震惊,并很快全县闻名。在 1985 年,永联被列为整个苏州地区最富有的十大村庄之一,整个苏州地区有数千个村庄。回想对比一下,在 1978 年,永联还是该地区最穷的村庄之一。

由于钢铁厂的成功和销量的快速增长,它在 3 年里——1984—1985 年,1985—1986 年,以及 1986—1987 年——从一条生产线扩大到 3 条生产线。然而,即使这么快的增长速度也无法满足市场需求。1987 年,吴栋材将该工厂进一步扩张和升级,在全国钢铁市场上与中国的国有大型钢铁企业竞争。吴栋材认为,中国已经进入了长期的经济扩张和繁荣期,因此对钢材的需求将继续增长。他预计中国的繁荣和高速增长将持续至少数十年甚至上百年。于是,他决定实施下一步的重大举措。

他的发展战略是要超越较小的项目,瞄准做大做强。这与中国前总理朱镕基在 20 世纪 90 年代设法改革和重组中国的国有企业时所采取的是同样的战略,即"抓大放小"。吴栋材说服了其他村干部和工厂管理团队停止了所有其他村办企业(近 20 家)的运营,把所有的资源(资金与人力)分配到钢铁生产上。这个想法遭到了来自村民的巨大阻力,村民们认为整合成一家单一的企业是一个冒险的想法,尤其是其他企业还在继续盈利,工厂的多样性提供了稳健的风险管理。吴栋材坚持他的前瞻性战略,他的目标是,使这个村庄里的农村工业实现"下一次大跃进",并演变成拥有尖端技术的现代大规模生产企业。市场结构正在如此迅速地变化,对高品质钢材的需求在增加。最终,村民们同意了,他们信任吴栋材的商业直觉和领导才能,他们认识到吴栋材的商业意识和领导能力是这个村庄迄今为止取得的非凡成功背后的关键力量。

1987 年,永联村出售或关闭其他现有的工厂,其中包括一个非常有利可图的玉石珠宝饰品厂,并投资 120 万元建立了一条新的高品质螺纹钢生产线。一年以后,吴栋材的管理团队成功实施了扩张并继续满足不断飞速增长的市场需求,该工厂的净利润飙升至 650 万元。1992 年,其净利润达到 2500 万元，在短短 4 年又增长了 4 倍。随着业务规模的扩大，螺纹钢产品的种类也增加了。1994 年至 1995 年间，永钢集团对新的生产线和螺纹钢产品投资 1 亿元。因此，从 1992 年至 1995 年，累计实现利润总额达到 1.5 亿元。1996 年，该公司又投资 3500 万元升级旧的生产线，这将永钢集团在全国螺纹钢市场的市场份额提高到 1/15；到 1998 年，其全国市场份额达到 1/8。该公司成为中国最大的螺纹钢生产商之一，拥有若干项行业专利。

1995 年，吴栋材被中国中央电视台提名为十大村官之一。1997 年，永钢集团在中国最大的村办企业中位居第 39 名。1998 年，永钢集团的自有品牌产品之———"联峰"牌螺纹钢——被列为江苏省最佳品牌，并从国家冶金工业部获得金杯奖。在 2001 年，由于永钢集团的高品质和在市场上的良好信誉，该公司获得了国家质量技术监督局颁发的产品质量免检证书。

截至 2002 年年底，永钢集团有 2900 名员工，产能超过 200 万吨，销售收入人民币 53.4 亿元。它在长江下游拥有一个吞吐能力为 30 万吨的航运码头。该公司的固定资产由 1984 年的 30 万元增加到 2002 年的 21 亿元，在 18 年中增长了约 7000 倍，年均增速为每年 64%。在 2007 年，其销售额达到 245 亿元。

在壮观的扩张和增长中，永联村还合并了附近几个（相对贫困）村庄，所以它的总人口从 1977 年的 809 人（1971 年建村时为 692 人）增加到 2006 年的 9261 人。

由于永钢集团一直是永联村集体所有的企业，因此它为村里的福利项目和公共设施提供了显著的社会经济回报。截至 2002 年，永联村已经拥有了自己的从幼儿园到高中的学校体系、养老院、公园、诊所和医院、电影院、旅馆、花园式社区居住区（补贴住房），等等。所有的村民和工厂工人加入了一个慷慨的养老金体系，村里提供财产保险和医疗保险的补贴。此外，村里实施了一项从小学到大学的教育资助体系。

在中国对螺纹钢这一主要建筑材料需求激增的刺激下，永钢集团实现了从原始产业向现代企业的转型和崛起。高需求吸引数量庞大的企业进入市场,导致了极度激烈的竞争。永联并非是同一地区第一个从事钢铁生产的村庄。在张家港市,到20世纪80年代中期出现了30家村办钢铁企业,其中两家位于永联所属的南丰镇。在1988年南丰镇有24个村,13 000户,44万农民和大约40家村办企业,但随着时间的推移所有其他的30家钢铁厂都关闭了。

永联在激烈的市场竞争中取胜的秘密是什么?这些因素包括:

(1) 良好的市场调研。正如前面提到的,在决定建立螺纹钢厂的时候,吴栋材和他的同事们花了几个月时间到城里去评估和感受螺纹钢的市场需求。吴栋材的市场感觉是非常正确的,因为随着一个经济体从农业社会转变为工业社会,将有一个长期的建筑业的繁荣。因此,对于诸如螺纹钢等基础的建筑材料的市场需求将是巨大的和持久的。

(2) 人才招聘。吴栋材本人还在孩提时代,就在一家工匠作坊学过打铁,因此他对钢铁制造业有直觉和兴趣。他亲自面试和招聘了所有的螺纹钢工程师并善待他们,非常尊重他们。最重要的是,他自学了螺纹钢制造的所有程序并通过边做边学来不断更新他的知识,尽管作为一位首席执行官他没有必要在生产第一线上工作。他总是亲自参与应对在生产过程中出现的各种技术问题,并与其他工程师和工人一起解决这些问题。

(3) 工人的纪律。吴栋材对工人的纪律要求非常严格。尽管工厂属于村子,但是在管理和财务账目方面工厂是一个独立的实体。村民要成为工人必须经过申请和筛选。任何违反工厂规定的工人不问缘由,立即被解雇,包括吴栋材的亲属在内。事实上,吴栋材解雇了他的一些亲属。所有的工人都必须严格遵循工厂的规定并接受各自的岗位培训。

(4) 自我改进技术。大部分的螺纹钢生产技术不是通过进口,而是在大型钢铁公司的专家和工程师的协助下自主设计和自主建造的。这样做不仅避免了花费数百万美元购买进口设备,却不知道如何使用它们,还避免了依靠外国公司提供必要的零件和未来昂贵的服务。吴栋材一直坚持采取自主设计和自主建造的策略,使设备充分适应当地的市场环境,并且便于自我维修和自我改进。这一策略被证明不仅为永联村节省了大量的资金,并提供宝贵的"干中学"的技术创新的平台和优势。这就是永钢集团能够超越国外炼钢技术,自创优质品牌——"联峰"牌螺纹钢的原因,它被列为江苏省最佳品牌,并从国家冶金工业部获得金杯奖。大多工业技术创新最初都基于微小的变动和改进。但是,当设备是自我设计和自建时,这种小的变动和改进就会变得特别容易。因此,通过边做边学,永钢集团后来掌握了生产技术,能够百分之百地设计其自己的螺纹钢生产线和设备并生产高品质和高信誉的名牌产品。该厂还建立了自己的研发机构。

(5)管理。吴栋材多次改革该厂的管理体系并与工人和管理人员尝试了数种不同的薪酬安排和合同形式。这样的薪酬安排将绩效直接与工资和奖金挂钩,并规定了明确的奖惩规则。

(6)可持续和稳定的原材料供应链。永钢集团利用其在市场上的良好信誉以及及时偿还贷款的优势,与原材料供应商建立了若干重要的关系,甚至使中国东部沿海地区最大的国有原材料供应商之一成为了永联的股东和合资企业伙伴。

(7)十分注重产品质量,并以此创造稳定增长的销售市场和商业分销网络。吴栋材选择了村里和公司里最有才华的人担任销售代表,并把他们派往全国各地以创造市场和培育市场信誉。永钢集团也依靠地方政府、省级政府和中央政府来宣传其产品。中国的中央和地方政府每年举办很多展览和产品竞赛,以帮助宣传具有良好声誉的企业。

第四节 小 结

作为本章小结,我们千万不能忘记,在分散的小农经济条件下,不管私有产权多么发达,保护它的法律多么严明,政治选举制度多么民主,由

伟大的中国工业革命——"发展政治经济学"一般原理批判纲要

分散的、自给自足的、"一穷二白"的农民，或城市富有的商人，在"鸡犬之声相闻、老死不相往来"的农村山区去组织和建立企业的社会成本极其高昂。这不仅是因为交通不便，而且是因为社会信任的缺乏和社会协作的困难。这也是为什么毛泽东一直强调，"只有社会主义才能救中国"。即只有通过社会主义公有制组织起来的农民才是中国工业化和农业现代化的根本。正是毛泽东的土地改革和农村合作化运动，大大降低了中国广大农村组建乡村企业的社会协作成本。在这一点上，毛泽东不仅没有错而且居功至伟。错在不允许市场的存在，因此不可能出现真正由市场规模和需求拉动的劳动分工和物质生产繁荣（亚当·斯密和马克思）。后来这个错误由邓小平及时纠正。他指出，社会主义也可以而且应该搞市场经济，"贫穷不是社会主义"。改革开放后集体所有制下的乡镇企业开始在中国大地燎原，以铺天盖地之势终于引爆了中国近代史上历代仁人志士为之前仆后继奋斗不息的工业革命，证明邓小平的伟大。但是殊不知这茫茫原野上等待燃烧的"离离原上草"是毛泽东铺垫的，火却最终是邓小平亲手点燃的。①

---

① 关于西方学者眼中的中国近代史上为实现工业化而努力过的有名人士的思想和简要传记，包括魏源，冯桂芬，慈禧，李鸿章，梁启超，康有为，严复，孙中山，陈独秀，蒋介石等，参见 Schell and Delury (2013)，*Wealth and Power: China's Long March to the Twenty-First Century*。

第七章 结论：经济发展的"胚胎发育"理论

第一节　市场是个昂贵的公共品

贫穷、落后或工业化失败，在任何时候任何地方，都是社会协作失灵的产物。

资本主义物质富裕的基础是建立在劳动分工基础上的规模化生产，从而使昂贵的工业品变得廉价，使分散低效的劳动变得有组织和高效。但是，规模化生产的前提条件是安全、可靠、有序的统一市场。没有这样一个大市场，高度组织起来的企业就远不如自给自足的小手工业有效率和具有竞争力，因此也就不可能有大工业存在的基础和对社会需求的"有效"供给。

问题是，建立"统一、安全、可靠、有序"的大市场以及相应的（基于劳动分工原理的）工业组织的社会成本非常高昂，因此需要政府和市场参与各方付出巨大的协调努力和社会投资。因此，在一种极为根本性的意义上，"自由"市场本身既不"自由"也不"免费"，而是一种昂贵的公共品，而且是所有生产交换活动最基本的公共品。这一公共品的基石便是社会秩序和社会信任。

没有基本的社会信任，不仅信贷和合同不可能出现，甚至物物交换也很困难。这就是为什么即使在工业化的发达国家，大部分贷款（特别是大宗贷款）也是采取抵押贷款的形式。但可抵押资产只有在开启工业化进程后才能持续增长。所有的市场交易手段，包括一切与运输、信息、

第七章 结论：经济发展的"胚胎发育"理论

交流、交换、管理、协商、组织、收付以及合同执行有关的活动，都需要基于社会信任，而且永远伴随着欺诈、阴谋、风险和不确定性。所有基于信任的交换手段和交换媒介（比如货币）都只是市场这一基本公共品的要素和属性，因此，都需要起码的政治稳定和社会秩序甚至信仰来维持。这就是为什么市场经济的危机通常是信心和信任危机。这也是为什么我们把信贷叫信用。由于提供市场这一最基本公共品和建立社会信任需要付出巨大的社会协作成本，发展中国家最为缺乏的并不是民主或现代高科技企业，而是市场的创造者。① 因而，从最根本和深刻的意义上来说，经济发展所面临的最大问题，是一个市场创造者缺失（以及由此造成的市场缺失）的问题。

换句话说，自由市场从来不是免费提供的，更不是天然就存在的。市场的规模越大，市场创造（和参与）的固定成本就越高。因此即使已经拥有了民主、法律规则、私人产权制度和订立合同的自由，市场，特别是"安全、可靠、有序"的大规模统一市场，在自由放任环境下并不会自动产生和运作。正因为存在"市场创造"所需的巨大社会成本和缺乏这个关键公共品的创造者，尽管英国工业革命已经过去了两百多年，我们今天仍然观察到发展中国家的大规模贫困和无力实现工业化的沮丧以及"中等收入陷阱"，尽管这些国家不断掀起过轰轰烈烈的"市场化、私有化、民主化"的改革浪潮。②

殊不知，英国工业革命的"秘密"恰好是建立在英国政府不择手段的全球市场开拓基础上的。在文艺复兴后欧洲列强开辟和创造世界市场的几百年间，由于远洋贸易巨大的成本和安全风险，欧洲商人集团的远洋探索和全球贸易都是"武装贸易"，是由其国家军事力量支持和背书的，而且是靠跨国贸易中巨大的离岸和到岸价格差与垄断暴利来激励的。

---

① 即使在现代社会，新市场的创造也需要大规模投资和政府协助。互联网的建立对电子商务发展的作用就是一个例子。

② 这些失败的改革浪潮的一个共同点就是淡化和放弃政府的作用。

伟大的中国工业革命——"发展政治经济学"一般原理批判纲要

国家只有组织起来才有能力竞争,而只有通过竞争才能更好地组织起来。企业也是如此。比如,对于当年为荷兰全球市场开拓立下汗马功劳的荷兰东印度公司,彭慕兰说道:"16~17 世纪的荷兰对亚洲的武装贸易,与对新世界的征服、占有和武装贸易一样,……使得荷兰东印度公司成为一个现代企业——比以往任何组织都更为现代。"(Pomeranz, *The Great Divergence*, 2000, p. 192)换句话说,具备复杂组织结构的大企业之所以出现,不是制度经济学家科斯所说的因为市场交易成本上升了,因而需要把交易环节和成本内部化;而是因为市场变大了,变得更加"平坦"从而更适合于通过"大军团"作战而赢得市场竞争。

社会组织在市场竞争与军事战争中的作用类似。马克思注意到:"一个骑兵连的进攻力量或一个步兵团的抵抗力量,与单个骑兵分散展开的进攻力量的总和或单个步兵分散展开的抵抗力量的总和有本质的差别,同样,单个劳动者的力量的机械总和,与许多人手同时共同完成同一不可分割的操作(例如举重、转绞车、清除道路上的障碍物等)所发挥的社会力量有本质的差别。在这里,结合劳动的效果要么是个人劳动根本不可能达到的,要么只能在长得多的时间内,或者只能在很小的规模上达到。这里的问题不仅是通过协作提高了个人生产力,而且是创造了一种生产力,这种生产力本身必然是集体力。"(《资本论》第 1 卷,人民出版社 1975 年版,第 362 页)小农经济适合在山地(小市场)生存,工业经济适合在平原(大市场)竞争。[①] 这比诺贝尔奖获得者,制度经济学创始人科斯(Ronald Coase)关于企业组织的理论要深刻得多。道理很简单:小企业的固定投资和组织成本低,但是边际产出成本上升很快;而大企

---

① "如果说山地是游击战的乐园,那么平原则是大部队运动战的理想天地,成建制的大部队在山地无法形成有效的战斗力,游击战在此却可大显身手,神出鬼没的游击战士可将强大对手在山地消耗得精疲力竭并最终将其一一消灭。同样的道理,从山地出去的游击作战力量如不能迅速学会大部队集成作战,那么也会被拥有强大正规部队的一方所吞没。"(参见张文木,"长江与国防",http://www.guancha.cn/ZhangWenMu/2015_12_13_344505_s.shtml)

第七章 结论：经济发展的"胚胎发育"理论

业固定投资和组织成本高，但是边际产出成本上升很慢，因而平均成本随市场的扩大而下降得很快。因此，小企业虽然进入门槛（比如资金和技术门槛）低，但是缺乏规模效应；而大企业进入门槛高，但是具备规模效应。所以，小市场只能支撑小企业，大市场才能支撑大企业（见前面第二章第三节和第三章第一节的论述）。[①]

非洲的贫穷，当今拉美国家的增长乏力，和中国清朝末年的衰败和民国时期的四分五裂很相似，都是源于国家能力的缺失和不懂得英国工业革命的"秘密"。芝加哥学派鼓吹的"新自由主义"和新制度学派吹捧的"包容性制度和民主"只不过再一次为这些本已在战后觉醒的独立民族国家打了一剂强力催眠针。埃及"阿拉伯之春"的失败就是又一实例。[②]

规模性统一市场的好处（收益）大部分是社会性的，而其创建成本却主要是私人性的。因此，历史上"自然"的统一市场的形成（发酵）过程非常漫长。即便这样一个过程，也通常都是由强大的政府和国家意志去组织商人阶层在民族主义精神激励下通过集体行动和强大国家军事能力来完成的。[③] 在大航海时代和美洲发现几百年之后，英国和欧洲才在18世纪完成了大规模市场创造的历史任务，从而为引爆工业革命奠定了决定性的基础。**没有世界市场，就不可能有工业革命。**世界市场的开拓与

[①] 事实上，美国工业革命初期的许多大型基建工程的工程师是来自军事院校："直到19世纪60年代为止，美国军事学院提供了当时最正统的土木工程师训练；而西点军校的一些毕业生也参与了铁路的修建和管理工作，他们有些服务于或熟悉当时的兵工署和工程部队，这两个机构是美国在南北战争以前极少数按专业配备人员、阶层划分严谨的组织中的两个。"（Alfred Chandler，1977，中文版，p.107）

[②] 埃及人民是不幸的。作为英国和欧洲工业化早期的棉花产地之一，埃及早在19世纪初就已经雄心勃勃地试图利用棉纺织业开启过工业革命，比中国的洋务运动还早了半个世纪。而且埃及政府和人民前仆后继，一直为争取民族独立和工业化而奋斗，但是可惜埃及的工业化至今遥遥无期。

[③] 经济史学家注意到，在欧洲当年地理大发现和全球殖民开拓的时代，"商人们对海外业务的集资的确会变得容易得多，如果他们向国内投资者煽情地提到集资的目的是为了国家和皇室的荣耀与尊严去对海外野蛮文明进行暴力掠夺，而不是只提什么海外投资机会与投资回报。"（Pomeranz and Topik，2013，p.156）

伟大的中国工业革命——"发展政治经济学"一般原理批判纲要

政治制度无关;世界市场的开拓,却与重商主义国家政策和国与国的激烈竞争息息相关。①

被新制度经济学家们讴歌的1688年英国光荣革命,只是这一漫长市场创造和国家能力建设过程中的一个插曲和结果。它对一百年后英国工业革命的产生并无不可或缺的根本性意义。它并没有如制度经济学派所想象和吹嘘的那样使英国的产权制度更加完善,或使得私人财产获得更多保护。②它不过是体现了英国政商强强结合的愿望,使得商人和地主阶级在议会上获得了更多权力,从而进一步保证了王室的一切商业和国际贸易政策更能反映和保护商人阶级在海内外掠夺的利益。毕竟,他们才是大英帝国重商主义政策下财富创造的中坚力量和主要纳税人,供养着英国军队使得其能够与其他欧洲列强进行一系列无休止的殖民地争夺战争。这意味着"中央集权在1688年之前只是偶尔可得,但在此之后就是永远可得了"。③它不过再一次说明,正如"威尼斯、热那亚、吕贝克、汉堡和荷兰共和国在这之前的长期经验所反复表明的那样,一个国家如何能通过向其臣民和外国投资者可靠地偿还债务来变得强大……一个能可靠借贷的议会君主制国家就意味着有能力干预欧洲大陆军事和

---

① 尽管地理大发现后的欧洲殖民国家都经历了大规模市场发酵的过程,也都投入到全球贸易和军事的激烈竞争当中,但不同的欧洲国家为积累国家财富而尝试的"产业政策"或经济发展战略并不相同,从而导致不同的结果。15世纪的意大利关注毛纺织业;16世纪的荷兰关注于造船业和渔业的机械化;17世纪的西班牙关注香料贸易和制糖业的机械化;18世纪的法国关注印刷业的机械化。但这些产业政策并未导致工业革命。英国是幸运的,它一开始也持之以恒地尝试了几百年的毛纺织业,但在18世纪很快用举国之力转向了棉纺织业。棉纺织业的生产性质使得木质结构、水力驱动的机械化生产通过多阶段的弹性投入产出生产链得以实现。而正是英国创造的巨大统一的国内纺织品市场,以及相应的巨大全球市场和棉花供应链,使得机械化生产和运输有利可图并因此触发了工业革命。

② 参见 D. McCloskey, 2010。

③ 参见 Julian Hoppit, "Patterns of Parliamentary Legislation, 1660-1800," *History Journal*, vol. 39, pp. 109-131; cited in Robert Allen (2009, p. 5), "The British Industrial Revolution in Global Perspective"。

经济力量的平衡"。(D. McCloskey, 2010, p. 314)

换句话说,光荣革命并未改变英国长期坚持的重商主义传统和国策,也没有使得英国政府更加"包容"(像 Acemoglu 和 Robinson 所意指的那样与平民分享政治权力)。如果说它改变了什么的话,那就是它使得政府在干预国家经济方面变得更专制和强权了。例如,光荣革命后,议会开始大幅提高税率。而且,出于保护本国纺织产业的目的,对进口施加了更严格的管制和禁令。1700 年,英国禁止进口质量更好的印度棉织品(白棉布),从实质上起到了保护本国脆弱的棉纺工业的作用。[①]1701 年,英国议会通过了一项法案,法案规定:在英国穿亚洲丝绸和棉布都是违法的。为了进一步保护英国的毛纺织工业,1721 年的《印花棉布法案》规定"1722 年 12 月 25 日之后,在大英帝国的任何人因任何原因穿戴任何进口染色棉纺布料都是违法的"。(见 Acemoglu and Robinson, 2012, pp. 197-202)但是,当英国政府意识到棉纺织工业对于贸易和国家兴旺的重大意义之后,它又改变限制,并在 1736 年通过了《曼彻斯特法案》。《曼彻斯特法案》对于棉纺织业的机械化和工业革命时期工厂式大规模生产都至关重要。作为另一个例子,在 1688 年光荣革命之前通过的各种《航海条例》,并没有因光荣革命而有丝毫削弱,甚至没有受到亚当·斯密"自由贸易"口号的冲击,仍然沿用了近两百年之久。这些条例的目的就是为了保护英国的全球贸易垄断地位,禁止外国船只向英国及其殖民地输入制造业成品。

总而言之,在光荣革命之后,英国的私有财产权制度并没有如制度经济学大师诺斯(North)和他的学生们 Acemoglu 和 Robinson 所想象的那样变得更"安全和有效",它垄断的市场并没有对国外竞争者变得更加自由,它的政治制度并没有对劳动人民变得更加包容。但是,在政府主导的重商主义政策下连续不断的、以发展制造业为核心的原始工业化和

---

① 这一禁令的本意是保护国内的羊毛纺织业和其国内市场。

伟大的中国工业革命——"发展政治经济学"一般原理批判纲要

国内外市场培育,让英国变得更加富裕、强大和富于技术创新。而英国的技术创新能力与其严格的"知识产权"保护没有什么关系,却与它拼力为国内制造业打造和开辟的全球统一大市场息息相关。①

正如哈佛大学经济史学家 Sven Beckert 精辟指出的那样:"当年的大英帝国,作为第一个开启工业化的国家,并非是一个后来人们所描绘的自由、开明和廉政的国家。相反,它是一个军事开销庞大的、总是处于战争状态的、奉行干涉政策的、高税收的、债台高筑的、极端贸易保护主义的官僚集团和强权国家。它也绝对不是一个民主的国家。"(Sven Beckert,2014,p. xv)②

中国今天的发展经验却向全世界表明了大国经济发展在新的国际环境下的另一条道路,它可以使得西方几百年漫长的掠夺性的市场创造过程大大缩短和加速。这依靠的是各级政府(包括乡镇政府)作为市场的积极创造者,以替代缺失的数量庞大的基于垄断利润的跨国商人阶级的全球武装贸易。这一道路与几乎所有成功工业化的国家和地区(包括 200 多年前的英国和战后亚洲四小龙)的发展道路遵循相同的工业化程序和逻辑,但不需要重复西方列强(包括日本)当年发迹史上血腥的原始

---

① 相反,英国当年的知识产权和专利保护制度对于英国工业化和国内技术在国内传播起到了巨大的阻碍作用和反作用。参见 Boldrin, Michele and David K. Levine, *Against Intellectual Monopoly*, Cambridge University Press,2008。

② 英国政府当时的财政税收(以人均上交银子的重量公克计算)在光荣革命以后明显上升,从 1650—1659 年的 31 公克上升到 1700—1709 年的 92 公克,而且在第一次工业革命的黄金十年(1820—1829 年)达到 300 公克的高峰。这样一种卓越的税收能力是同时代的其他欧洲国家无法比肩的,它是当年荷兰共和国的 2 倍,是西班牙帝国的 6 倍。而且,财政税收在 18 世纪初的英国达到了国民总收入的 9%,而且在 1820 年上升为 23%。相比之下,被制度经济学家 Acemoglu 和 Robinson 称为"榨取性"制度的大清王朝的年平均财政税收在整个 18 世纪和 19 世纪一直仅占国民总收入的 4% 左右(参见 Peer Vries,2015,*State, Economy and the Great Divergence*,pp. 71,100,102)。Acemoglu 和 Robinson(2012)之所以无法或不愿意对"包容性"和"榨取性"制度给出严格定义,就是因为他们企图两边通吃:一会儿把中央集权(比如高税收)当作榨取性制度的标志之一,一会儿当作"国家能力"的体现。他们常常偷换概念,时不时认为民主制还得加上必要的中央集权才是真正的"包容性"制度,但是在批判"榨取性"制度时又说它是典型的中央集权。

第七章 结论：经济发展的"胚胎发育"理论

积累、殖民主义、帝国主义和奴隶贩卖。①

第二节　市场创造的顺序和逻辑

这些不同国家的发展经验或许可以用一种统一的经济发展模型和理论来概括。这个理论也许可以被称为"新阶段论"（New Stage Theory，NST），或经济发展的"胚胎发育理论"（Embryonic Development Theory，EDT）。NST（或 EDT）与李斯特（1841）、马克思（1867）和罗斯托（1960）的经济发展"阶段理论"密切相关，也与其他学派的发展理论紧密相连，如结构主义、新结构主义②、进口替代理论和大推进理论（见 Paul Rosenstein-Rodan in 1943，and Kevin M. Murphy，Andrei Schleifer，and Robert W. Vishny in 1989）。③

---

①　英国工业革命前夕广泛存在于欧洲农村地区的原始工业化（Proto-industrialization）是一个历史学家十分熟知并仔细探讨过的历史现象。虽然经济史学家（比如 Mendels 和 Clarkson）认为它是开启工业革命的必经阶段，但是历史学家们也长期对一个历史事实感到迷惑不解，那就是原始工业化并没有在所有欧洲国家导致工业化。也就是说，只有一些欧洲国家（比如先是英国然后是法国等）在完成原始工业化后进入了第一次工业革命阶段，但是另一些欧洲国家（比如荷兰、爱尔兰等）却在原始工业化后期长期停止了发展并出现了"去原始工业化"现象（参见 Sheilagh C. Ogilvie and Markus Cerman（1996），European Proto-Industrialization，and the references therein）。中国的发展经验也为解开这个谜团提供了线索：从乡村原始工业化阶段向规模化大生产（第一次工业革命）阶段的过渡不是铁板钉钉的事情，仍然需要重商主义政府的大力支持和市场创造。而遍布于荷兰和爱尔兰乡村的原始工业（尤其是纺织业）恰好因为没有继续获得国家意志和政府产业政策的强有力扶持来实现产业升级和参与世界市场的争夺，从而被英国的纺织工业所击溃。

②　见林毅夫，*New Structural Economics：A Framework for Rethinking Development and Policy*. 2012. World Bank Publications。

③　NST 也与 Joe Studwell（2003）在其非常有趣的著作 *How Asian Works—Success and Failures in the World's Most Dynamic Region* 一书中识别出的发展模式密切相关。他认为存在三种政府干预可以加速经济发展。一是完全的土地改革，将地主的土地分给众多的农民，建立一种小规模的家庭耕作体系以最大化农业产出。二是通过政府补贴和贸易保护促进制造业的发展和技术升级，这种补贴以出口的绩效作为依据。这样既可以吸纳农村剩余劳动力，也可以通过"出口准则"来培育竞争和达尔文式的"破坏性创造"或"毁灭性创造"。三是干预金融业，使其向"密集（转下页）

伟大的中国工业革命——"发展政治经济学"一般原理批判纲要

NST(EDT)认为"重商主义"主导的、自下而上的、由简到繁的、从农村到城市的、由轻工业到重工业的、由政府主导的"市场创造"到循序渐进的产业升级的发展战略对于国家工业化成败是最为关键的。

政治制度和经济制度是内生的,而且历史上往往是被建立来实现或执行国家发展政策和战略的工具,是用来巩固经济发展成果的体制化保障。①

NST 认为市场创造者缺失和由此导致的市场缺失是经济发展的首要问题和关键问题,并强调政治稳定、社会秩序和社会信任是市场这一公共产品的核心要素,以及政府在提供这些核心要素和克服"市场创造"的巨大成本方面的核心作用。②

(接上页脚注③)型、小规模的农业和制造业发展"提供融资,使得经济关注长期利润而不是短期个人消费。Joe Studwell 提供了许多证据,表明实施这些干预最有效的地区(如日本、韩国、中国台湾和1978年后的中国大陆),完成了从贫困到富裕最为快速的跨越。而那些没有执行干预的地区,如其他亚洲国家,也创造了一段时间的高增长,但最后则被证明是不可持续的(尽管它们的工业化雄心同样巨大,也许还拥有更好的资源禀赋)。NST 对 Studwell 的重要发现做了进一步的补充,并提供了一个概念框架来解释贫困陷阱、中等收入陷阱,为何某些政府干预能够起作用,而那些自上而下的干预方案如 ISI,还有新自由主义的华盛顿共识以及制度理论则不能起作用。这一概念框架同样也可以用来阐明工业革命本身这一长期以来悬而未决的谜题,以及帮助我们理解为什么它首先发生在18~19世纪的英国而不是印度、中国或欧洲其他地方,还有为什么后发国家复制工业革命十分困难,尽管具备后发优势。

① 这一关于制度是实现国家发展战略的工具的一般性观点与林毅夫等(1996)关于解释中国计划经济时期一系列经济政策和制度制定的论点是一致的。林毅夫精辟地论述了中国当年的中央计划体制和价格操纵机制是如何建立起来为重工业赶超战略服务的。经济政策和政府力量对于经济发展的重要性也被其他学者所强调,如 Joe Studwell (2003)和 Dani Rodrik (2008)。

② 林毅夫(2009,2011,2012,2013)强调了国家基于"比较优势"的发展战略。NST 则通过对"市场创造"和政府搭建"市场平台"这一最基本最核心问题的论证和阐述,对发展经济学理论(包括林毅夫的理论)形成了必要补充,并由此为揭示英国工业革命的"秘密"开辟了新的思路。新古典经济学理论(包括林毅夫的理论)假设了市场的存在,或创造市场是不需要付出成本的。关键的问题是:市场在哪里?谁来提供和创造"市场"这个交易平台?例如,印度在廉价劳动力方面与中国拥有类似的比较优势,然而印度的经济发展落后了中国几十年。根本原因不在于印度是否愿意按照比较优势充分利用其廉价劳动力,而在于它无法充分利用这个"比较优势"资源,因为它的(转下页)

第七章 结论：经济发展的"胚胎发育"理论

(接上页脚注②)中央和地方政府未能成功创造出与中国类似规模的国内和国际市场。因而，尽管印度的劳动力成本比中国还要低，却不能像中国一样产出如此多的劳动密集型产品。不管印度的劳动力多么廉价，印度农民都不可能凭自己创造出如此巨大统一的市场。外国企业和商人也没有积极性来为印度人创造这个统一市场。所以，市场创造的重任最终要落到印度政府头上。另外，"比较优势"理论也同其他新古典经济理论一样无法解释"工业革命"之谜。为什么它发生在欧洲而不是中国？为什么首先发生在英国而不是荷兰、法国、西班牙、德国？难道欧洲当年的劳动力比中国便宜？难道英国的劳动力"比较优势"胜过欧洲其他国家？一个流行观点对这个"李约瑟之谜"提出的解释是，因为西方先在17世纪产生了科学革命，而中国则在科举制度下没有产生科学家，因此工业革命首先发生在欧洲。但是，姑且不论英国18世纪的科学是否比同时代的法国和德国更发达且科学家更多，这种"科学革命是工业革命的前提和原因"的说法已经被很多经济史学家所驳倒。一个简单的例子就是，工业革命的关键技术的发明和采用，比如珍妮纺织机、铁路、煤炭开采、炼铁技术、蒸汽机等，都与17世纪的科学革命理论，比如哥白尼的日心说，牛顿的万有引力理论和牛顿力学，甚至后来的热力学理论，没有丝毫关系。这些技术的发明者（包括后来第二次工业革命期间的伟大发明家爱迪生）全部是没有上过学的工匠。另外，这个对"工业革命"的解释的一个直接引申推理，就是后发国家如果想要复制英国工业革命，最好先搞科学革命。因为不懂科学，如何向国外学习技术？但是这个推论是错误的，而且与现实不符，不过它倒是与芝加哥学派后来提倡的关于经济增长的人力资本理论相符。但是很多非洲（比如埃及）、拉美（比如墨西哥、哥伦比亚）和亚洲国家（比如菲律宾）按照这个"人力资本"理论建立了很多大学（大量找不到工作的大学生们参与了埃及"茉莉花革命"），也没有能够启动工业革命。问题终归还是出在对"供给不能创造对自身的需求"这个一般的"胚胎发育"理论缺乏理解上（详见本书第四章第二节的关于工业技术创新源泉的分析）。林毅夫对发展经济学的最大贡献，就在于指出很多强行推进工业化的国家（无论制度如何）都采纳了看似违背其比较优势的重工业优先的发展战略，因此形成很多生产要素的市场价格扭曲和巨大财政负担。在这一点上，本书提出的循序渐进的市场创造和产业升级的"胚胎发育"理论也是符合林毅夫的基于比较优势的发展经济学理论的。林毅夫的另外一个基本观点是生产要素禀赋是内生的，因为资本（供给）是在不断积累的，因此用劳动—资本比或它们的相对价格衡量的产业结构必须是动态的。虽然这一动态的产业升级过程完全可以由市场力量推动（比如像索罗增长模型一样），但是林毅夫强调信息不对称等摩擦阻力会造成市场失灵，因此需要政府助一臂之力。而本书则强调不同的产业结构需要不同的市场条件和市场规模来支撑，而市场本身又是一个十分昂贵的公共品，因此需要整个社会（尤其是各级政府、商人和企业）的通力合作来不断创造，为产业升级提供市场条件，尤其是开拓和深化全球市场，并对市场秩序进行有效管理和监督。这是一个巨大的对国家能力和意志以及外交战略的考验。中国目前提出的"一带一路"就是在中国完成原始工业化和第一次工业革命的市场创造和产业升级之后，为继续完成第二次工业革命所实行的全球市场创造和制造业升级的大战略。现存世界市场托起了中国的轻工业革命，但是对于中国重工业起飞已经不够用。没有重新开拓全球市场和重塑世界贸易秩序（和这背后的政治秩序）的勇气和国家意志，中国这么大的国家要完成工业化是不可能的。因此"一带一路"战略与"市场创造"的"胚胎发育"理论密不可分，它体现的正是"市场创造"这个核心点和当年英国工业革命的"秘密"。这个"秘密"在鸦片战争170多年后终于被中国找到了，而且仅用35年时间就"如法炮制"出了一个比当年大英帝国强大无数倍的超级大国。

伟大的中国工业革命——"发展政治经济学"一般原理批判纲要

NST 强调工业化必须按顺序经历几个主要且独特的阶段,在每个阶段都面临着不同的市场缺失和市场创造者缺失的问题。因而,发展问题并不能通过一次性"供给侧"的"大推进",即依靠外国资金或技术援助、自上而下的工业化方案,或"供给方"投资浪潮来获得解决(如大炼钢铁)。成功的经济发展需要许多轮自下而上、用市场"需求"来驱动和创造"供给"、按次序进行的"产业升级",这其中地方政府和中央政府的"公共商人"作用很重要。这里面包含的最基本经济学原理,是"供给不能自动创造对自身的需求";相反,只有先创造市场,供给才能应运而生。①

换句话说,因为大工业是一个运营成本巨大的有机体系,它需要依赖一个巨大市场和其规模效应来维持利润和克服工业组织、固定投资、技术引进和创新所带来的天量成本。但是如此巨大的规模化工业品市场难以通过一次性的大推进(无论是进口替代还是休克疗法)来建立,而只能是一步一步按照正确的顺序来实现。这个顺序符合林毅夫讲的"供给方"(企业生产要素)的"比较优势"原则,但是更加强调"需求方"的"市场创造"原则。②

如果工业是一个复杂有机体,那工业革命就是这个有机体按顺序展开的"胚胎发育"过程。其中每一个阶段都需要前一个阶段的"原始"积累来创造市场并获得融资。换句话说,有序的胚胎发育过程需要经历多个不同的组织演化和结构转型阶段,而每一个阶段都与新的、更新层次的市场规模相联系,与新的、更大的、更迂回的工业结构相符合。而这种

---

① 伟大人物的产生(供给)也是同样道理:时势造英雄。而目前的中国正处于这样的时代,与 19 世纪和 20 世纪初的美国类似,因而必定是一个英雄辈出的时代,是一个需要巨人而且能够产生巨人的时代。

② 一旦有了市场,供给会自然按照比较优势行事。这是自亚当·斯密和李嘉图以来所有古典和新古典经济学的基本原理。这个论点即使对于小国,甚至没有农业产业的小经济体,比如中国香港,也适用。香港起初是一个渔村,有一些小的手工业。从 20 世纪 50 年代开始,逐渐地通过利用国际市场大量出口劳动密集型日用消费品,先是纺织品,然后是 60~70 年代的玩具和 70~80 年代的电子产品,逐渐通过基础设施建设升级为大型港口并转变为资金雄厚的亚洲金融中心。香港早期的一个重要劳动密集型产业就是假发生产,工人们在简陋车间将一绺一绺的头发粘在一起,靠出口国外市场来赚取外汇以及购买机器。

第七章 结论：经济发展的"胚胎发育"理论

"发育"过程需要靠之前阶段积累的市场和技术来创新，靠其积累的储蓄来融资。这一发展过程的核心是，通过需求方的推动和供给方的反馈，在几个阶段之间，逐渐建立规模化生产、规模化销售、规模化供应链和工业集群，来实现规模经济效益，并建成一个能自我反馈的良性循环体系（比如用原始工业化进一步刺激农村商业化，用劳动密集型轻工业吸收农村原始工业化后挤出来的大量农村剩余劳动力，又用基于劳动密集型轻工业的重工业反哺轻工业和农业，最终实现农业机械化和现代化以及所有生产工具的量化生产）。这一过程依次克服了粮食安全诅咒、马尔萨斯陷阱、工业体系缺失或比例失调、幼稚产业生长、中等收入陷阱、竞争力缺乏、由实体经济缺乏导致的金融信用危机和债务危机等其他发展中国家在不同发展阶段以不同形式屡见不鲜的问题。在这一发展过程中，工业结构变得越来越专业化和迂回，资本越来越密集，市场规模越来越大且市场竞争日益激烈，市场要素的大范围流动性日益加强。由于巨大的市场规模大大减低了规模化生产所面临的巨大固定生产成本在平均生产成本中的份额，所有的工业"器官"和"零部件"的"细胞"都变得越来越可廉价替换和可再生，最终逼近"边际成本几乎为零"的社会化大生产，从而进入福利社会。

特别地，为了赶上和发展成为像法国、德国、日本和美国那样的现代工业经济体，一个分散和自给自足的小农经济的原始农业国必须经历三个主要"发育"阶段：原始工业化阶段[①]、第一次工业革命阶段和第二次工业革命阶段（还可加上"二战"以后出现的后工业化的福利社会阶段）。

---

① 就像 L. A. Clarkson（1985，1996）所强调的，原始工业化取决于农村工业，而农村工业与城市手工作坊非常不同。后者只为当地生产而前者为全国或世界市场生产。在任何农业社会，像古罗马或是中世纪欧洲，城市手工业在原始工业化阶段之前早就存在。在17~18世纪，大航海时代使得商人阶层和早期资本家日益富裕，他们开始在乡村地区需求廉价而充足的劳动力。这样急剧膨胀的国际国内市场和商业网络促成了原始工业化的出现。然而在原始工业化完成之前，市场规模仍不足以使工厂系统和规模化生产有利可图。

伟大的中国工业革命——"发展政治经济学"一般原理批判纲要

现代金融资本主义则是建立在第二次工业革命的基础上。它的强大来自其工业体系供给可再生的有形资产的能力,并非因为它们能印制钞票或发行债务(毕竟这些金融资产背后都以实际资产为支撑,否则就要像阿根廷和希腊一样陷入债务危机)。每一个阶段都需要国家能力和政府大推进,因为成功登上每一个更高阶段都需要高屋建瓴、集体努力、公共融资和相应社会结构变革(使其生产要素大规模流动),这超过了单一个体或企业甚至一个产业的能力。但底层第一个阶段是最重要、最基本的,因为每一个更高阶段的经济和产业规模及其运作结构(不单是抽象的劳动—资本比)都建立在前一个阶段所创造的市场规模、营销网络和制造业技术积累之上。以学习数学作一个比喻:一个人没有学过代数就很难理解微积分,而不先学会扳手指头数数和四则运算便不能理解代数。关键是,个体学习数学的过程与人类整体发明创造数学的历程惊人的一致,只不过速度更快。就如婴儿的胚胎发育重复整个生物进化的关键过程和环节但速度更快一样。同理,中国的工业革命也重复了人类社会发展史上英国工业革命的关键步骤和环节,只不过是以更迅猛的速度进行。如果违背数学发展的规律学习数学,或违背生物进化的结构进行试管婴儿的胚胎发育或细胞分裂,必然造成"畸形"和"发育不全"。经济发展和产业结构演化也一样。① 这就是黑格尔在他的"精神现象学"和"逻辑学"里讲的"类"(比如物种)的历史发展和"个体"发展的逻辑关系,称之为历史逻辑学。马克思把黑格尔的神秘的基于"绝对精神"和"抽象概念"的辩证逻辑颠倒过来,从最简单原始的社会性生产活动开始,用人类的基于物质利益驱动的集体创造活动来重新解释历史,从而创立了辩

---

① 举例来说,中国20世纪80年代有大约8亿农民,其中有3亿农村剩余劳动力。这意味着即便用"外科手术"把整个美国的所有制造业都移植到中国的城市地区也不可能解决中国的工业化问题(美国80年代的全部就业数为1亿)。因此,中国的工业化不可能从农村向城市移民开始,像刘易斯二元产业发展模型(Lewis,1954)和Gerschenkron(1962)的跳跃式发展战略所描述的那样,而必须通过乡村原始工业化这个阶段——即重复当年英国工业革命前所走过的道路。

第七章 结论：经济发展的"胚胎发育"理论

证唯物主义哲学和马克思主义政治经济学。①

工业化的每一个阶段或许还可细分为三个时期：激活（起跑）期、起飞期和完成期。每一个阶段的完成期也构成下一个阶段的激活期。例如，第一次工业革命的三个时期分别是：（1）以初步劳动分工、农产品商业化和手工制造品远距离贸易为基础的，以原始积累为特征的原始工业化阶段；（2）以世界市场为依托、进一步劳动分工为基础的大量使用机器的劳动密集型的流水作业式的规模化大生产（就像20世纪90年代中国以几亿件T恤换取一架波音飞机的阶段）；（3）以满足规模化大市场需求和交换为驱动力的包括能源、动力和基础设施在内的工业"三位一体"体系的建立。第一次工业革命起飞期的旗舰产业是规模纺织业，而完成期（同时又是下一次工业革命助跑期或激活期）的旗舰产业则是以能源（煤炭或石油）、运输（铁路或公路或航运）以及引擎动力（蒸汽机或内燃机）构成的三大"工具"产业。②

---

① 马克思主义的思想来源包括亚当·斯密关于"劳动分工"的政治经济学，费尔巴哈的唯物主义和黑格尔的关于历史演化的思辨逻辑学等等。马克思《资本论》应用劳动分工原理和黑格尔的历史逻辑学，从简单商品交换开始展开，企图通过抽象商品生产的发展和内生演化推导出整个资本主义发展的宏大历史画卷，其写作的时代背景是英国19世纪基于工业"三位一体"繁荣的第二次工业革命。马克思没有见到两次世界大战，美国的崛起，苏联的社会主义革命和解体，以及后工业化时代的到来，也没有见到由萨缪尔森和阿罗-德布罗创立的现代新古典经济学和凯恩斯关于经济危机的理论。因此，如何结合中国经济发展和当代世界发展的实践，综合和发展人类文明所创立的各种经济学理论是中国当代经济学家的机会。但这个机会不属于那些把现存理论当教条和框框的人们，而是属于那些敢于思考、敢于批判、敢于创新，但是同时对传统理论有深厚研究的人们。对于这一点，林毅夫的"新结构主义"和国内年轻学者李晓鹏关于中国崛起的独到解释起到了很好的示范作用（参见李晓鹏．这个国家会好吗：中国崛起的经济学分析[M]．北京：中国发展出版社，2012年第一版，2014年第二版）。这些研究成果都是试图从实践和事实出发，而不是从模型和国外教科书出发来获得对世界的理论认知。制度经济学创始人科斯（Ronald Coase）把未来经济学理论大推进的希望寄托在中国和印度这些发展中国家的本土经济学者身上是有道理的，因为他们有实践知识，而不只是黑板上学到的模型和条条框框。

② 工业"三位一体"的具体形式随时间而变化。就能源系统而言，在19世纪是煤主导的，而20世纪和21世纪分别是石油和太阳能。就通信而言，在19世纪是电报主导的，而20世纪和21世纪分别是电话和电子邮件。

伟大的中国工业革命——"发展政治经济学"一般原理批判纲要

第一次工业革命的最后时期（第三期）同样构成了第二次工业革命的激活时期（第一期）。在以轻工业消费品的规模化生产为主导的第一次工业革命中对机器、能源、动力、运输以及中间材料比如钢铁和水泥的不断增长的需求很自然地呼唤第二次工业革命——它以规模化生产方式来生产第一次工业革命所需的手段和媒介（即生产工具、原料和中间品）为特征，比如对机械产品、电力、矿石、水泥、钢铁、化学制剂、卡车、轮船和发动机等进行规模化生产。第二次工业革命的高潮（即起飞时期）的标志就是引擎和重型机械（也包括精密仪器）的机械化生产。这使得第一次工业革命赖以实现的生产手段本身（机器）的全面机械化、规模化生产成为可能。第二次工业革命三个阶段的一些旗舰产业包括钢铁、水泥、基础能源、运输网络产业（激活期），动力系统尤其是引擎发动机和重型机械与精密机械批量制造（起飞期，中国目前处于这一阶段），以及为实体经济服务的高技术服务业，比如金融业、智能化信息技术、生物技术和现代化管理的物流业（完成期）。

只有在第二次工业革命的第二和第三个阶段（时期），当用于规模化生产的生产工具和手段本身的规模化、机械化生产能够实现且有利可图时，加上对化学和农业生物技术的巨大投入成为可能时，农业的全面机械化和现代化才成为可能，原始的小农生产方式才能完全结束。因此只有第二次工业革命才能从根本上解决粮食安全的诅咒这一自古以来就盘桓在人类社会的阴霾。[①] 第二次工业革命完成以后，人类的工业生产形成了一个自我反馈和"封闭"的良性循环系统，从最终消费品到生产它们所需要的生产工具和中间产品以及零部件本身都实现了规模化大生

---

① 在发展中国家，粮食安全诅咒及其相关问题（例如粮价通货膨胀）几乎是最重要的社会动荡和革命的根源。中国5000年的历史上都是如此，而如今世界也是这样，例如 2010—2011 年的"阿拉伯之春"运动。（见 Jane Harrigan, 2011, "Did Food prices Plant the Seeds of the Arab Spring?"以及 Natali Fytrou, 2014, "World food crisis and the Arab Spring", http://www.academia.edu/5743155/World_food_crisis_and_the_Arab_Spring）

产,从而实现了真正稳定的自我反馈的工业体系,为进入福利社会(公平切分蛋糕以及人的尊严获取和自我实现阶段)打下了坚实基础。①

第二次工业革命的关键意义就在于它使得生产工具(而不仅仅是消费品)的规模化生产成为可能,从而彻底保障了所有消费品和农产品规模化生产的可持续性和竞争力。正是从这个意义上,我们可以把"中等收入陷阱"归结为第二次工业革命的缺失,或没有使其顺利完成。而无法顺利完成第二次工业革命,除了与缺乏持续强大的重商主义国家意志有关外,还与采用错误的发展战略有关,因而使得第一次工业革命的市场发育不全,以至于既无"财"力也无"内需"动力来有效支撑以工业"三位一体"(即能源、动力机械、通信和运输等基础设施建设)为先导的第二次工业革命。

典型的已进入中等收入但增长乏力的国家包括拉美和东欧国家。这些国家都有能力规模化生产日用消费品,也具备一些现代重工业,但是不仅基础设施落后,而且重工业不成体系或无法嵌入全球产业链,因而长期属于亏损状态,缺乏全球竞争力。不仅如此,这些国家的轻工业也不具备全球竞争力,因为早熟的农业现代化和金融开放,再加上民主选举导致的社会过早福利化,使其劳动力和土地成本早已经变得非常昂贵,从而无法再利用劳动密集型消费品出口来获得所需外汇、劳动生产率和外国直接投资(FDI)。这就导致了这些国家需要长期依赖金融手段(外债或政府赤字)来维持其重工业的运转和福利社会所需的巨大社会开支,因而频频爆发债务危机,陷入一种无法自拔的增长"陷阱"。这可以说是"胚胎发育"理论下对"中等收入陷阱"的结构主义的解释。

注意,不仅传统服务业,而且现代服务业的多数部门也是劳动密集型产业,而且由于服务产品(比如贷款服务、饮食服务、看病服务、教学服

---

① 小经济体不需要建立完整的工业体系,可以靠嵌入全球产业链和逐步产业升级而实现工业化。但是也得面临如何开拓和进入全球竞争市场的艰巨任务,因此这也得是一个政府主导的自下而上的市场创造和产业升级过程(比如新加坡)。即便到了产业链高端,政府也不能撒手不管(中国台湾与韩国相比在进入高收入阶段后经济开始停滞就是例子)。

务,等等)的异质性很强,外部性(externality)很高,因而很难完全靠规模化生产方式和市场力量来解决服务业的供给不足问题。而且服务业存在大量信息不对称问题,尤其是金融、医疗、药品和教育领域。因此,服务业不仅其市场失灵比制造业和农业严重得多,而且由于很难完全用规模化生产方式来实现机器对人力的替代,因此很难成为工业革命所需要的技术创新的主导力量。相反,服务业主要是工业革命的服务者和受益者,其技术创新(比如信息传播、医疗仪器、新药研发)主要来源于制造业(通信、精密仪器、化工等)。正因为服务业的这些特点,服务业的真正发展壮大是第二次工业革命的结果,是进入福利社会的标志。对劳动力投入缺乏规模效应这一特点也使得服务业成为农业和制造业完成产业升级之后吸收社会剩余劳动的最大蓄水池。所以经济转型中对这个行业中关键部门的市场化改革要慎之又慎。这解释了为什么即便是在老牌资本主义工业国家,医疗和教育在很大程度上是公费(或公立)的,而非自费(或私立)的这个与"市场原教旨主义"明显矛盾的现象,因为福利经济学的定理不适合于这些"市场频频失灵"的领域。这也解释了为什么在发达资本主义国家,金融、药品(包括包装食品)和教育(甚至房地产)是政府监管、干涉最严厉的部门,而且政府不仅动用烦琐规章条例而且往往是直接对这领域的"市场"价格(比如利率、专利保护期的药品垄断价格、医药费和学费甚至房价)进行干涉的(比如靠货币政策、专利政策、公费医疗、教育补贴和提供大量廉租房等)。发展中国家的政府和人民如果盲目听从自由主义学派和制度学派的偏颇和狭隘的理论,迷信那些诺贝尔经济学奖获得者们擅长的"黑板上的经济学",误以为政府退出并让市场力量横行就能够实现经济发展,就会自食其恶果。①

---

① 在发达资本主义国家的旅游风景区,政府或当地旅游协会有严格的市场监管,不允许商家随意利用"市场规律"抬高价格来宰游客。换句话说,经营者没有按需求大小自主制定市场调节价格的自由。为什么?因为在旅游区,由于消费者往往是一次性消费,不具备"回头客"的信息优势和对商品的选择机制,使得供给方具备天然的垄断力。因此,政府必须通过干预市场价格来保护消费者的利益。

第七章 结论：经济发展的"胚胎发育"理论

与旧的阶段理论不同，NST 并不认同一次性、一劳永逸的供给侧"大推进"和马克思的经济发展决定论（即发展的前一个阶段必然导致自动进入下一个发展阶段）。每一个发展阶段都可能成为一个"陷阱"或"均衡"，都需要政府或社会各阶层共同协调下的市场开拓、公共产品投资和产业升级来提升。最基本的"公共品"是什么？就是安全、有序的"市场"和"交易平台"。这背后的基石是社会信任，其保障是国家能力、社会参与和社会监管。① 而所谓法律制度是在这些基础上随着专业化和产业的升级而逐步建立和完善的。

按照这个工业化年谱划分，英国第一次工业革命的激活时期为 17 世纪初到 18 世纪 60 年代（1600—1760 年），起飞时期为 18 世纪 60 年代到 19 世纪 30 年代（1760—1830 年），完成时期为 19 世纪 30 年代到 60 年代（1830—1860 年）。第二次工业革命的对应时期则分别为 19 世纪 30 年代到 60 年代（1830—1860 年，激活期）②，19 世纪 60 年代到 90 年代（1860—1890 年，起飞期，也正是马克思完成《资本论》的年代），和 19 世

---

① 在市场创造和相应的产业政策和技术革新上缺乏强有力的政府支持，解释了为何 18 世纪欧洲大陆许多国家和地区（例如佛兰德斯、法国、德国、西班牙、荷兰、瑞典和爱尔兰）的原始工业化并未能自动开启工业革命的进程。一个事实是，许多国家在 17～19 世纪原始工业化勃兴之后甚至经历了去工业化的历程（见 Franklin F. Mendels（1981），Sheilagh C. Ogilvie and Markus Cerman（1996），European Proto-Industrialization）。这也解释了为什么中国和印度未能在高度发达的农业社会末期，即 17～18 世纪，开启工业革命。即便是今天的处于后工业化福利社会阶段的美国，如果没有政府主导去打造工业"4.0"升级，没有社会各个阶层的共同协作和努力为底层人群创造需要他们的劳动力市场，也很难摆脱目前的高收入资本主义国家典型的分配不公的"均衡"，从而为继续引领世界创造条件。

② 在 19 世纪的头 30 年（即英国第一次工业革命的黄金时期），英国总共只建了不到 300 英里的铁路。而且当时的铁路建设主要是小范围的，多数处于煤矿和铁矿开采区，而且是靠马车或原始机械力带动的。由于棉纺织业革命所刺激起来的急剧增长的长途运输和贸易需求，英国的工业"三位一体"繁荣是在接下来的 30 年里发生的。1847 年铁路建设达到高潮，当时总共有 6500 英里的铁路处在建设中。到了 1850 年代末，铁路建设的高峰已经过去，那时英国的全国铁路网才真正形成。但是过去疯狂的铁路建设导致了巨大的产能过剩，尤其是炼铁产业。因此英国开始大搞产能输出，把大量的过剩铁路建设产能输向全球，支撑了许多国家的铁路繁荣（参见 Phyllis Deane，1979，p. 117）。

伟大的中国工业革命 ——"发展政治经济学"一般原理批判纲要

纪 90 年代到 20 世纪 20 年代（1890—1920 年，完成期）。

美国相应的年代划分大致为：18 世纪初到 19 世纪 20 年代（原始工业化阶段或第一次工业革命助跑阶段），19 世纪 20 年代到 50 年代（第一次工业革命起飞时期），19 世纪 50 年代到 80 年代（铁路和钢铁产业繁荣，开启第二次工业革命，作为上升力量得到欧洲瞩目）[①]，19 世纪 80 年代到 20 世纪的头 10 年（第二次工业革命起飞，汽车产业繁荣，取代英国成为世界工厂和超级大国，金融业勃兴），20 世纪的头 10 年到 20 世纪 40 年代（完成第二次工业革命和农业机械化，金融业迅速壮大，启动福利国家和后工业化时代），20 世纪 40 年代到 70 年代（全面进入福利国家，激活第三次工业革命和信息技术），20 世纪 70 年代到 21 世纪初（完成福利国家建设，信息技术飞速发展），21 世纪初到 21 世纪 30 年代（完成信息技术阶段和第三次工业革命）。[②]

相比之下，中国还处在这一历程的中段，其年代划分大致为：1978—1988 年（或 1949—1988 年，第一次工业革命激活期），1988—1998 年（第一次工业革命起飞期，成为全球纺织业中心和重镇），1998—2008 年（第一次工业革命完成期和第二次工业革命激活期，成为全球轻工业消费品制造的世界工厂，并通过煤炭、钢铁和基础设施"三位一体"繁荣激活第二次工业革命）[③]，2008—2018 年（第二次工业革命起飞期，取代美国成为

---

① 美国铁路里程从 1830 年的 20 英里，增长到 1870 年的 52 000 英里，再到 1890 年的 166 000 英里。

② 2015 年之后的情况只是猜测和线性外推，因为产业升级能否继续取决于政府的发展战略和继续开创世界市场的国家能力。这些产业升级的时间表假设国家能力和政府产业政策能够长期保持定力和前瞻性，不放弃对市场创造和监管的责任，尤其是对金融市场的创造和监管。即便是在民主制度下，无论哪个反对党上台，都必须履行这个职责，而且不能因为党争而自废武功。

③ 以国家高速公路建设为例。中国的国家高速公路网始建于原始工业化完成期（1989 年），但真正的大规模建设是在第一次工业革命结束时（1998 年）。从 1988 年到 1998 年（第一次工业革命期间），国家高速公路总长度从 0 公里变为 4771 公里；然而在接下来（第二次工业革命初期）的 10 年里（1998—2008 年），国家高速公路总长度从 4771 公里变为 53 913 公里，增加了近 5 万公里。这一长度在 2015 年达到 11.2 万公里左右。类似地，中国钢产量在 1980—1990 年（原始工业（转下页）

第七章 结论：经济发展的"胚胎发育"理论

世界上机械和资本密集型产品的最大出口国，成为制造业大国，比如汽车、轮船、高铁，开启金融业的繁荣和人民币国际化，在多个科技前沿点引爆能源、信息、通信、计算、动力、材料等方面的科技革命，并成为第三次工业革命激活期）[①]，2018—2028年（完成第二次工业革命、农业机械化、城镇现代化，在能源、信息、通信、计算、动力、材料等方面全面引爆科技革命，金融业全面繁荣[②]，在国际贸易和资本流动中人民币取得支配地

（接上页脚注③）化）期间增加了不到3000万吨，在1990—2000年（第一次工业革命）期间增加了约6200万吨，但在2000—2010年（第二次工业革命的"三位一体"繁荣）期间却增加了5亿吨。在接下来的4年中（2000—2014年）又增加了近4亿吨。回想"大跃进"时期，毛泽东提出要用15年左右时间在钢产量方面赶上和超过英国的口号。中国1957年钢产量为535万吨，英国是区区2205万吨，美国是1亿吨多一点。但是由于采取了错误的发展战略，毛泽东1958—1959年的"大跃进"，在中国没有实现原始工业化和引爆第一次工业革命的情况下强行闯关，制造了历史性灾难。然而在邓小平的循序渐进的发展战略下，中国在优先发展以生产消费品为主的乡村工业和轻工业的基础上，顺利进入第二次工业革命时期，一年的钢产量就可达到1亿吨，而且是高质量的。

① 虽然中国互联网还具有局限性和不完善之处，数字中国仍是21世纪影响最深远的事件之一。可以说全球网络空间将由美国和中国主导。目前，数字世界的两极化体现在中美互联网公司之间的竞争上：谷歌、推特、YouTube、亚马逊、eBay、优步、Expedia和苹果支付，都是数字美国的标志；而百度、腾讯、优酷、京东、阿里巴巴、滴滴快的、携程以及支付宝，则是中国网络空间的象征。如今，互联网上使用最多的两大语言是英语（8.51亿用户）和中文（7.04亿用户），但随着中国互联网普及率进一步提高（中国互联网普及率约为50%，而美国则为87%），中文可能很快将成为互联网的第一语言。

② 但必须警惕金融泡沫化和脱离实体经济的为金融而金融的空心化。脱离实体经济的金融不过是赌场，这一点凯恩斯早有定论。因此中国的金融改革必须分清轻重缓急，哪些是为实体经济服务而必需的改革，哪些是为争夺所谓国际金融中心"虚名"的改革。金融业最关键的核心部门是银行业，而不是股市、汇市、期货、债券等市场，它们在很大程度上都是赌场，是投机者的天堂。美国很多很好很优秀的中小企业并不通过股市融资，也很难通过发行债券融资，德国的大多数企业资金也主要是靠银行借贷，而不是靠债券市场和股市融资。发展中国家在完成工业化之前急于发展壮大股市和金融市场，恐怕会把大量急于致富的小老百姓变成赌徒，并成为金融大鳄的牺牲品。资本主义国家当年发展资本市场的时候，世界上根本没有那么多的流动性资金，跨国投机也没那么容易，而且这些国家往往每隔3~5年就来一次金融危机。但是对于今天的发展中国家来说，发达国家哪怕单个私人投资基金涌出来的流动性就足以利用发展中国家金融监管不到位的弱点，如海啸一般把这些国家的股市、汇市、期货、债券等市场吞没，荡涤净尽。发展中国家为解决老百姓家庭储蓄与企业资金需求对接的问题，除了不断改进国有银行体系的管理和效率以外，还可以考虑鼓励成功的能够受到政府有效监管的大型本国民营企业去兴办地方性小型银行，为地方的优秀中小企业提供贷款，并与国企银行进行竞争，允许在严厉监管下演变为大型民营银行。记住，发达资本主义国家对私人银行的监管是十分严厉和到位的，对每一笔钱的流进流出都了如指掌。

位,进入金融资本主义时代,开启第三次工业革命,信息时代起飞,成为世界金融中心[①],同时进入以成熟医疗和健康产业为特征的福利时代),2028—2038年(成为重工业技术的世界领袖,在信息技术上赶上美国),2038—2048年(完成第三次工业革命,在实质性工业技术和主要基础科学方面全面超越美国成为技术创新的全球领导者)。

  注意,无论在今天的中国,还是当年的英国、美国、日本,不同行业、领域和地区的产业升级不可能"一二三、齐步走",而是各个部门和地区按各自步伐共同发展,呈叠加波似地次第推进。也就是说,哪怕在同一个国家,原始工业化、第一次工业革命、第二次工业革命等波峰会长时间同时并存,只不过最前面的波峰才代表时代主流,而不是要在第一个波峰消失后第二个波峰才涌现。比如,英国在19世纪中叶开启第二次工业革命后,它第一次工业革命的旗舰产业,纺织业,继续统治全球纺织品市场直到20世纪初才被美国完全取代。原因很简单:因为第二次工业革命本来就是为第一次工业革命的需求服务而产生的,只不过一旦它产生后,其规模和力度以及对社会资源分配和社会结构的影响盖过了第一次工业革命的所有产业,从而体现为新的产业革命和产业升级,然而这并不表明第一次工业革命的作用已经到头或过时。类似的,日本纺织业也在它实现第二次工业革命起飞后的很长时间继续作为全国主要产业之一为工业化提供利润和就业。日本在"二战"战败后,为了重新启动中断了的第二次工业革命,十分明智地选择了重新全面启用已经过时的劳动密集型纺织业(甚至包括原始纺织业),来为重工业的重建和起飞提供

---

① 作为一个政府主导的向外国提供低息贷款来购买美国产品的机构,美国进出口银行在过去近80年的时间里共放出了5900亿美元贷款,而中国在近两年就放出了6700亿美元类似的贷款。亚洲基础设施投资银行的成功建立也从另一个方面说明了中国全球金融影响力的提升。

第七章 结论：经济发展的"胚胎发育"理论

利润、就业和市场基础。① 与之相仿的，中国在 1978 年改革开放后重新补课，回到当年跳过了的（失败了的）原始工业化阶段重新开始，虽然在毛泽东计划经济时代已经建立了所谓初步完整的工业体系。另外，中国虽然在 20 世纪 90 年代末开启了第二次工业革命，但是即便到今天，中国的纺织业（第一次工业革命的旗舰产业）和其他劳动密集型轻工产业仍然是全国乃至全球市场主打产业，并为中国继续解决着大量就业问题和为重工业革命提供基金支持。② 在一些落后地方和省份，甚至原始工业（比如靠手工制造箱包的乡镇企业）还在继续发挥作用。

在这一 NST 粗略年表中，从历史的角度看，中国 2015 年的总体工业化程度只相当于美国 20 世纪 10~20 年代的水平，尽管中国的某些尖端技术距离美国已只有 20~30 年的差距甚至已非常接近。这一对于中国总体工业化程度的估计与两个独立的衡量指标是一致的。一是城镇人口比例，中国 2015 年城镇人口比例约为 51%，与美国 1920 年 51% 的城镇人口一样。二是人均 GDP，美国 1910（1920）年代真实人均 GDP 大约是现在水平的十分之一（八分之一），这一差距与目前中国与美国的差距类似。③

---

① 这对思考俄罗斯在 20 世纪 90 年代应该如何正确开启改革提供了启发。它必须按照工业革命的历史逻辑来重新通过某种形式的"胚胎发育"实现稳定转型，而不是本末倒置地先搞什么金融改革，企图一步跨进美国的现代资本主义。

② 换句话说，中国虽然在 1995 年就已经成为全球最大的纺织品生产和出口国，象征着中国第一次工业革命的成功，但是纺织业在 2001 年加入世贸组织后仍然是继续引领中国劳动密集型产业的旗舰产业。由于中国是个人口大国，区域发展极其不平衡，因此还应该在相当长时间内牢牢守住轻纺工业，巩固重工业，同时向高端产业进军。另外中国也应当充分利用自己的产业升级机会和庞大市场规模来培育和扶持"一带一路"上的发展中国家，帮助它们搞活制造业，实行产能对接，而不能只把它们看成资源输出国，因为这样的关系不会长久，应该主动主导地缘经济格局，搞"雁阵模式"的国际产业分工，实现和平竞赛下的双赢。

③ 中国完成第二次工业革命的关键任务之一是农村城镇化。农村城镇化的目标应该主要是通过发展地方性工商业在乡镇一级人口聚集区建立低密度的小型城市。地方政府必须为这些小型城市的各种基础设施投入，使它们在交通、供电、供水、通信、医疗、教育等方面全国联网。促进农民就近就业也是解决农村留守儿童抚养和教育问题的根本途径。

伟大的中国工业革命——"发展政治经济学"一般原理批判纲要

但中国与美国工业化同一阶段最重要的相似性并不在于收入水平或城镇化率的一致,而是经济结构转型的力度与增长的动能(势头)的类似性。凭借巨大的国内市场和制造业产能蔚为壮观的增长,美国在20世纪初猛然闯到世界舞台的聚光灯下,而中国在21世纪初也是一样。假设未来几十年内,中国维持7%左右的增长而美国维持2%左右的增长,仅仅40年后(按照PPP则只需要30年)中国就会在人均收入方面赶上美国。这也与NST年表做出的预测一致。① 假设两国有相同的人口增长率,到那时中国经济体量将是美国的4倍。但是由于全球市场规模的增长速度不一定与中国的产能增长速度同步,中国没有必要在人均收入水平上赶上美国,它只需赶上日本(人均收入约为美国的2/3)或韩国(人均收入约为美国的1/2),就可成为名副其实的头号超级大国。而这只再需20~30年左右的努力就可能实现。中国人口是日本的10倍,韩国的30倍。想象一下10个日本或30个韩国的制造力和GDP是什么威力!在20世纪80年代,一个日本就已经让世界感到震撼,何况10个日本。从这个角度看,中国只需要具备2个日本的高端制造业实力就可打破世界平衡。②

---

① 由于存在地区不平等,中国的东部沿海地区如江苏、浙江和广东,有望以短得多的时间赶上美国的平均生活水平。

② 按照亚洲发展银行最新发布的消息(ASIAN ECONOMIC INTEGRATION REPORT 2015,p.15,Table 3),中国在亚洲高端科技产品出口中所占份额从2000年的9.4%升至2014年的43.7%,位居亚洲第一(以高铁、核电和卫星等为代表的中国高端科技产品深受亚洲各国的欢迎)。这标志着中国进入完成第二次工业革命的最后冲刺阶段。亚行的报告显示,2014年,中国成为亚洲高端科技产品出口主导力量,日本所占份额从2000年的25.5%下降至2014年的7.7%,落后于韩国的9.4%。2014年低端科技产品出口占中国出口的28%,而在不久前的2000年还占到41%。属于第一次工业革命的低端制造业在20世纪90年代至2000年对中国意义重大,给中国原有重工业产业技术改造和重工业起飞进行了长期输血,才有中国第二次工业革命在90年代末和2000年后的爆发。未来中国产业升级的过程,低端产业恐怕不能全部放弃,应当大力实现由沿海向内陆和西部梯度转移。这样才能保证稳定的现金流和全产业链的竞争优势地位。当中国能够在世界航空、汽车、半导体等高端行业站住脚跟(还有大功率燃气轮机、高级光电一体化等领域),第二次工业革命就算大功告成。

第三节　管理革命：中国面临的挑战

但要实现这一目标，中国仍需要克服一系列的关键挑战。如像前面已经提到的，一方面，中国用短短35年（如果从新中国成立算起则为65年）完成了典型西方国家用至少250年到300年才完成的工业成就（即从原始工业化到第一次工业革命再到开启第二次工业革命），因此也必然快速积累了250年到300年间西方国家遇到的种种问题和障碍。这些问题包括（但不限于）猖獗的腐败，前所未有的污染和环境破坏，传统家庭价值观的解体和性解放的加速，日益攀升的离婚率和自杀率，广泛存在的商业欺诈，充斥市场的劣质产品，无处不在的资产泡沫，不断扩大的收入差距和阶层歧视，频繁的工业事故，有组织的犯罪，以及失业和产能过剩，等等。中国还急需继续完善现有的城乡社会安全网（尤其是医疗和养老保险体制），深化金融改革，建立、健全科学的金融监管制度，恢复和重建基层社区组织，等等。但是，只要中国继续遵循工业革命的逻辑和循序渐进的实用主义的发展战略，不断完成产业升级和由此需要的全球市场创造，处理好制造业和金融业的关系（即金融必须而且只能为实体经济服务，为基础设施、制造业、技术升级以及全球市场开拓服务），这些挑战都不是不可克服的障碍。这里需要讨论的一个核心挑战是管理问题。笔者认为管理是个纲，其他挑战都是目。纲举才能目张。

纵观整个资本主义发展和向现代工业文明过渡的过程，生产方式（硬实力）经历了革命性的改变，而管理方式也是如此。

管理是工业革命的软实力，从而也是整个当代工业化社会和工业文明的软实力。现代管理起源于企业内部对生产效率和企业利润最大化的追求，但逐步演变为渗透和惠及社会生活各个方面的一种文化和精神文明。**如果说市场是配置资源的一种方式，那么管理就是配置资源的另一种方式，而且是更高级和更重要的方式。**

在18～19世纪之交第一次工业革命的起飞阶段,英国经历了一场以工厂体系为标志的管理革命。而19～20世纪之交美国在第二次工业革命的起飞阶段,则经历了以泰勒管理系统为标志的管理革命。这些管理革命的共同特点是:(1)通过重新组织劳动力与生产工具的关系、采纳标准化生产以及新的物流和销售方式来提高生产效率和产品质量;(2)通过越来越人性化的沟通和上下级关系进一步提升员工间社会信任的水平,从而实现更好的分工与合作。今天的中国同样处在第二次工业革命的起飞阶段,面临着生产效率、产品质量和服务质量升级的瓶颈,也面临着越来越紧张的社会人际关系和上下级(官民)关系;因此,不仅在企业内部,而且在公共管理机构和地方政府部门,以及整个社会的方方面面都急需一场管理革命。

如果没有在工业生产、工艺流程、售后服务、消费者服务(包括金融、医疗和零售服务)和政府行政体系(包括地方公共服务、公共设施和公共教育系统)上的管理革命,中国的第二次工业革命就不能真正完成并顺利进入一个和谐的福利社会。

但是,这必须首先创造对"管理服务"的市场需求,即全体社会和消费者对于各行各业高质量服务和管理水平的市场需求(市场回报),和对于管理型人力资本(各个部门和层面的经理人和管理者以及行政人员)的巨大市场需求,以及政府对于这类管理"产品"质量的公共奖励、监督平台和及时信息反馈系统的提供,才会触发中国的管理革命。

管理革命并不是"急风暴雨"式的大变革,而是在不同产业、不同生产环节、不同流通领域、不同行政阶层和政府级别的"和风细雨"式的创新。本书第六章里的主人翁,永联村党支部书记和永钢集团董事长吴栋材对此有精辟见解:

现在人们都在谈创新,我觉得人们的创新概念也需要创新。一提创新就大谈知识经济、高技术、大型计算机。其实创新实则存在于技术、管

第七章 结论：经济发展的"胚胎发育"理论

理乃至生活的每一个细节中。许多获得竞争优势的创新并不涉及科学技术上的突破，是平凡举措。因为技术是手段，利润（效率）才是目的。我们的销售你可以从头到尾考察一下，在每一个环节上、每一个细节上都和别人有些不一样。①

可惜在中国目前的发展阶段，好多企业家和基层企事业单位管理人员，包括大、中、小学领导和地方政府官员，似乎仍不懂得吴栋材所指出的这个看似平凡但千真万确的真理，容易空谈大的变革，忽视小的创新。而在美国、日本等发达国家，每个企业、学校、科研机构和政府基层单位，每天都在强调这种细节意义上的管理创新，每年都必须拿出一系列这样的创新"产品"出来。俗话说得好，"魔鬼都在细节里面"。**而管理的要害就是抓细节。**中国大中小企业的产品质量，服务业的服务质量，城市的交通管理，政府提供的公共服务等等，之所以质量低劣，恐怕就是因为缺乏这样的对细节的创新意识。②问题的关键也出在中国社会目前没有形

---

① 新望（2014），第235页。
② 中国社会对细节的疏忽体现在生活、生产和社会管理的许多方面。举个很小的例子，比如国内城市和机关单位的很多公共草坪都建得比马路的路面要高，这导致了很多坏处。因为草坪是吸收路面灰尘和泥土最好的收容器，老天下雨就是对路面最好的清洁机。可是因为草坪建得比路面高，下雨时不仅路面的灰尘和泥土无法回到草坪，而且草坪里的泥土和肥料反而因水土流失不断被冲到马路上。结果造成国内城市和机关单位的各种路面总是铺满一层厚厚的有机质泥土，太阳一出来，过往的行人和车辆就使得尘土满天飞，而且还得专门雇人来扫大街，更是弄得尘土飞扬，加重空气污染，导致空气中和所有民房建筑室内的灰尘量大大超标。而在国外草坪一般都建得比路面低，雨水就起到了很好的清洁作用，灰尘和泥土永远是从路面流向草坪，而不是相反。国内很多城市不是从这个既经济又省钱的角度去解决街道的灰尘和泥土问题，反而是花钱买很多大型街道清扫机来清理街道，既费水又费工。这种昂贵机器不仅是治标不治本，而且只能使用于大型马路，而对那些密密麻麻的小路起不到任何作用。但是只要让任何裸土和草坪都建得比路面稍低，那么城市和机关单位的每个角落都会显得十分干净。把草坪建得比路面高，既增加了草坪建设成本（比如需要把草坪垒高），也增加了道路建设成本（比如需要把路基挖得很低）。清华大学有很多风景优美的小山，因为缺乏篱笆固土而且直接与路面相连，没有草坪隔离带缓冲，结果山体成为路面灰尘和泥土的最大污染源。建校一百多年来，清朝年间留下的山景越来越矮，路面灰尘越来越多，造成路边下水道常年堵塞，结果毛毛细雨都能够导致路面大量积水，而且都是污水和泥浆。但是据说清华土木工程系是全国甚至亚洲一流。这也是一个产学严重脱节的典型。为什么在类似这（转下页）

伟大的中国工业革命——"发展政治经济学"一般原理批判纲要

成对这类"管理产品"进行创新的公共意识与市场激励、回报和竞争。因此,一家餐馆、一所学校、一个交通路口、一位领导,还不能够因为其提供的管理服务质量稍好就赢得对利润、口碑、名声的市场竞争和社会好评,或因为管理服务质量稍差而受到市场和社会惩罚。让产品和官员愿意为赢得百姓口碑而"流芳百世"的传统和市场还没有在当代中国大面积兴起。这是因为中国目前还一直处在初级发展阶段的依靠低廉价格(或含有面子工程的GDP)来创造市场和赢取市场竞争(或升迁机会)的阶段,而不是依靠服务质量和口碑来赢得市场竞争(升迁)的高级阶段。①

但是转型的节骨点已经到来,因为中国已经处在刘易斯拐点(即粗放式低质量的劳动密集型制造业和低端服务业已经成为夕阳产业)。随着收入的提高,国内消费者对有质量和富有文化内涵的产品和服务的追求已经越来越高,对政府提供的公共产品的质量要求也越来越高。质量和文化内涵也是进入国际中高端产品市场的不二法门。虽然中国目前已经有关于文化软实力在下一波全球国家实力竞争中的重要性的普遍观点,然而殊不知,在工业化的现代文化社会,孔子思想并非软实力,管理才是软实力;老子思想并非哲学,管理才是哲学;孙子思想并非兵法,管理才是兵法。现代管理其实是古代伦理、哲学、兵法的集大成者和推陈出新者。②如果很难想象现代希腊能够靠捧出苏格拉底、柏拉图和亚里

(接上页脚注②)样的小事情上没有发挥师生和民间的智慧?恐怕因为草坪和绿化都是执行"上面"的长官意志,而"下面"做事的人员没有丝毫积极性提建议,搞细节上的"万众创新";如果做事的目的是为了给官员看,而不是为老百姓的日常生活着想,那么很多形象工程就会出现类似的"中看不中用"的问题。

① 在发达国家的厂商都知道,"建立良好的口碑需要很长时间,破坏它只需要一天"。所以对于他们来说,生产低质产品没有任何意义。但是在中国,口碑对于企业的意义还没有达到这样的程度,因为还缺乏一个发育良好的"口碑市场"。这个市场的建立不仅需要同行企业的集体努力,还需要政府的大力投入。

② 大清王朝输掉的第一次中日战争,并不是因为武器装备落后,而是军队管理落后。国共内战时,中国共产党的军队赢得战争一个重要因素,并非是靠更先进的武器装备,而是靠理念和卓越的军队管理。

第七章 结论：经济发展的"胚胎发育"理论

士多德这样一些古代思想家就能自动赢得现代国家治理和全球贸易的软实力，那中国难道不是同样如此吗？

企业经营的效率在很大程度上取决于对员工的有效组织和对生产程序的有效管理，以及对销售渠道的经营打造。这种在企业管理上的挑战和由于管理而带来的效率和软实力一点都不亚于管理在军队和体育团队里的强大功能。一支军队或体育团队的战斗力估计有70%～90%依赖于管理（团队组织、协作和团队精神），10%～30%依赖于武器或个人技术。企业也是如此。管理是软件，机器只是硬件。产权制度并不能自动导致好的管理。因为产权制度只能从法律和合约意义上决定剩余如何分配问题，但无法完全解决员工的工作积极性问题。由于合约的不完备性（合约不可能告诉所有员工在任何时间地点该做什么事情并事先约定好在什么情况下应该有什么反应等等），由于人的行为所存在的大量的外部性（外溢效应），市场失灵在企业内部表现得十分明显，因此单靠产权合约或奖金刺激是一种十分有限和低效的激励机制。管理这个问题不是市场和合约能够自然而然解决的，它是一种对人的主观能动性的调动，是一种团体文化，是需要通过公众教育和相互学习、模仿、感染来获取的一种集体成员协作能力和知识，就像军队打仗和体育比赛里面的团队精神一样，它不是完全靠工资、奖金、命令、契约能够获得的。它是一种精神，一种领导艺术、一种传承、一种自我认知与归属，它与个体的经济回报无关，却决定了部队、企业、科研团队、学校、机关、行业甚至国家的成败。① 好的管理者，首先是能让整体（或群体）的目标、成果（包括

---

① 诺贝尔经济学奖获得者索洛（Robert Solow）认为每年一度的诺贝尔经济学奖破坏了经济学家之间的团体协作精神。在他看来，麻省理工学院经济系在20世纪五六十年代涌现出一大批优秀经济学家，恰好在于当时的年轻教授们具有团体协作研究精神，而不是追求个人名誉。如果连经济学这门理论学科都如此，更不要说那些靠实验和大型协作才能完成的技术创新和科研项目了。如果在这些靠分工协作才能出成果的领域里不恰当地引进那种强调"个人名誉"的所谓市场竞争机制，就会毁掉整个事业。而正是科学研究和创新的这种集体性和团队效应，才能解释为什（转下页）

伟大的中国工业革命——"发展政治经济学"一般原理批判纲要

经济成果)、荣耀与下属员工真正分享,而不是领导自己享受或占为己有。不能让员工觉得自己是在为领导抬轿,功劳是领导的,责任和失败是员工的。好的管理者,必须有能够与员工谈心交心的能力,能够视员工为伙伴与同人,而不只把他们看作是打工仔或变相的计件工资获得者。只有这样员工才有归属感和义务感。好的管理者,能够及时采纳和奖励员工提出的改革建议,并让他们以为集体做了贡献为荣,而不是简单用经济报酬来衡量是否去做一件有益于集体的事。在一个具有好的管理的环境里,每个员工都真心觉得自己是企业或所在单位的主人,愿意分担集体的事业。因此,是管理,而不是抽象机械的产权制度,才是企业乃至整个工业经济社会的灵魂。产权制度只是对实行和维护有效管理的一种法律体现和制度安排,却无法代替管理的精神实质和人文内容。法律和制度安排是冷酷无情的,但是管理却是充满人情味的。自从工业革命之后,尤其是第二次工业革命后,由于大型企业的出现和对团队协作与大型商业网络的高度依赖,加上市场情况的瞬息万变,企业经营的效率和长期成长越来越取决于对员工的有效组织和对企业运行程序的有效管理。①

(接上页脚注①)么即便在计划经济年代的苏联和毛泽东时期,社会主义国家也曾能够出现爆发式的技术创新和科学成果。这对那些认为中国目前应该在高等教育和科研领域盲目引进和大搞市场化和私有化的经济学家来说,应该是一个很值得思考和回答的问题。问题的关键在于,竞争机制和私有产权是两个完全不同的概念,但却被市场原教旨主义混淆了。

① 在科举制度下,个人升迁靠的是善于考试,而不是善于基层管理。在金字塔社会里,获得官位的官员是靠绝对权力管理下属,而不是靠组织制度创新、人际沟通和交往技巧。中国的中小学应试教育和高考升学体制又更加强化了这种对管理才能的践踏和不重视。高昂的团队精神和有效管理文化在中国历史上不是从来没有出现过,比如前面提到的,它在毛泽东领导的红军时期、解放战争时期、新中国成立后的 20 世纪 50 年代都曾出现过,可惜后来在"文化大革命"中被以阶级斗争为纲的极"左"意识形态破坏了许多,随后又进一步在第一次工业革命阶段的人人自危的市场经济中被忽略了。但是随着第二次工业革命高潮的到来和企业的不断壮大以及社会反馈网络的不断形成,建立在高尚文化、团队协作和社区精神基础上的精细管理在国内外市场竞争中的优势和软实力就变得比以往任何时候都更加重要。

第七章 结论：经济发展的"胚胎发育"理论

生产成本和物流成本也直接与管理有关，而不仅与劳动等生产要素的成本相关。尤其当廉价劳动力和土地再也不是国家的全球竞争优势的时候，管理就成了真正意义上的"软实力"。由于管理方式上的落后，中国目前不仅出厂产品缺乏高附加值，而且市场价格远远高于有效竞争价格。比如因为中国的物流成本和中介费用高昂，至少是西方发达国家的两倍，所以我们才看到"中国制造"在国内的价格比国外贵了许多。① 正因为市场是个公共品，市场交易成本也就具有太多公共成分。因此，这个方面的巨大市场潜力还有待政府和企业通过合作进一步挖掘（法律制定是其中一个方面）。在这个方面，日本是学习的榜样。它不仅生产管理方式精细，而且服务和物流管理认真，从而大大降低了长期销售成本，拓展了长期消费市场，进一步刺激了长期供给。中国长期以来生产事故频发也是由于管理不到位产生的结果。中国高校目前的管理学院和商学院如果只是在课堂上空谈管理，不与实践相结合，不把理论转化为实际应用和政策建议来推动本地、本市、本校，甚至哪怕本院的管理革命，那中国就不可能成为发达国家。②

所谓"万众创新"不应只是技术创新和大家都去创业的意思（没有市场哪有"有效"供给？），还应是大众参与的对生产环节、政府管理机制和城市管理机制的改进和创新的热情和公司与政府对此类创新建议的正

---

① 世界银行有一项统计，发达国家物流成本占商品市场价格的10%左右，而在中国是20%左右，为发达国家的两倍。比如，像国内制药厂这样的企业，销售人员的工资成本就要占公司市场总销售额的50%左右。再加上额外零售市场的层层加码，好多普通药品出厂价是几毛钱，到了消费者和患者手里成了几块钱甚至几十元钱。中国的房地产泡沫也极大推高了商场和店铺的租金，加上销售网络和信息网络还比较原始，尤其对中小企业而言，因此形成层层扒皮的流通损耗和价格上涨。这不仅严重阻碍了市场深化，也是导致中国电商迅速发展的重要因素。

② 中国目前高校的教育和工业（社会）实践仍然脱节，产学不统一，因此才有管理学院不懂管理（即自身的行政管理就很差）却居然能够收取高昂学费为企业培养管理人才（MBA、EMBA）的奇怪现象。比如国内好多一流大学或商学院开设的EMBA班的学费是每人好几百万元，但是这些学院自身内部的行政和资源管理就十分落后，根本无法为整个学校管理提供任何有用的建议，更别提为所在城市或全国企业的管理提供实用建议了。

伟大的中国工业革命——"发展政治经济学"一般原理批判纲要

反馈系统。如果工人不能积极参与到对企业生产环节和工艺流程改善的建议中,老百姓不能积极参与到城市管理和生活小区管理的出谋划策中,并为此获得相应的褒奖,就是对"社会资源"的巨大浪费。中国各级政府应该创造出一个远比每年一次的人大会议更为广泛和深入的平台,让所有老百姓每天、每时都能为国家、社会和当地建设出谋划策,让小小的建议和改进方案能够及时地不断地反映到政府相关部门并及时得到反馈。积少成多,必有大变。不应该出现一个让老百姓觉得生活周边的问题都是政府官员才有资格、权利和义务操心,而小老百姓即使操心也没用的局面。这也是"全民参与""全民创新"的含义,也是"民主"的真正含义。①

---

① "供给侧"的政府号召很容易被误解为或做成"全民炼钢"一样的"大跃进"运动,或为所有企业减税这样的一刀切政策,忽略了市场需求,尤其是对市场本身的创造。注意,工业革命的"秘密"是创造市场,然后让市场需求创造供给,而不是用供给去创造需求(社会主义工业化运动就是企图让供给创造需求)。在应付经济危机上也是同样道理:萧条时,市场力量不愿意搞长期性投资和技术升级,政府可以利用这个资金成本低廉的机会大力从事基础设施建设和其他方面的市场创造(比如前沿科技领域的试点投资),为下一轮复苏打好基础。复苏时,政府退出,把资金和技术让给市场,政府起监管和裁判作用。因此,所谓"供给侧"改革应该被理解为改掉那些无法满足市场需求的瓶颈结构,或为这种需求松绑,或为它制定"安全"规则。同理,所谓让市场在资源配置中起决定性作用,应该理解为:(1)让政府去积极创造和开辟市场,搭建更多更大的交易平台,释放出更多的对制造业升级拉动大的有技术含量的"建设性"需求(而不是技术含量低的容易造成资产泡沫的需求);(2)通过管理和立法去进一步降低市场运作成本,把"优胜劣汰"的竞争机制更深入地引入各个领域,而不是简单地仅仅让供求关系决定市场价格(尤其是不可再生性资本的价格和金融市场的投机性价格);(3)转变政府职能,从已经成熟的生产和商业活动领域退出,由直接参与者变为规则的制定者和监督者,从发号施令者转变为服务于市场的公共伙伴;(4)加强政府对各种市场的监管力度,完善规则制度和法律体系,尤其是注重建立对监管者本身实行监管的良性反馈体制。另外,金融产业的所谓"市场化"一定要慎重又慎重,不能放弃步步为营的改革策略,要把"金融为实体经济服务"作为永久性指南,并争取长期维持制造业在 GDP 里面的高比重,不能被西方经济学所谓"现代化就是让服务业比重不断提高"这一缺乏任何理论基础的说法引入歧途。对引进金融期货尤其要慎重。为什么?因为金融产品像一个流动性几乎无限大的"池水",靠几乎无限小的水平面落差就能套取巨大收益,所以随着市场的开放和深化,投机性力量就会在里面主导市场力量;一有风吹草动,投机套利集团就会掀起巨大的波澜,引起不必要的金融震荡,让小投资者血本无归。因此,凯恩斯把金融市场视为赌场,而不是有效配置资源的工具。发达资本主义国家的金融大鳄(转下页)

第七章　结论：经济发展的"胚胎发育"理论

因此，中国社会一定会出现这样一些需求：即重建从生产到销售、从土地到金融、从菜市到股市、从地方到中央、从政府到军队、从医疗到保险等的一系列大众参与的现代管理和监督体系；重建从小学到初中、从高中到大学的面向工业和社会实践的现代教育体系，将中国传统的强调教育的东方保守主义智慧与鼓励创新和批判性思维的西方实用主义教育融为一体。为满足现代教育这种需求，就需要充分引进跨地区、跨学校和跨学院间的竞争和人才市场（包括教学和行政管理人才以及对人才

(接上页脚注①)巴不得发展中国家的金融市场越开放越好，监管越不到位越好，从而他们可以进来大捞一把。所以，金融产业的市场化不在于是否让市场供求决定价格（利率或金融资产价格），而在于银行业能否通过建设性竞争来满足实体经济，尤其是制造业对贷款和金融中介服务的需求。金融产品的所谓市场价格并无多大意义，因为里面短期的投机因素很强，所以即使发达国家的政府也常常对这一"价格"实行干预（比如利用货币政策和银行贷款条例）。金融业的核心在银行，不在股市、期货和其他投机性强的领域，而银行的核心功能在配置储蓄资源，把信贷导向到需要发展壮大的产业，而不是去支撑泡沫和投机。比如鼓励民间资本对日常发明创造和新兴企业（而不是房地产和不可再生性自然资源）进行风险投资并为此设立规则制度以保护投资者的利益，就比单纯号召银行系统共参与"全民创新"或全民创业"要好。另外让企业用其创新产品或管理改革来获得减税优惠就比单纯一刀切地对企业减税要好。一刀切的政策（无论是财政还是货币金融）永远是下下策，简单、灵活但又量身定做的政策才是上上策。比如在发达国家的银行贷款，很少有简单抽象的一般性贷款，多数都是极其具有针对性的"专项"贷款计划，比如购房贷款、教育贷款、企业基建投资贷款、小企业贷款，等等。这类高度专业化的贷款可以更好地按具体情况制定贷款利率、贷款量和期限，做到量身裁衣，更好地防范风险，并针对特定市场需求；银行内部和职员也可以由此变得更加专业化。德国银行的很多职员和贷款项目都是长期跟踪和针对一些固定企业客户，和他们一起研究投资方案和特定产品市场，而不是盲目地面向一般市场和按照所谓一般性市场利率提供贷款。因此，把中国的金融改革重点仅仅放在所谓让市场机制决定银行的一般存款和贷款利率，是无的放矢和"教科书"式的改革。换句话说，中国银行体系改革的根本问题不在于利率是否市场化（发达国家政府操纵市场利率的做法有的是），好像利率市场化了，金融资源就自动实现优化分配了（错，这其实是借机想把银行的责任推掉）；而是在于如何更好地让银行为实体经济服务，为制造业发展融资，为科技创新筹款，为出口赚外汇，为企业走出去出力，为商品流通降低资金成本，为经济发展防范系统性金融风险。而要做到这些，真正需要的是改善银行内部的管理机制和竞争机制，使得银行和其分支机构或贷款人员有积极性和竞争压力去从事这方面的活动和创新，成为富有职业精神和知识的专职人员；而不是一味搞什么金融创新，盲目模仿发达资本主义国家那一套复杂的金融产品体系。从广义上讲，中国或任何发展中国家政府所真正需要的经济"智囊"，不应该是那些名校毕业会写论文的博士，或拿诺贝尔奖的经济学家和金融学家，而应该是那些具有实践经验和管理经验的银行家、企业家、证券商、营销商，等等。因为"魔鬼"都在细节里面，而经验和实践才是最好的导师。

伟大的中国工业革命——"发展政治经济学"一般原理批判纲要

产品的地区性或全国性注册、备案、推介、评价体系),促进小学、中学和大学的老师和行政管理人员的市场流动,让他们在地区性和全国性人才市场上找到自己的价值,让市场为他们打分和积累信用资本。在这样的市场条件下,中国的大学和中学校长里面才能够涌现出真正的教育家和实干家,公立和私立教育的发展才能在透明的市场上繁荣并比翼齐飞,相互促进,同时也才有可能刺激已经发展壮大的国企和民营企业源源不断为教育和科研机构主动捐款。在这样的市场监管条件下,学校(无论是小学、中学还是大学)就可以有自己选择教科书的自由,而不是由教育部的官员来统一制定(但可以评审)。优秀老师和教育家也才会受到激励写出更好、更受欢迎的教科书。教育,尤其是基础教育,才能成为广大有志者的职业选择。中国的第二次工业革命呼唤现代教育,尤其是直接面对工业的技术人才和技工的现代职业教育。① 政府如何响应这个呼唤,积极主动地打造21世纪的中国教育市场和管理体系,成为新世纪中国教育机构面临的巨大挑战。这个挑战会要求学制缩短,要求教育创新,要求教育与工业社会实践相结合,要求教育为建立新型现代文明服务,要求终止教育系统由"官僚老爷"统治的现象。②

由于中国幅员辽阔,发展极不平衡,为解决贫困山区的教育发展瓶

---

① 工业化社会,所有产品、中间品和原材料都要标准化,专业类技工型劳动力也不例外。这是社会化大生产的必然要求,是劳动分工基础上的工业化社会劳动力与小作坊时代工匠的本质区别。

② 在中国的大学,校长的办公楼往往是"紫禁城",校长不深入学生和老师,商谈对教学、科研和学校管理意见的情况十分普遍。这没有体现毛泽东当年治军时提倡的"官兵"关系和"军民鱼水情"的关系,也没有体现毛泽东当年建党、建军和治国时强调的干部"从群众中来,到群众中去"的管理思想。毛泽东说,"我们共产党人好比种子,人民好比土地。我们到了一个地方,就要同那里的人民结合起来,在人民中间生根、开花"。这种毛泽东精神在今天中国的地方党政干部身上和国企领导身上是很少看到了,反而在完成管理革命后的发达资本主义国家常常见到。因此,管教育的官员必须每年有相当时间在基层学校考察实习,为教育学和教育改革方面的学术杂志撰文(以此作为对自身的考核),而不是坐在办公室拍脑袋制订攸关国计民生的、百年树人大计的21世纪教育计划。

第七章　结论：经济发展的"胚胎发育"理论

颈和师资缺乏问题，中国可以参考中小国家的军队强制服役制度，规定教育局官员走访基层和"边疆"，城市学校（尤其是名校）的老师定期去山村学校轮流交换（"服役"），并以此作为考核和升迁标准之一。中小学老师可以在本地"支边"，大学老师则可以在省内或全国范围流动"服役"。①

政府在介入高校改革时应该广泛征求长期奋战在教育第一线老师们的意见，不应该随意搞"大跃进"式的改革运动。中国20世纪90年代末开始的高校改制和兼并是很值得商榷的，似乎是官僚主义拍脑袋的结果。因为它不仅浪费了国家巨额资源（包括行政、资金、土地）来重复建设高校（表面上是为了避免重复建设），还大大降低了市场竞争，摧毁了一些长期建立的、对知识品牌而言极为珍贵的老"牌子"。② 出现这种情况，第一是因为中国的教育改革没有按照工业化市场需求走；第二也是因为没有形成对官员实行终身责任追究制度。③ 另外，通过改进管理方

---

① 医疗系统也可以采纳类似的巡回医疗和交换计划，以加强基层和农村地区的医疗服务水平，降低农民进城看病的必要性。

② 比如，好多曾经赫赫有名的学院改成了不同名字的大学，后来又被毫无关系的其他综合性大学兼并。

③ 这与鼓励地方官员大胆改革、实践和建立"容错"机制不矛盾。关键是"容错"的背后必须要有"纠错"机制来兜底和保障。如果在没有想好纠错机制的前提下就搞大刀阔斧的"改革"，一旦出了问题就很难纠正和挽回损失。经济与社会改革应当和科学研究一样先搞实验和试点，不能在缺乏充分论证的情况下就一刀切式地全国推开。在建立"容错、纠错"机制的同时，也应该建立官员的提拔、退出和淘汰机制，即一种随时随地都"能上能下"的机制。因怕犯错误而不作为的官员应当让位给敢于担当敢于创新的人，但是出于良好动机犯了错误的人应当辞职，但保留重新"出山"的机会。毛泽东"大跃进"运动的最大错误不在于想法有多大胆和奇妙，而在于：(1)没有在各级政府建立"纠错"机制和责任追究机制，在缺乏试验的情况下就将人民公社一刀切式地全国推广，出现问题时没人愿意讲真话；(2)把对经济政策的不同意见或争论错误地上升成意识形态之争。这一"意识形态"至上的错误一直延续到"文革"结束和邓小平提出"实践是检验真理的唯一标准"为止。共产主义计划经济作为一种人类社会的伟大实践无可厚非，但是把它宗教化、意识形态化从而不允许受到挑战，那就非常危险了，与今天的美国将"自由"和"民主"意识形态化一样得荒谬。一旦一种实践或理论被意识形态化，就是它僵化、衰亡和没落的征兆。对待马克思主义理论也是如此。

式,国内高等学府和科研单位的很多资源(比如图书资源和一些科研设备)完全可以通过校际间借阅和租借实现资源共享,终止独占、各自为政、重复建设的现象,提高高校和科研单位稀有资源的利用率,这是实现高校资源共享的比较经济的方式,不是搞形式主义的高校合并,占用大量高质量郊区农田搞巨型新校园建设,增加学生和教师的搬迁成本,浪费巨额资金重建高楼和实验室。高校不是靠大和全而优,而是靠精和专而强。对比一下日本和德国的教育体系就知道,搞大而全的综合性本科教育实际上是美国教育体系的失败,而不是它的强项。它浪费大量的社会资源和投入,但是产品质量(本科毕业生的技能)无法与社会对接,还得继续读研究生才能具备一技之长。① 因为真正的工业知识和工艺技能是永远无法在课堂里学到的,只能在工业的实践中学到。因此日本和德国这些工业强国都主要靠企业来培养专业人才和技术人员,从而整个社会只需要为企业提供初中毕业后的技工训练和高中毕业后两年的专科教育就行。所以,就中国目前的发展阶段而言,最需要大力扶持的教育机构其实不是基础科研型的综合型高等院校,而是能够直接为产业界提供实用技术人才的小型灵活的技术学校,包括二年制专科学院。这种学校应该按照市场需求(比如就业需求)以省钱的方式大办特办,加大政府投入和企业投入,并在社会上为此类学校提供应该获得的荣誉,不能让荣誉和生源被那些名不副实、大而不实、官僚主义严重、毫无社会竞争压力的所谓名牌高校垄断了。另外,技术和专科学校由于规模小、灵活、实用、面向市场竞争,因而为私人学校的市场进入提供了很好的创业机会。办得好的自然会逐步扩大成为大学和研究型高校,最终形成对公立高等教育的补充和竞争。②

  为了建立适应第二次工业革命转型需要的公民社会,中国还需要通

---

① 但是美国的研究生培养和教育体系值得中国学习,它目前是全世界最好的模式。
② 事实上,美国今天的绝大多数名牌高校都是从19世纪末期创立的专科学校进化而来。

第七章 结论：经济发展的"胚胎发育"理论

过改进管理方式来建立和完善一整套公共卫生体系和食品药品监督管理体系来平衡（管控）市场力量（贪婪、欺骗、垄断、敲诈、圈钱）。① 由于医生对病人、药品企业对消费者关系中存在的巨大的信息不对称和天然垄断权力，医药产品和加工食品（比如奶制品）是市场失灵非常严重的关键性领域。在这些产业中依赖传统的市场激励和价格机制往往会误入歧途。因此市场化改革在这些领域通常容易失败，埋下危害社会稳定和安全的很多长期隐患。比如中国目前十分尖锐的医患关系就是医疗领域市场化改革过急的苦果。在这个最应该长期坚持由政府提供公共服务，或采纳"双轨制"试验模式的领域，却没有采纳这些稳健的政策②，而是大面积搞市场激励和价格机制（教育领域的改革也是如此）。这些领域出现大量问题，究其原因，在于教育、医疗、食品都是"诚信"和"公共"成分含量极高、信息不对称问题极其严重、产品质量难以及时精确衡量，而且空间和时间的即时性垄断很强的产品，而对于社会公平和稳定以及长期发展又十分重要。比如一个病人的病情通常只有医生最清楚（或最有判断力），医疗效果因人而异很难精确衡量，因此对消费者欺诈最容易；而且一旦病人躺上手术台，市场竞争的机制就完全缺失（病人不可能还有机会换医院或医生），因而此时医生具备绝对的垄断价格制定权和"生杀"大权，可以继续加价，否则手术可以不做完，置人于毫无讨价还价、任人宰割的死地。因此如果让所谓"供求关系决定市场价格"的市场原则在这里起主导作用的话，病人的基本权利就会被彻底剥夺干净。对于生病的人来说，看病是一个刚性需求，而且往往与医生相比信息严重不对称，市场价格因此可以高到与生命等价，哪怕医生服务的成本很低。这

---

① 由于管理不善造成的医疗事故在中国频发，这除了与医院领导层忽视管理有关以外，也和卫生部门与地方政府对医疗事故医院的惩罚力度不够有关。

② 即一方面完整保留原有公共轨，但同时用试点方式逐步放开民营企业进入，并对之抽以重税来补贴公共轨。政府同时也可利用这个实验阶段来学习如何建立规章制度以规范调节这些市场失灵严重领域的民营企业。

种"被欺骗和榨取"的现象不仅出现在医疗领域,甚至出现在金融领域和土地租借领域(清朝和民国时期农民就常常被私有产权下高利贷的市场机制压迫到家毁人亡)。①

反过来,如果把医疗和教育改成了全方位营利性领域,除非医生和教师能够在透明监管机制下建立自己独特的名声和口碑,否则病人和学生就容易对医生和教师缺乏起码的信任,会把自己看成为对方发财致富的敲诈对象(而不管实际是否受到敲诈),会把医生或教师提出的任何收费(比如检查或买书)要求都看成是盘剥陷阱(因为它们有可能成为盘剥陷阱)。因而一旦病人或小孩出事就会以极其暴力的方式反击——认为医院(学校)既然按照市场原则收了钱,就得提供高质量的产品,就得把病治好(把小孩管好教好),而不应该把情况弄得更糟。结果就出现目前普遍存在的以暴力解决赔偿问题(甚至敲诈医院和学校)的现象。因为病人家属和小孩家长对实际突发情况不具备任何信息优势,因此出了问题后不会轻易认为对方(即医院和学校)会实话实说,第一反应就自然是诉诸暴力,而不是通过法律手段解决。其实法律渠道即便在发达国家也非常漫长和消耗精力,因此不可能在发展中国家成为解决此类问题的第一选择。

所以,解决这些市场失灵问题的方式,不是大谈市场化和"看不见的手"(价格机制),政府撒手不管、把责任推给市场;而是除了制定严格琐碎的相关法律和监管机制以外,还必须包括继续为低收入群体提供起码的公共医疗(教育)服务,医保制度(或强制性免费义务教育),剔除这些

---

① 参见第五章第二节的更多分析。另外,连中学生都懂得企业生产经营的第一目的是利润,而绝不是社会责任、生产安全或者产品质量。相比之下,社会责任、生产安全和产品质量都是第二位的,要服从利润。当利润与社会责任、生产安全或产品质量发生冲突时,企业经营者必然会为利润去牺牲社会责任、生产安全和产品质量,除非政府能够通过立法来对这类行为实行严厉制裁,提高企业为了利润而牺牲其他的行为的成本。这是为什么在发达国家,政府为了能够降低这类"损人利己"的市场行为所发生的概率,通常会给出非常严酷的罚单。而中国目前恰好由于对各种违规行为的惩罚太轻,反而起到了变相鼓励人们违法乱纪的副作用。

第七章 结论：经济发展的"胚胎发育"理论

基础性公共医疗教育领域里直接的赤裸裸的盈利动机，使老百姓建立起对医院、药厂、学校的基本信任，在社会上建立起对医生、药房、教师的全国性或地方性联网投诉机制和网上评价体系，让服务质量能够及时反馈到社会中，形成统一的信息市场（二级市场），以帮助克服一级（原级）市场的失灵。

可以想象，在私塾（私人办学）和私人行医的环境下，费用恐怕要高得多，从而只有富人才能看得起病，上得起学。不过病人（家长）进行医闹（学闹）的情况有可能不会像目前看到的那么普遍。① 为什么？在这个完全由市场力量决定市场价格的地方，为什么一旦出现治疗无效（比如死了人）或小孩考试失败的情况，纵然存在严重信息不对称和即时性垄断的可能性，病人家属或小孩家长通常不会去怪罪医生或老师呢？出现这种可能性（市场均衡）的根本原因在于，在这样的市场条件下，医生和病人家庭之间（或教师和小孩家庭之间）可能更有积极性去主动通过各种方式建立"人性化"的"私人性"的相互间的"社会信任"——而正是这份"信任"极大地减轻了市场失灵、改变了人们的心理和行为。因为在这样的条件下，医生和教师完全要靠"口碑"和"名声"生存（维系客源和市场），所以不敢轻易失信于人，反而更加注重职业道德和愿意体现对顾客的人文关怀。在这种情况下，医生作为一个社会群体一定会有积极性组织起来，一方面维护自己的名声，另一方面剔除那些败坏这个职业名声的医生。反过来，病人家属和学生家长也靠这种社会信任和"口碑"去主动上门聘请医生和教师，因而在一种无形（默契）的合约中包含了对治疗失败或教学失败这种结果的认同。也就是说，正因为大众对疾病是否一定能够治好具备常识性心理准备，上门求医实际在很大程度上求的是"专业性"安慰和人文关怀。但是，国内目前的医院体系没有帮助医生与

---

① 当然由于信息不对称，欺诈现象（即江湖骗子）一定会常常发生。在这种情况下，病人家庭也会诉诸私人执法。

病人之间建立这种医患信任；而在病人眼中，医院纯粹是一个非人格化的只知道赚钱的公司，而且医院对病人的态度往往十分冷酷，从而造成一种完全不同的"心理场"和社会关系。既然是冷冰冰的金钱买卖关系，那一旦出了医疗事故和人命，病人和家属也就会以同样冷冰冰不讲情理的方式回敬和处理。通情达理的理性就很难在这样的情况下占上风。

由此启发，中国目前紧张的医患关系背后实际上存在一个巨大的错误激励机制和管理漏洞。一方面是医院的院长和学校的校长往往是很多问题的根源，另一方面是政府缺乏监管和适当的政策来鼓励各个行业的专家去与服务对象建立"人性化"的"私人性"的"社会信任"，并形成专家们自己的行业协会以维护自身（群体）的利益、名声和形象。

设想在原来的私塾和私人行医的情景下，如果医生们（老师们）不是直接通过个人接洽方式收取和关照病人（学生），而是通过第三方（中介公司）去招揽病人（学生），实现规模化"生产"（提供服务），哪怕昂贵的市场价格不变，恐怕也更容易出现紧张的医患（师生）关系。因为中介公司隔断了一种很重要的"私人"联系和由此建立的"社会信任"，使得医生（教师）缺乏与病人（学生）家庭建立社会信任的机会和动机。这样一来，珍贵的社会资本和"口碑"文化就开始消失或变得不重要起来，造成与目前的收费公立医院（学校）类似的结果。因此，在已经实行了市场化改革的情况下，如要减缓目前严重的医患（师生）矛盾，中国的公立医院和学校需要从管理上进行变革，以便能够从管理体制上建立一套能够激励医生（教师）自己去建立和追求行业内部统一的质量标准与市场规范，与病人（学生）建立某种"私人"性的社会信任和人文关怀的机制，弱化目前这种冷冰冰的商业、金钱关系。一句话，在连感冒都无法治疗的当代医学现实情况下，看"病"看的是"关怀"，求"医"求的是"心理安慰"。所以，医院要反复训练和告诫医生与护士，他们要关注的其实不是病人的身体，而是心灵；要给出的其实不是化验单和处方，而是关爱。这就要求公立医院（学校）本身实行人性化的管理，对医生、护士、班主任、老师实行经常性思

第七章　结论：经济发展的"胚胎发育"理论

想教育,并将工资收入与对待病人和学生的态度直接挂钩(即与顾客的反馈直接挂钩)。而为了做到这一点,也必须同时对医院院长和学校校长提出更高要求,让院长和校长直接对医患(师生)问题负责。不合格的院长和校长必须撤换,实行严格的问责制。这又反过来需要赋予医生和教师对院长和校长任命的表决或否决权。因此,中国真正的基层民主不在于搞形式,比如在农村对乡长实行一人一票的民主选举;而在于内容,在于管理,在于组织方式的创新,在于基层领导与员工间的相互监督和促进。比如从提高机关单位工作效率和质量的角度,在最底层、最低一级的国家机关单位和公共机构实现员工对领导的监督、评价和否决权。只有当公共部门的领导和干部受到大众监督的情况下,基层干部才愿意把精力集中到积累"口碑"和"信任"的社会资本方面来,而不是集中到积累与国家和集体利益冲突的私人资本上。**所谓管理,就是"管"好资源分配,"理"顺激励机制,建好责任追究制度。**① 要通过富有创新性和科学性的管理,把人和市场力量中的正能量发挥到极致,把其中的负能量和破坏力压缩到最低。要通过管理来进一步实现社会、行业、组织和企业内部资源的最优配置;而市场价格机制只不过是社会经济管理的一个不完美的工具而已。现代企业管理和社会管理的出现,一方面是对激烈的市场竞争和市场破坏力量的反应,另一方面也是对市场(以及资本主义制度)不完备而且常常失灵的补充。

"口碑"和"信任"既可以成为市场竞争的产物,也永远是克服市场失灵的妙方。比如应该通过社会和部门管理创造出一种氛围和机制,使得医生和教师永远不应该仅因为富有(或能赚钱)而受人青睐和羡慕,而更应该因为"人道主义"和"启迪心灵"而受到尊重和颂扬。讽刺的是,多数资本主义发达国家的医疗和教育是公立的或免费的,并没有实行全面私有化、市场化、利润导向化的"改革"。而医生和教师在现代管理体系下

---

① 管理也自然包含对所有现存管理方式不断创新并对所有过时的不合理规章制度进行不断革新的意思。

和严格的社会监管下更看重口碑和名声。即便像美国这样的在医疗和教育领域里（因为市场化）公平问题层出不穷的国家，医生也不敢因为医术高超而收受红包，教师也不能因为弟子出色而获得直接经济回报。① 但是中国的医改和教改目前没有成功，恐怕就在于它把本来受人尊重和颂扬的、提供公共产品服务的职业变成了让医院和学校发财致富的手段（而医生和教师的工资收入却并没有相应地显著提高），把公益性领域变成了盈利和讨价还价的市场，从而造成了中国目前在这方面极大的社会混乱和道德沦丧。因此，政府（卫生部和教育部）如何通过积极探索新的管理模式和社会组织形式，让医生（教师）更有积极性形成自己的行业协会去维护其职业标准和道德规范，形成资源共享和人才市场，积累"名声"资本，让收入更能与他们在病人（学生）中的"口碑"和"信任"挂钩（而不仅仅是靠所谓供求关系决定医疗和教育服务的市场价格），如何设法重新发掘"口碑"和"信任"这个人类古老智慧为现代医疗和教育所能带来的激励机制，便成了中国目前医疗教育改革的真正挑战。

中国的保姆市场也可以按类似方式管理，建立公共档案联网体系和社会反馈系统，同时也让保姆因为可以在统一大市场里建立口碑和积累信誉"资本"，从而愿意把本行当成职业选择并可以脱颖而出。如果保姆无法在市场上积累信誉资本，就不可能有很好的激励机制为所从事的工作投资和尽职，因为保姆的很多工作是无法"观察"和"测量"的，而且"投入"和"产出"很难匹配。这是为什么在市场机制不发达的地方，人们更愿意从亲戚中选保姆，因为"信任""口碑"还有"信息不对称"等市场失灵问题都可能在亲戚圈子获得更好解决。政府的作用就是努力去开拓和创造一个更加广大、统一、透明、有监督的保姆市场。有了健康、有序、诚

---

① 注意，在美国虽然医院和学校可以是私立的，但是为这些医院和学校工作的医生和教师并不拥有或持有这些私立医院与学校的股票。因此，对医生和教师的激励机制与医院和学校的所有制形式并无直接联系。

信的市场，优质供给就相对容易解决了。这也是工业革命和管理革命的秘诀。

辅佐市场的一支重要力量是社区精神。中国自改革开放以来就一直在暗中"消费"毛泽东时代留下的社区精神的老本，而很少进行新的积累。欧美国家由基督教流传下来的社区精神和社区文化对当年的工业革命功不可没，而且继续对现代工业化社会起着润滑和粘合剂的作用。对于现代工业化社会的西方人来说，上帝是否真的存在已经不是一个很有意义的问题，但是社区和街道的公益性教会所流传下来的互助、关爱的社区精神和社区文化一直是维护社会和谐的要素。中国目前由于人口流动速度极高、左邻右舍变化无常，更是需要政府花力气把城市和乡村的社区精神和社区文化重建起来，通过公益活动组织起来，让地方政府一把手以身作则、直接介入这种公益活动，让人民不仅是因为有了钱而幸福，而是因为有了相互间的关爱而幸福。让官民关系变成鱼水关系（这应该成为官员升迁的标准）。

中国未来的经济改革，不仅要让市场机制在资源配置中起到决定性作用，更要让科学管理在资源配置中起到决定性作用。不仅是要让供求关系决定市场价格，而且要用严格的法制、强大的社会舆论和普世的伦理道德来规范市场行为、纠正市场失灵。要让国家、集体和他人的利益受到市场力量的尊重。要让公共监管凌驾于市场力量之上。要让所有的商业活动、市场交易和套利行为都在阳光下运行。要让物质财富成为对公平竞争和创造发明的奖赏，而不是对阴暗交易和欺诈蒙骗的回报。

第四节　中国和平崛起的世界意义

总之，和谐、有序、有诚信的市场不是天然存在的，尤其是有组织的规模化大市场，只有靠集体力量（比如政府和社区还有企业家）去共同创造和开辟。同时，也只有在政府和大众严厉监管机制下，市场才能发挥

伟大的中国工业革命——"发展政治经济学"一般原理批判纲要

积极正面的有效配置资源的作用。否则,市场力量只会摧毁一个国家的工业化潜能和前途。所以,多数国家贫穷和工业化失败(甚至中等收入国家增长乏力)的根源,不是没有愿望让市场发挥主导作用,而是有过多奢望让市场发挥主导作用,是国家意志和正确发展战略缺失的结果,以至于没有出现(创造出)和平、稳定、有序、有监管、有信任的规模化市场。俄罗斯改革的失败就是最好证明。

之所以是英国而非荷兰最先开启了第一次工业革命,根本原因是17~18世纪的英国政府成功地为英国创造了当时世界上最大的纺织品市场和对大英帝国而言全球最大的"安全"贸易网络。之所以是美国而非法国或德国超过了英国成为新的世界霸主,根本原因在于美国政府帮助美国商人和企业家创造了比大英帝国更为广大的统一的国内市场(是英国国内市场的数倍)和"有序"的国际市场。① 这使得美国能够在更大的范围内模仿英国的工业革命、采用规模化生产和规模化分销(不仅在纺织业,也在建筑业、汽车业甚至食品工业和文化传媒)。这为美国产生了更为巨大的生产力、资本供给以及更深化的金融体系和科学研究实力。因而,美国最终主宰了国际贸易和整个世界的资本流动,以及工业技术创新。②

由于同样的原因,尽管中国目前的人均收入只有美国的七八分之一,市场创造能力还有待更加成熟,监管机制还很不完善,但中国拥有取代美国成为下一个超级力量的潜力。这一潜力的根源并不在于其后发优势本身,而在于其政府牢牢掌握了顶层设计的主动权,能够不断为企

---

① 比如美国在1815年至1860年的第一次工业革命期间用来修筑运河的总经费为1.88亿美元,其中73%是由州政府和地方政府出售公债筹集的资金所提供的。(参见 Alfred Chandler, 2013, 中文版, p. 101)另外也别忘记同一时期美国政府强行从墨西哥手中拿下得克萨斯和加利福尼亚,并通过长达4年的南北战争避免了当时世界上最重要的工业原料——棉花的产地(美国南部)从美国的分裂。

② 这就是为什么美国资深外交家基辛格强调维护符合美国国家利益的"世界秩序"。

业创造统一的国内市场和开辟安全、诚信的全球市场(比如目前的"一带一路"和人民币国际化)。中国的人口是美国的4倍,因此中国潜在的国内市场也是美国的4倍。中国还有两千多年强调国家统一和教育的文化传统,以及一个拥抱实用主义(而不是自由放任的市场原教旨主义或民主原教旨主义)的、有为的、重商主义的、主张以民为本的政府,使得中国很容易接受管理层面的适应经济发展需求的(但同时维护社会稳定的)社会政治体制变革,而不至于犯致命的战略性错误,为"党争"与民粹竞选而消耗精力。四倍于美国的统一国内市场、重视教育的社会以及对国际竞争和贸易的开放态度,将会使得中国有能力不仅在旧有的,而且在新的、美国从未发现的领域采取规模化生产。这一点已经在中国快速发展的手机市场和高铁网络以及规模巨大的"一带一路"计划中初步得到显示。中国试图建立横贯欧亚和两大洋的新"丝绸之路",并让所有沿路国家获取利益,让沿路的内陆国家重新获得自从大航海之后失去了四百多年的通商要道和根植于此的文化繁荣。而在这一前所未有的雄心勃勃的计划背后顶着的是中国高达50%的国民储蓄率(等于美国每年GDP的25%;如果按PPP计算,则是50%),高达3万多亿美元的通过原始工业化、第一次工业革命和第二次工业化积累起来的外汇储备,庞大的制造业产能和国家高层"民主集中制"的决策机制。

总而言之,工业化和技术创新的水平是由市场规模决定的,而市场规模是由国家能力实现的。

尽管文艺复兴后西方的崛起对人类文明的影响广大而深远,但英国工业革命200多年后的非洲——这个人类的共同诞生地不断用它丰厚的资源哺育了一个又一个国家的工业革命——仍深陷在马尔萨斯和粮食安全的陷阱中。老牌西方殖民主义国家,以及二战后由IMF和世界银行等国际组织提供和制定的一系列发展政策,并没有为非洲逃离贫困陷阱指明出路。

而中国则提供了一种"新"的发展模式,尽管其实质是基于工业革命的"旧"的铁律和"秘密"。工业化的实质是劳动分工和规模化生产,是用可再生性资本替代土地和劳动。不仅劳动分工和规模化生产需要规模化市场,而且这个市场要靠政府和国家意志去创造;生产运输工具(资本)本身也需要实现规模化生产,而且这个重工业产业升级更需要政府去扶持。在中国,就连乡镇一级政府官员都懂得一个简单的道理:政府搭台(创造市场),企业唱戏(生产与交换);"要想富,先修路"。为什么现代西方经济学理论就不懂得这个简单的道理呢?民主选举制度本身不可能带来"工业革命",私有产权本身也不可能自动创造出规范有序的规模化"市场"。反过来,是规范有序的大市场支撑了现代私有产权并使其发挥作用,也是工业革命本身成就了"民主、民有、民享"制度。连老百姓都知道,做生意、搞买卖就是靠发掘、发现和利用市场;小市场做小本生意,大市场做大本生意,没有市场就没有生意。国家工业化是个巨大的生意,因此需要创造巨大的统一的国家市场和全球市场才能盈利和积累。琳琅满目的超市、繁忙拥挤的交通、流光溢彩的音像制品、24小时的新闻联播、频繁的信息交流、柳暗花明的江边大道、众多的娱乐设施和职业选择和由此形成的商业社会"和谐"与讲究质量和信誉的伦理道德,不过是工业化的副产品而已。这种物质文明,起源于欧洲人早期的全球市场开拓、武装贸易、殖民统治和奴隶贩卖,尤其是英国对世界棉纺织品贸易的垄断;而不是路德的宗教改革①,也不是英国的议会制度和法律体制,更不是美国宪法"人人生而平等"的口号。而支撑欧洲人从事世界探索和冒险的力量,是欧洲城邦和国家间血腥的国际竞争和资源争夺。这一竞争促进了重商主义的商业立国战略的形成,抛弃了重农主义的闭关自守的古老农业智慧,从而为资本主义生产方式的萌芽和工业革命的产生提供了土壤,也因此让住在山洞里的欧洲野蛮人(马克思语)变成了现代

---

① 当然,路德的宗教改革也可能使得世俗化的政府更容易接受和采纳重商主义的国家发展战略。这个问题值得做单独的研究。

文明人。而后发的落后农业国如想要复制欧洲的工业革命，要想成为现代文明人，也必须首先"弃戎从商"、以倾国之力去开辟和创造世界市场。

当然，规模化工业品市场难以通过一次性的大推进（无论是进口替代还是休克疗法）来建立，而只能是一步一步按照正确的顺序来实现。中国势不可当地崛起为一个世界经济大国，正是因为它无意中发现并遵循了工业化国家市场创造的正确顺序和方法。这与其过去120年间在不同政治制度下的三次工业化失败形成了鲜明的对照。

中国崛起的步伐和前景解释了为什么传奇性的投资者和资本家罗杰斯（Jim Rogers）多次提到，"正如未来在19世纪属于英国，在20世纪属于美国一样，中国将拥有21世纪……人们担忧中国增长的可持续性，但我们应该记得美国在19世纪时，经历了15次衰退和1次恐怖的内战，几乎没有人权和法律规则，屠杀周期性地出现，买卖议员身份司空见惯（今天仍然可能买卖议员身份，但那时毕竟便宜多了），并且在1907年整个系统都崩溃了。这一切都发生在美国即将成为最强大的国家的前夜。"[①]罗杰斯也许没有任何经济理论来支持他对中国的大胆而乐观的断言，但他有的是基本的商业直觉、历史常识和一生的投资经验。

制度是内生的。[②] 它们是为了实现长期的发展目标和保护发展的果实而建立的。不同的发展战略和生产方式需要不同的制度来保障。法律规则和私人产权的观念是古老的，但它们的具体形式和内容却根据生产方式和经济结构随着时间而变化。《摩西律法》只规定了10条戒律，而现代的民法和公司法有上百万条（作为对商业实践和社会经济变迁的

---

① 见 https://www.youtube.com/watch?v=doMXl89Lur8。
② 利用跨国数据和文献中广泛利用的工具变量，Luo and Wen (2015)在最近的一篇工作论文"Institutions Do Not Rule: Reassessing the Driving Forces of Economic Development"中，发现制度或制度质量(例如产权、法律规则、没收风险的保护)并不能解释经济发展和工业化程度。相反，制度能通过经济发展来解释。这与 Acemoglu, Johnson and Robinson (2001)以及他们其他的实证分析结果截然相反。

伟大的中国工业革命——"发展政治经济学"一般原理批判纲要

内生回应)。

腐败也是无处不在的。因此反腐败是任何一个社会和政体在任何发展阶段的内生需求,因为腐败侵蚀政府(或统治阶级)的合法性,扭曲对公正的基本信念(而这是组织一个文明社会的核心要素),与社会规范和法律规则相抵触(不论在专制社会还是民主社会),威胁社会政治秩序,也使得国家易于遭到外国的(经济、政治和军事)入侵。

然而,反腐败(执行法律规则)成本高昂。这也是为什么历史上,只有到了第二次工业革命快完成这个关键时期的工业资本主义国家,才能真正抗击腐败并将其控制在一个非泛滥性的,不对未来经济增长和繁荣造成严重威胁的水平上。① 这要归功于这些国家由于工业化而获得的能够克服监管成本的经济实力、监察技术和实施经济制裁的能力;同时也因为随着不断纠缠的既得利益,中产阶级和政府都已成为了工业革命果实的重要"股东"或"利益攸关者"。

因而,如果美国(还有整个欧洲)可能在19世纪末和20世纪初战胜早期猖獗的腐败而顺利完成第二次工业革命并成长为一个全球经济和政治领导力量,为什么中国就不可能?毕竟,中国在完成第二次工业革命的进程中,已经发展成为一个高度分工的社会,这其中每一个个体和

---

① "政府公共职位被执政党用于奖励为它拉选票的团体,也称为政党分肥制,自从在1828年杰克逊总统选举中形成两党制体系以来,成为了美国政治的一个关键组成部分。在南北战争后的几十年这种情况更加恶化。整个19世纪,美国社会对遏制公共行政部门腐败的呼声日渐高涨,希望建立一个职业化的非党派官僚体系。但直到1883年《彭德尔顿法案》之前情况并没有什么进展。"(Ha-Joon Chang, 2003, pp. 78-79)当时美国已经处于第二次工业革命的起飞阶段。研究表明19世纪70年代早期,即刚刚完成第一次工业革命不久的时候,美国的腐败水平是中国1996年(即在人均收入方面达到相似发展水平的时候)水平的7倍到9倍。到了1928年(与目前中国的发展水平相当的时候),美国将要完成第二次工业革命时(人均收入为7500美元),其腐败水平才开始降至了与2014年的中国相似的水平(参见Carlos Ramirez, 2014)。也是从2014年开始,中国开展了史无前例的反腐运动,来保证在21世纪中叶能完成工业化和现代化的目标。但西方媒体却简单地认为这是共产党内部既得利益团体之间新的一轮政治争斗。当然,如果西方只能透过制度理论的有色眼镜来看问题的话,它还能是别的东西吗?

第七章 结论：经济发展的"胚胎发育"理论

组织都如此地相互依赖，以至于每一个社会阶层的个体利益都与整个国家的命运休戚相关。而腐败正越来越成为这一切繁荣的阻碍。因此，不仅中国的反腐被提上议事日程毫不奇怪，而且由于工业化的深入，中国的反腐能力和意志也随之提高。

在任何成功开启了工业革命的国家，呼唤工业时代法律规则和新型政府问责机制的时期总会到来，只要工业革命的进程不断推进。① 现代西方制度是用来保护工业革命果实的。它也是因为工业革命才变得政治上无比需要和经济上可以负担。法律规则，现代意义上的产权保护、政府问责、社会秩序和其他公共品的提供，政治权力再分配和社会阶层间的上下流动，宗教在社会组织、提供人生意义、影响家庭结构方面力量的普遍衰退，平等和现代人权观念（包括少数族裔、儿童和妇女权益保障），以及社会权利在性别和种族间的公平分配，还有对待同性恋的态度……这些都是工业革命的成果，都是对统一的非人格化（非歧视性）的市场交易、作为利益相关者的中产阶级崛起、劳动相对于资本价值数百倍增值以及对资本主义规模化生产和规模化全球分销体系的经济结构变迁所形成的社会和政治反响。

---

① 目前中国在习近平领导下展开的大张旗鼓的反腐运动，是对这一黑格尔历史逻辑判断的一个很好的说明。这一运动是中国在工业化阶梯上成功上行的标志。大多数西方媒体仅仅将其描绘成中国政府既得利益团体之间的内部权力争斗。这一狭隘观点再次表明了在制度学派理论的影响下，西方对中国的误读和低估。事实的真相是，在30多年的快速工业化之后，中国已经积累了足够的社会政治诉求和金融资源、管理资本和信息技术来支撑更为彻底的行政制度改革和法律强化。事实上中国改革开放初期就十分强调反腐，但是不可能做到，就像美国历史上无法做到一样。目前中国已经到了即将完成第二次工业化阶段，因此已经到了通过完成制度建设来保护第二次工业革命果实的临界点，到了制度改革的收益超过成本的临界点。这是一个中国崛起的纪元，是一个需要并造就伟大政治家的时代，一个有强大领导力、激情和个性，有远见、战略、抱负和视野的政治家来引领21世纪的超级经济体的时代。伟大的政治家和伟大的学者一样，他们把投身的事业当作自己的使命，他们关心的是他们的社会影响和历史遗产，而不是生存线之上的个人消费水平。制度经济学家们如果不懂这一点，那就不配称为有洞见的学者，至多是为了"铜板和饭碗"工作的撰稿人和"既得利益者"。

伟大的中国工业革命——"发展政治经济学"一般原理批判纲要

真正的社会平等,是在参与非人格化的、由分工和规模化生产支撑的大众消费文化中实现的,而不是在"人人生而平等"的响亮口号中。①

资本主义生产方式,即建立在劳动分工和全球市场基础上的规模化生产和规模化销售,是自农业社会之后人类最伟大的发明创造,因为它根植于劳动分工原则、非人格化的市场交易和规模经济,从而产生了巨大的生产外部性和外溢效应。通过建立在劳动(包括脑力劳动)分工和规模经济之上的、以全球市场销售为目的的资本主义生产,人类社会达到了产品、服务、知识和信息的全面发展并进入了福利社会阶段。这一点是马克思没有充分预见到的。资本主义生产方式从来不是一个零和游戏,即使在殖民主义时期也不是。因而,就像美国的崛起给英国和英国人民带来了益处(而不是损害)一样,中国的崛起同样也会增进(而不是损害)美国和美国人民的福利。受到"伤害"的仅仅是这些国家的狭隘的霸权。当然,一切取决于先进国家如何对待和利用后发国家的崛起。例如,美国对中国的出口自 1983 年以来的 30 年间增长了 50 多倍,但其国内通胀率几十年间一直维持在极低的水平,这要归功于中国的崛起。②

因此,中国的和平崛起,由于其国内市场大于北美和欧洲的总和,由

---

① 美国在 1776 年建国时提出"人人生而平等"的口号,长期没有兑现,以至于接近 200 年后黑人领袖马丁·路德·金还在为黑人的基本人权奔走呼号,是对这一论点很好的证明。因此促成美国人今天具有的人权平等水平(虽然仍然不完美)的,不是白种人或资本家良心的突然发现,而是资本主义生产方式和大众消费方式所带来的物质力量。

② 但如何使这两个巨型国家和平相处,实现非零和互动,仍然是 21 世纪最大的挑战。中国国家主席习近平说,中美两国合作好了,可以成为世界稳定的压舱石、世界和平的助推器;"世界上本无'修昔底德陷阱',但大国之间一再发生战略误判,就可能自己给自己造成'修昔底德陷阱'"。美国出于狭隘的国家利益,不希望中国参与世界规则的制定。但是中国作为一个大国,肯定要参与这一事业。问题在于,中国如果想要超越美国,那就要比美国更加具备国际主义的胸襟和战略眼光。要想美国想不到的高度,做美国做不到的事情。而这就需要中国在完成自己的第二次工业革命时,利用进入福利社会和引领第三次工业革命的契机,不仅进行文化和管理体制上的创新,而且借助"一带一路"战略把经济繁荣带给整个欧亚大陆,包括中东地区。中国国家主席习近平说中国在"一带一路"中要算大账,要有正确的义利观,就是体现了这一长远战略眼光。世界共同市场的基石是和平互利,是国家间的相互尊重、信任和友谊。

第七章 结论：经济发展的"胚胎发育"理论

于对世界原材料和商品市场的供求大于所有发达国家的总和，以及它不干涉主义的互利共赢的外交政策，意味着向18世纪英国工业革命开启时就暗中设下的历史终极目标——一个以规模化大生产实现全球物质富裕的目标，一个让全球每一个民族都在全球分工链上获得同等待遇和尊严的目标，一个"太平世界，环球同此凉热"的目标——又迈进了一大步。

同理，印度、中东和非洲的崛起将会更加壮观。但要成为现实，它们需要正确的发展战略、合理的发展顺序、步步为营的工业政策和制度建设。而这一切都必须建立在国家能力和对工业革命内在逻辑的正确理解基础之上。欲速则不达。有诗云：

千潮逆西，后浪压前驱。

万舸争渡，迟发竞先离。

不拒涓流，泻千里应有时。

日积跬步，凌绝顶会有期。①

---

① "千潮逆西"包含全球21世纪对欧洲18～19世纪开启的东西方"大分流"的一次巨大逆转的意思，也意味着无数落后国家反殖民主义的民族独立运动和工业化浪潮在整个20～21世纪的方兴未艾。"凌绝顶"采自杜甫《望岳》里"会当凌绝顶，一览众山小"。

后　　记

是什么东西能够在一个穷国引爆工业革命,使经济腾飞?可惜,工业化的秘诀,至今无人知晓——亚当·斯密的《国富论》没说清楚,新古典增长理论也没道明白,而今天占统治地位的制度经济学更是误读历史、因果颠倒。难怪,工业化的浪潮,尽管在无数落后国家不断掀起,但除少数波峰能翻越贫穷的鸿沟,幸运到达高收入的彼岸,多数是无声退去,留下一片狼藉。"进口替代战略"令人沮丧,"华盛顿共识"治国无方,"休克疗法"误人子弟,"茉莉花革命"更是病急乱投医,致国家病入膏肓。在世界70亿人口中消灭贫穷,仍然是世界银行和联合国可望而不可即的攻坚目标。但是,自鸦片战争一百七十多年后异军突起的中国,正在以惊人的细节再次向世人展示着工业革命的秘密,尽管有些眼花缭乱。破译这个秘密并让所有穷国实现工业革命,是每一个经济学家的使命。

谨以此书献给那些为理解中国和世界经济发展而不倦探索的人。

参 考 文 献

Acemoglu, Daron. Politics and Economics in Weak and Strong States. *Journal of Monetary Economics*, 52(7), 2005, pp. 1199-1226.

Acemoglu, Daron and Robinson, James A. *Economic Origins of Dictatorship and Democracy*. New York: Cambridge University Press, 2005.

Acemoglu, Daron and Robinson, James. *Why Nations Fail: The Origins of Power, Prosperity, and Poverty*. New York: Crown Business, 2012.

Agence France-Presse. China Drives Growth in Patent Applications Worldwide. *Industry Week*, December 16, 2014. http://www.industryweek.com/global-economy/china-drives-growth-patent-applications-worldwide.

Albert, William. *The Turnpike road system in England: 1663-1840*. Cambridge: Cambridge University Press, 1972.

Allen, Robert C. *The British Industrial Revolution in Global Perspective*. Cambridge: Cambridge University Press, 2009.

Arrow, Kenneth J. "The organization of economic activity: issues pertinent to the choice of market versus non-market allocations," in *The analysis and evaluation of public expenditures: the PPB system; a compendium of papers submitted to the Subcommittee on Economy in Government of the Joint Economic Committee, Congress of the United States*. Washington, D. C.: Government Printing Office, 1969, pp. 47-64.

Ashton, Thomas S. *The Industrial Revolution*, 1760-1830. Volume 38. CUP Archive, 1970.

Azariadis, Costas; Kaas, Leo and Wen, Yi. "Self-Fulfilling Credit Cycles," Working Paper, Federal Reserve Bank of St. Louis and University of Konstanz. 2015.

Beckert, Sven. *Empire of Cotton: A Global History*. New York: Knopf, 2014.

Bell, Daniel A. *The China Model: Political Meritocracy and the Limits of Democracy*. Princeton: Princeton University Press, 2015.

Benhibab, Jess; Wang, Pengfei and Wen, Yi. "Sentiments and Aggregate Demand Fluctuations." *Econometrica*(forthcoming), Working Paper No. 2012-039B, Federal Reserve Bank of St. Louis, 2014.

Berlinger, Joshua. "The 50 Most Dangerous Cities in the World." *Business Insider*, October 9, 2012. http://www.businessinsider.com/most-dangerous-cities-in-the-world-2012-10.

Bernstein, William J. *A splendid exchange: How trade shaped the world*. New York: Grove Press, 2008.(中文译本:威廉·伯恩斯坦,《贸易改变世界》)

Boldrin, Michele and David K. Levine. *Against Intellectual Monopoly*. Cambridge: Cambridge University Press. 2008.

Boldrin, Michele, David Levine, and Salvatore Modica. "A Review of Acemoglu and Robinson's

Why Nations Fail." Unpublished Manuscript. 2014.

Bown, Stephen R. *Merchant Kings: When Companies Ruled the World*, 1600-1900. New York: Macmillan, 2010.

Brandt, Loren; Ma, Debin and Rawski, Thomas G. "From Divergence to Convergence: Reevaluating the History behind China's Economic Boom." Working Paper No. 158/12, London School of Economics, 2012.

Brandt, Loren, and Thomas G. Rawski, eds. *China's Great Economic Transformation*. Cambridge: Cambridge University Press, 2008.

Breslin, Shaun. "State Led Development in Historical Perspective: From Friedrich List to a Chinese Mode of Governance?" Presented at Beijing University, *The Beijing Forum*, Beijing, November 2009.

Broadberry, Stephen and Gupta, Bishnupriya. Lancashire, India, and Shifting Competitive Advantage in Cotton Textiles, 1700-1850: The Neglected Role of Factor Prices. *The Economic History Review*, May 2009, 62(2), pp. 279-305.

Byrne, Eileen. "Tunisia Becomes Breeding Ground for Islamic State Fighters." *The Guardian*, October 13, 2014. http://www.theguardian.com/world/2014/oct/13/tunisia-breeding-ground-islamic-state-fighters.

Caves, Douglas W., and Laurits R. Christensen. The relative efficiency of public and private firms in a competitive environment: the case of Canadian railroads. *The Journal of Political Economy* (1980): 958-976.

Cipolla, Carlo M., *Before the Industrial Revolution: European Society and Economy*, 1000-1700. New York: W. W. Norton & Company, 1994.

Chandler, Alfred D. Jr., The Visible Hand: The Managerial Revolution in American Business, Cambridge: Harvard University Press, 1977. (中文翻译版,《看得见的手：美国企业的管理革命》,商务印书馆,2013)

Chang, Gordon G. *The Coming Collapse of China*. New York: Random House, 2001.

Chang, Ha-Joon. *Kicking Away the Ladder: Development Strategies in Historical Perspective*. London: Anthem Press, 2003. (张夏准,2003,《富国的陷阱》)

Chang, Ha-Joon, and Ajit Singh. Policy Arena: Can Large Firms be Run Efficiently Without being Bureaucratic? *Journal of International Development* 9.6 (1997): 865-875.

Chen, Ping. The Symmetry Assumption in Transaction Costs Approach. (2007).

Chen, Ping, ed. *Economic complexity and equilibrium illusion: essays on market instability and macro vitality*. London: Routledge, 2010.

Chow, Gregory C. *China's Economic Transformation*. New York: John Wiley & Sons, 2015.

Clark, Gregory. Why isn't the whole world developed? Lessons from the cotton mills. *Journal of Economic History*, 1987, 47(1), pp. 141-173.

Clark, Gregory, The Agricultural Revolution and the Industrial Revolution: England, 1500-1912. Working Paper, Davis: University of California, 2002.

Clark, Gregory. *A Farewell to Alms: A Brief Economic History of the World: A Brief Economic History of the World*. Princeton: Princeton University Press, 2008.

Clark, Gregory. A Review Essay on the Enlightened Economy: An Economic History of Britain 1700-1850 by Joel Mokyr. *Journal of Economic Literature*, 2012, 50(1), pp. 85-95.

Clarkson, Leslie A. *Proto-Industrialization: The First Phase of Industrialization?* London: Macmillan, 1985.

Clarkson, Leslie A. 6 Ireland 1841: Pre-industrial or Proto-industrial; Industrializing or De-industrializing?. *European Proto-Industrialization: An Introductory Handbook* (1996): 67.

Coase, Ronald and Wang, Ning. *How China Became Capitalist*. New York: Palgrave Macmillan, 2013.

Coase, Ronald H. The Nature of the Firm. *Economica*, November 1937, 4(16), pp. 386-405.

Coury, Tarek and Wen, Yi. Global Indeterminacy in Locally Determinate Real Business Cycle Models. *International Journal of Economic Theory*, March 2009, 5(1), pp. 49-60.

Dahl, Robert A. *Polyarchy: Participation and Opposition*. New Haven, CT: Yale University Press, 1971.

Dang, Jianwei, and Kazuyuki Motohashi. Patent statistics: A good indicator for innovation in China? Patent subsidy program impacts on patent quality. *China Economic Review* 35, September 2015, pp. 137-155.

Davis, Ralph. The Rise of Protection in England, 1689-1786. *The Economic History Review* 19.2 (1966): 306-317.

Deane, Phyllis M. *The First Industrial Revolution*. Cambridge: Cambridge University Press, 1979.

Defoe, Daniel, et al. *A Tour through the Whole Island of Great Britain*. New Haven, CT: Yale University Press, 1991.

Desmet, Klaus, and Stephen L. Parente. The evolution of markets and the revolution of industry: a unified theory of growth. *Journal of Economic Growth* 17(3), 2012, pp. 205-234.

Diamond, Jared M. *Guns, Germs and Steel: A Short History of Everybody for the Last 13000 Years*. New York: Random House, 1998.

Diaz Frers, Luciana. "Why did the Washington Consensus Policies Fail?" Presented at the *Center for the International Private Enterprise*, 2014.

Encyclopedia.com. Putting-Out System. *International Encyclopedia of the Social Sciences*, 2008. Retrieved from http://www.encyclopedia.com/doc/1G2-3045302138.html.

Engels, Friedrich, and John Burdon Sanderson Haldane. *Dialectics of Nature*. Ed. Clemens Palme Dutt. New York: International publishers, 1940.

费孝通. 江村经济(1938)[M]. 南京: 江苏人民出版社, 1986.

Finer, S. E., *The History of Government*, Volume Ⅲ. Oxford: Oxford University Press, 1999.

Freeland, Chrystia. *Sale of the Century: Russia's Wild Ride from Communism to Capitalism*. Crown, 2000.

Fukuyama, Francis. *Political Order and Political Decay: From the Industrial Revolution to the Globalization of Democracy*. New York: Farrar, Strauss and Giroux, 2014.

Fytrou, Natali. "World Food Crisis and the Arab Spring." 2014. Available at http://www.academia.edu/5743155/World_food_crisis_and_the_Arab_Spring.

Gallagher, Kevin. "The End of the Washington Consensus." *The Guardian*, March 7, 2011. http://www.theguardian.com/commentisfree/cifamerica/2011/mar/07/china-usa.

Gates, Bill. "A Stunning Statistic About China and Concrete." Gates Notes, June 25, 2014. http://www.gatesnotes.com/About-Bill-Gates/Concrete-in-China.

Gerschenkron, Alexander. *Economic Backwardness in Historical Perspective*. Cambridge, MA: Belknap Press of Harvard University Press, 1962.

Gorrie, James R. *The China Crisis: How China's Economic Collapse Will Lead to a Global Depression*. New York: John Wiley & Sons, 2013.

Grandin, Greg. *Empire's Workshop: Latin America, the United States, and the Rise of the New Imperialism*. Macmillan, 2006.

Greenfeld, Liah. *Nationalism: Five Roads to Modernity*. Cambridge, MA: Harvard University Press, 1992.

Greenfeld, Liah. *The Spirit of Capitalism: Nationalism and Economic Growth*. Cambridge, MA: Harvard University Press, 2009. (中文译本:[美]格林菲尔德,《资本主义精神:民族主义与经济增长》,2009)

Gupta, Bishnupriya and Ma, Debin "Europe in an Asian Mirror: The Great Divergence," in Broadberry, Stephen and O'Rourke, Kevin, eds., *The Cambridge economic history of modern Europe*. New York: Cambridge University Press, 2010, pp. 264-284.

Hafeez, Seema. "The efficacy of regulation in developing countries." United Nations, 2003.

Hansen, Gary D., and Edward C. Prescott. "Malthus to solow." *American economic review* (2002): 1205-1217.

Harner, Stephen. "Dealing With the Scourge of 'Schadendreude' in Foreign Reporting on China." China-U.S. Focus, October 3, 2014. http://www.chinausfocus.com/culture-history/dealing-with-the-scourge-of-schadenfreude-in-foreign-reporting-on-china/.

Harrigan, Jane. "Did Food Prices Plant the Seeds of the Arab Spring?" *SOAS Inaugural Lecture series*, 2011.

Harrigan, Jane. "The Political Economy of Aid Flows to North Africa." WIDER Working Paper No. 72, World Institute for Development Economic Research, 2011.

Hegel, Georg Wilhelm Friedrich. "Phenomenology of Spirit. 1807." *Trans. AV Miller*. Oxford: Oxford UP (1977).

Hoppit, Julian. "Patterns of Parliamentary Legislation, 1660-1800." *History Journal*, March 1996, 39(1), pp. 109-131.

Hua Sheng, "On Private Land Property Rights," 2014. (in Chinese, available at http://www.360doc.com/content/14/1210/21/14561708_431886261.shtml)

参考文献

Huntington, Samuel P. *The Third Wave: Democratization in the Late Twentieth Century*. Norman OK: University of Oklahoma Press. 1991.

Jacques, Martin. *When China Rules the World: The Rise of the Middle Kingdom and the End of the Western World*. London: Penguin Press, 2009.

Jacques, Martin. *When China Rules the World: The Rise of the Middle Kingdom and the Birth of a New Global Order*. Second Edition. London: Penguin Press, 2012.

Jiang, Kun and Susheng Wang, "A Contractual Analysis of State versus Private Ownership." Working Paper, 2015, Hong Kong University of Science and Technology.

Keynes, John M. *The General Theory of Employment, Interest, and Money*. New York: Harcourt, Brace & World, [1936] 1964.

Kole, Stacey R., and J. Harold Mulherin. "The government as a shareholder: a case from the United States 1." *The Journal of Law and Economics* 40.1 (1997): 1-22.

Kriedte, Peter, Hass Medick, and Jurgen Schlumbohm, *Industrialization before Industrialization: Rural Industry in the Genesis of Capitalism*, translated by Beate Schmpp, with contributions from Herbert Kisch and Franklin F. Mendels, 1977, Cambridge: Cambridge University Press.

Kynge, James. "Uganda turns east: Chinese money will build infrastructure says Museveni." *Financial Times*, October 21, 2014. http://www.ft.com/cms/s/0/ab12d8da-5936-11e4-9546-00144feab7de.html.

Landes, David S. *The Wealth and Poverty of Nations: Why Some Are So Rich and Some So Poor*. New York: W. W. Norton & Company, Inc., 1999.

Lau, Lawrence J., Yingyi Qian, and Gerard Roland. "Reform without losers: An interpretation of China's dual-track approach to transition." *Journal of Political Economy* 108.1 (2000): 120-143.

Law, Marc T., and Sukkoo Kim. "The Rise of the American Regulatory State: A View from the Progressive Era." *Handbook on the Politics of Regulation* (2011): 113.

Lewis, Arthur. "Economic Development with Unlimited Supplies of Labour." *The Manchester School*. 1954, 22(2), pp. 139-191.

李克强. 论我国经济的三元结构[J]. 中国社会科学, 1991, (3).

Li, Eric Xi. "A Tale of Two Systems," Presented at TEDGlobal 2013. http://blog.ted.com/2013/06/13/a-tale-of-two-systems-eric-x-li-at-tedglobal-2013/.

李晓鹏. 这个国家会好吗? 中国崛起的经济学分析[M]. 北京: 中国发展出版社, 2012.

Li, Xi, Xuewen Liu and Yong Wang. "A Model of China's State Capitalism." Unpublished Working Paper, Hong Kong University of Science and Technology, 2014.

Lin, Justin Y. *Economic Development and Transition: Thought, Strategy, and Viability*. Cambridge: Cambridge University Press, 2009.

Lin, Justin Y. *Demystifying the Chinese Economy*. Cambridge: Cambridge University Press, 2011.

Lin, Justin Y. *New Structural Economics: A Framework for Rethinking Development and Policy*. 2012. World Bank Publications.

Lin, Justin Y. *The Quest for Prosperity: How Developing Economies can Take Off*. Princeton: Princeton University Press, 2013.

Lin, Justin Y. , Cai, Fang and Li, Zhou. *The China Miracle*. Hong Kong: The Chinese University of Hong Kong, 1996.

Lipset, Seymour M. "Some Social Requisites of Democracy: Economic Development and Political Legitimacy." *American Political Science Review*, 1959,53(1): 69-105.

Lipton, Michael. *Why Poor People Stay Poor: Urban Bias in Developing Countries*. London, Temple Smith, 1977.

List, Friedrich. *The Natural System of Political Economy*. London: Longmans, Green, and Co, [1841] 1909.

Long, Cheryl and Zhang, Xiaobo. Cluster-Based Industrialization in Financing and Performance. *Journal of International Economics*, 84 (1), 2011, pp. 112-123.

Long, Cheryl and Zhang Xiaobo. Patterns of China's Industrialization: Concentration, Specialization, and Clustering. *China Economic Review*, 23(3), 2012, pp. 593-612.

Lucas, Robert E. The Industrial Revolution: Past and Future. Federal Reserve Bank of Minneapolis, 2003.

Luo, Jinfeng and Wen, Yi. Institutions Do Not Rule: Reassessing the Driving Forces of Economic Development. Working Paper No. 2015-001A, Federal Reserve Bank of St. Louis, 2015.

Martin, Stephen, and David Parker. Privatization and economic performance throughout the UK business cycle. *Managerial and Decision Economics* 16. 3 (1995): 225-237.

Marx, Karl. *Capital, Vol. 1: A Critique of Political Economy*. New York: Vintage (1867).

Marx, Karl and Engels, Friedrich. *Manifesto of the Communist Party*. Chapter 1. 1848.

Mas-Colell, Andreu, Michael Dennis Whinston, and Jerry R. Green. *Microeconomic Theory*. New York: Oxford university press, 1995.

McCloskey, Deirdre N. *Bourgeois Dignity: Why Economics Can't Explain the Modern World*. Chicago: University of Chicago Press, 2010.

McKendrick, Neil; Brewer, John and Plumb John H. *The birth of a consumer society: The commercialization of eighteenth-century England*. Bloomington, IN: Indiana University Press, 1982.

Mendels, Franklin F. "Proto-industrialization: The First Phase of the Industrialization Process." *The Journal of Economic History*, March 1972, 32(1), pp. 241-261.

Mendels, Franklin F. *Industrialization and Population Pressure in Eighteenth-Century Flanders*. New York: Arno Press, 1981.

Mokyr, Joel. *Industrialization in the Low Countries*, 1795-1850. New Haven: Yale University Press, 1976.

Mokyr, Joel. *Why Ireland Starved: A Quantitative and Analytical History of the Irish Economy*, 1800-1850. New York: Routledge, 2013.

Mokyr, Joel. The Institutional Origins of the Industrial Revolution. Unpublished Manuscript,

Northwestern University, 2008.

Mokyr, Joel. *The Enlightened Economy: An Economic History of Britain*, 1700-1850. New York: Yale University Press, 2009.

Morris, Charles R. *The Dawn of Innovation: The First American Industrial Revolution*. New York: Public Affairs, 2012.

Morris, Ian. *Why the west rules-for now: The patterns of history and what they reveal about the future*. Profile books, 2010.

Murphy, Kevin M.; Shleifer, Andrei and Vishny, Robert W. Industrialization and the Big Push. *Journal of Political Economy*, October 1989, 97(5).

Naughton, Barry. *Growing Out of the Plan: Chinese Economic Reform*, 1978-1993. Cambridge: Cambridge University Press, 1995.

Naughton, Barry. *The Chinese Economy: Transitions and Growth*. Cambridge, MA: MIT press, 2007.

Navarro, Peter, and Greg Autry. *Death by China: Confronting the Dragon-A Global Call to Action*. New York: Pearson Prentice Hall, 2011.

Navy News. "Dragons be here as largest Chinese Navy visit to U.K. begins." January 12, 2015. https://www.navynews.co.uk/archive/news/item/12225.

North, Douglass C. *Structure and Change in Economic History*. New York: W. W. Norton, 1981.

North, Douglass C. Institutions, Institutional Change and Economic Performance. New York: Cambridge University Press, 1990. (中文译本:《制度、制度变迁与经济绩效》,杭行译,格致出版社出版)

North, Douglass C. and Robert Paul Thomas. *The Rise of the Western World: A New Economic History*. New York: Cambridge University Press, 1973.

North, Douglass C., and Barry R. Weingast. Constitutions and commitment: the evolution of institutions governing public choice in seventeenth-century England. *The Journal of Economic History*, 49(04), 1989, pp. 803-832.

North, Douglass C. and John Joseph Wallis. *Violence and Social Orders: A Conceptual Framework for Interpreting Recorded Human History*. Cambridge: Cambridge University Press, 2009.

Ogilvie, Sheilagh, and Markus Cerman. *European proto-industrialization: an introductory handbook*. Cambridge: Cambridge University Press, 1996.

Oi, Jean C. Fiscal reform and the economic foundations of local state corporatism in China. *World Politics* 45(1), pp. 99-126, 1992.

O'brien, Patrick, Trevor Griffiths, and Philip Hunt. Political components of the industrial revolution: Parliament and the English cotton textile industry, 1660-1774. *The Economic History Review* 44.3 (1991): 395-423.

O'Malley, Eoin. The Decline of Irish Industry in the 19th-Century. *The Economic and Social Review*, 13 (1981).

Paulson Papers on Investment. California Dreaming: How a Chinese Battery Firm Began Making Electric Busses in America. Paulson Institute. Case Study Series, June 2015.

Pintus, Patrick A. and Wen, Yi. Leveraged Borrowing and Boom-Bust Cycles. *Review of Economic Dynamics*, October 2013, 16(4), pp. 617-633.

Polanyi, Karl. *The Great Transformation: The Political and Economic Origins of Our Time*. Boston: Beacon Press, 1944.

Pomeranz, Kenneth. *The Great Divergence: China, Europe, and the Making of the Modern World Economy*. Princeton: Princeton University Press, 2001.

Pomeranz, Kenneth, and Steven Topik. *The World That Trade Created*. ME Sharpe, 3rd edition. 2013.

Pritchett, Lant and Summers, Lawrence H. Asiaphoria Meets Regression to the Mean. NBER Working Paper No. 20573, National Bureau of Economic Research, October 2014.

Rueschemeyer, Dietrich, Evelyne Huber Stephens, and John D. Stephens. *Capitalist Development and Democracy*. Chicago: University of Chicago Press. 1992.

Qiu, Larry D. , China's Textile and Clothing Industry. Mimeo, Hong Kong University of Science and Technology, 2005.

Ramirez, Carlos D. Ramirez. Is corruption in China "out of control"? A comparison with the US in historical perspective. *Journal of Comparative Economics*, February 2014, 42(1), pp. 76-91.

Rodrik, Dani. Goodbye Washington Consensus, Hello Washington Confusion? A Review of the World Bank's "Economic Growth in the 1990s: Learning from a Decade of Reform." *Journal of Economic Literature*, December 2006, 44(4), pp. 973-987.

Rodrik, Dani. *One Economics, Many Recipes: Globalization, Institutions, and Economic Growth*. Princeton: Princeton University Press. 2008.

Roll, Eric. *An Early Experiment in Industrial Organization: Being a History of the Firm of Boulton & Watt*, 1775-1805. Frank Cass and Company, 1968.

Roosevelt, Theodore. "Speech By Gov. Roosevelt: Famous Leader of the Rough Riders 'Addresses the Assemblage on The Strenuous Life.'" *Chicago Tribune*, Chicago: April 11, 1899; (1849-1985).

Rosenstein-Rodan, Paul. Problems of Industrialization of Eastern and South- Eastern Europe. *Economic Journal*, 1943, 53(210/211), pp. 202-211.

Rostow, Walt W. *The Stages of Economic Growth: A Non-communist Manifesto*. Cambridge : Cambridge University Press, 1960.

Rowland, Henry Augustus. A Plea for Pure Science. *Science*, Vol. 2, No. 29 (Aug. 24, 1883), pp. 242-250. Published by: American Association for the Advancement of Science Stable URL:

http://www.jstor.org/stable/1758976.

Schell, Orville, and John Delury. *Wealth and Power: China's Long March to the Twenty-First Century*. Hachette UK, 2013.

Shammas, Carole. *The Pre-Industrial Consumer in England and America*. Oxford: Clarendon Press, 1990.

Shimposha, Toyo K. The Industrialization and Global Integration of Meiji Japan, in *Globalization of Developing Countries: Is Autonomous Development Possible?* Chapter 5. 2000, pp. 37-59.

Smith, Adam. *The Wealth of Nations* [1776]. na, 1937.

Stiglitz, Joseph. Challenging the Washington Consensus An Interview With Lindsey Schoenfelder. *The Brown Journal of World Affairs*, May 2002, 9(2), pp. 33-40.

Stokey, Nancy L. A quantitative model of the British industrial revolution, 1780-1850. *Carnegie-Rochester Conference Series on Public Policy*. Vol. 55. No. 1. North-Holland, 2001.

Studwell, Joe. *How Asia Works: Success and Failure in the World's Most Dynamic Region*. New York: Grove Press, 2013.

The Economist. "Tethered by History." July 5, 2014. http://www.economist.com/news/briefing/21606286-failures-arab-spring-were-long-time-making-tethered-history.

Vernon-Wortzel, Heidi, and Lawrence H. Wortzel. Privatization: Not the only answer. *World Development* 17.5 (1989): 633-641.

Vogel, Ezra F. *Deng Xiaoping and the Transformation of China*. Cambridge, MA: Belknap Press of Harvard University Press, 2013.

Vries, Peer. *State, Economy and the Great Divergence: Great Britain and China*, 1680s-1850s. London: Bloomsbury Publishing, 2015.

Wallace, Anthony FC. *Rockdale: The Growth of an American Village in the Early Industrial Revolution*. University of Nebraska Press, 1978.

Weatherill, Lorna. *Consumer Behavior and Material Culture*, 1660-1760. London: Routledge, 1988.

温铁军. 解读苏南[M]. 苏州：苏州大学出版社. 2011.

Wen, Yi and Wu, Jing. Withstanding the Great Recession like China. Working paper No. 2014-007, Federal Reserve Bank of St. Louis, 2014.

Wheeler, John, and George Burton Hotchkiss. *A Treatise of Commerce*. The Lawbook Exchange, Ltd., 2004.

Williams, Eric. *Capitalism and Slavery*. UNC Press Books, 1994.

The World Bank. Connecting to Compete 2014: Trade Logistics in the Global Economy-The

Logistics Performance Index and Its Indicators. (2014).

Wrigley, Edward A. *Energy and the English Industrial Revolution*. Cambridge: Cambridge University Press, 2010.

Wu, Jinglian. *Understanding and Interpreting Chinese Economic Reform*. Texere. 2005.

新望. 村庄发育、村庄工业的发生与发展: 苏南永联村记事(1970—2002)[M]. 北京: 生活·读书·新知三联书店, 2004.

Xu, Chengang and Zhang Xiaobo. The Evolution of Chinese Entrepreneurial Firms: Township-Village Enterprises Revisited. IFPRI Discussion Paper 00854, 2009.

Yang, Dennis Tao, Vivian Weijia Chen, and Ryan Monarch. Rising Wages: Has China Lost Its Global Labor Advantage? *Pacific Economic Review* 15(4), 2010, pp. 482-504.

Yang, Dennis Tao and Zhu, Xiaodong. Modernization of Agriculture and Long-Term Growth. *Journal of Monetary Economics*, 60(3), 2013, pp. 367-382.

Yang, Yufan. *Industrial Cluster and Regional Brand: A Study of Gu Zhen's Light-Fixture Industrial Cluster*. Guangzhou: Guangdong People Press House, 2010.

张纯如,《南京暴行: 被遗忘的大屠杀》. (Chang, Iris. *The Rape of Nanking: The Forgotten Holocaust of World War* II. Basic Books, 2012.)

Zhang, Taisu, Property Rights in Land, Agricultural Capitalism, and the Relative Decline of Pre-Industrial China, Yale Law School, 2011.

Zhang, Weiwei. *The China Wave: Rise of a Civilizational State*. Hackensack, NJ: World Century Publishing Corporation, 2012.

张文木. 长江与国防[J]. 世界经济与政治, 2015 年第 10 期, http://www.guancha.cn/ZhangWenMu/2015_12_13_344505_s.shtml.

张毅, 张颂颂. 中国乡镇企业简史[M]. 北京: 中国农业出版社, 2001.

Zhou, Li. The Origin and Development of Rural Industrialization in China: A Case Study of Yong Village (1978-2004). 2005.

Zhu, Tian, Does China Lack Innovation? 2013, http://www.ftchinese.com/story/001059724.

Zhu, Tian. Will China Fall into the Middle-Income Trap? 2013, http://www.guancha.cn/ZhuTian/2014_10_17_274362.shtml.

Zhu, Xiaodong. Understanding China's Growth: Past, Present, and Future (Digest Summary). *Journal of Economic Perspectives*, 26, no. 4 (2012): 103-124.

出版说明及致谢

本书根据作者的英文稿翻译，内容有所增加。英文稿原名为 *The Making of an Economic Superpower-Unlocking China's Secret of Rapid Industrialization*。其初稿（工作论文版本）可在作者网页下载（https://research.stlouisfed.org/wp/more/2015-006）。我要感谢 Costas Azariadis，陈平，林毅夫，Bill Gavin 对本书初稿的鼓励和详细评论，以及 Jess Benhabib，Michele Boldrin，曹莹，董丰，Roger Farmer，Belton Fleisher，金宝丽，李军博，马弘，Carlos Marichal，蓝可，Nancy Stokey，滕抒言，Peer Vries，王勇，文莉，徐建国，姚洋，查涛，张维迎，张晓波，赵波，赵梅，朱天等提出的宝贵意见，尤其是感谢我在清华大学的学生，罗金峰与王丽莉优秀的翻译协助工作和为此奉献的宝贵时间。